법질서와 안전 사회

법질서와 안전 사회

2014년 12월 1일 초판 1쇄 인쇄
2014년 12월 10일 초판 1쇄 발행

기획	학술단체협의회
지은이	배성인 외

펴낸이	임두혁
편집	김삼권 조정민 최인희
디자인	토가 김선태

펴낸곳	나름북스
등록	2010. 3. 16 제2010-000009호
주소	서울 마포구 동교로 18길 31(서교동) 302호
전화	02-6083-8395
팩스	02-323-8395
이메일	narumbooks@gmail.com
홈페이지	www.narumbooks.com

ISBN 979-11-86036-01-3 93300

법질서와
안전 사회

학술단체협의회 기획, 배성인 외 공저

나름북스

차 례

1부

총론

세월호 참사와 안전 사회 묵시록

배성인(한신대 · 정치학)

문제제기

"팔, 머리, 몸이 만져진다. 착하게도 침대 안에 웅크리고 있다. 그 빌어먹을 방송대로…"(어느 구조 잠수사의 5월 6일 기록)

21세기 한국 사회의 역사는 세월호 참사를 기준으로 그 이전과 이후로 나뉘게 될 것이다. 그것은 세월호 참사를 통해 한국 사회의 총체적인 부실이 적나라하게 드러났고, 향후 시민사회의 노력과 역할에 따라 그 미래가 비극적이고 극단적인 야만의 시대로 갈지 아니면 희극적이고 낙관적인 행복의 시대로 갈지 불투명하기 때문이다. 즉, 사회 시스템을 총체적으로 바꿔 구시대와 단절하고 새로운 시대를 열지 아니면 구시대를 지속할지 절체절명의 과제가 눈앞에 놓인 것이다. 그렇지 않으면 세월호 참사는 그냥 하나의 사건에 불과한 기억의 정치로 작동하게 될 것이다.

이번 세월호 참사는 효율성과 이윤을 최우선시하는 신자유주의적 규제 완화가 그 원인이라는 것이 일반적인 견해다. 생명보다 돈이 더 중요하고 가치 있다는 전도 현상이 누적되면서 총화된 것이다. 경비 절감을 목표로 하는 경영 합리화, 비정규직 양산을 통한 경비 절감 등 생명보다 돈을 우선시하는 시장주의적 발상 때문이라는 것이다.

하지만 신자유주의가 아니더라도 한국 사회는 울리히 벡Ulrich Beck이 말하는 위험 사회였다. 그것도 항상. 빈곤에 허덕이며 풍요로운 내일을 꿈꾸던 1970년 12월 발생한 남영호 침몰 사건, 문민정부 출범 이후 1993년의 서해훼리호 침몰 사고, 1994년 10월 성수대교 붕괴, 1995년 6월 삼풍백화점 붕괴, 1999년 씨랜드 화재, 2003년 대구 지하철 화재, 2013년 충남 태안 해병대 캠프 사고, 2014년 경주 리조트 체육관 붕괴 사고 등 이른바 '재난'이 일상화되었다.

따라서 경제 발전이나 과학기술의 발전과 상관없이 한국 사회는 처음부터 위험 사회였던 것이다. 그래서 역대 정권들이 대통령 선거에서 공약을 남발할 때마다 빠지지 않고 등장했던 것이 '안전 사회'였던 것이고, 이는 박근혜 정권도 예외가 아니었다.

일제 강점기를 거쳐 해방을 맞이한 한국 사회가 정상적인 국가를 수립했다면 오늘날 이러한 참사는 결코 일어나지 않았을 것이다. 바로 박근혜 정부가 의지를 불태웠던 '비정상의 정상화'는 우리 현대사의 비극이었고, 우리 사회의 슬픔이었고, 노동자 · 민중에게는 고난의 길이었다. 비정상적인 사람들에 의해 만들어진 비정상적인 국가에서의 비정상적인 통치 행위는 비정상적인 사회를 형성했고, 그 속에서 정상적인 삶은 태생적으로 불가능했다.

그래서 사회 요소요소 도처마다 도사린 위험은 재난, 안보, 국가 폭력 등 다양한 형태로 위협을 가해 왔고 언제, 누가, 어디서, 어떻게 싸늘한 주검으로 돌아올지 모르는 운명론적 사유를 하게 만들었다.

따라서 우리는 역사에 대한 올바른 인식, 사람을 대하는 태도, 착하게 사는 방법을 배워야 했고, 정의롭고 평등한 세상을 건설해야만 하는 묘한 숙명을 가지게 되었다. 하지만 비정상적인 국가에서의 배움은 인성이나 착함보다는 권모술수의 달인이 되기 위한 몸부림으로 나타나 다수 대중의 묵시적 동의를 통해 자신들의 악행을 정당화했다.

그런 의미에서 '가만히 있으라'는 지시에 따랐던 승객들의 죽음은 이미 예견된 것이었고, 국가와 정부의 무책임과 무능, 지배 세력과 그 주변에 있는 무리의 과잉 충성 역시도 언제나 예측 가능한 것이었다.

지금까지 국가는 우리에게 가만히 있으라는 얘기를 밥 먹듯이 반복했다. 대중이 가만히 있지 않으면 국가를 전복하거나 정권 교체에 대한 강인한 의지를 실천과 결합해 자신들을 위험하게 만들 것이기 때문이다. 그러니 그들에게 안전 사회는 자신들의 권력을 유지하고 이익을 보존하는 사회와 다름없다.

국가란 무엇인가

세월호 참사의 진상 규명은 어쩌면 불가능할지 모른다. 국회의 의지와 성실성을 기대하지 않기 때문이다. 단 한 명도 구하지 못한 것이 정부의 무책임과 무능이 아니라 의도적 결과였는지도 모르기 때문이다. 그래서 더욱더 국가의 역할과 존재감에 대해 발본적으로 묻지 않을 수 없다.

국가라는 거대 권력은 영화 〈괴물〉에서와 같이 개인의 안녕을 위협하는 괴물 같은 존재로 화하기도 한다. 과연 국가의 본질은 무엇인가? 불행하게도 현대 자본주의국가는 국민에게 폭력을 휘두르고, 국민을 통제하고, 전쟁이라는 폭력을 정당화해 왔다. 국가는 폭력을 통해 유지되는 일종의 전쟁 기계인 것이다. 국가 폭력의 작동 방식을 살펴보면 국가의 계급 구조가 드러난다. 즉, 계급 구조를 가장 적나라하게 드러내는 것이 국가 폭력이고, 국가 폭력은 각 계급에게 불균등하게 적용된다.

특히 신자유주의 국가는 사회적 약자에 대한 보호 의무를 과감히 내던져 버린다. 신자유주의 '개혁'이라는 이름 아래 국가가 소수자·약자에게 제공하던 사회복지 서비스는 갑자기 중단되기 일쑤고, 이들이 집단행동으로 불만을 표출하면 집권 세력은 경찰력을 동원해 신속히 진압해 버린다.

신자유주의적 통치는 국가의 개입주의에 기초하고, 그 개입은 법적·제도적 틀에 기반을 두기 때문에 항상 법과 원칙을 절대시한다. 신자유주의는 시장 원리의 내면화를 통해 자기 경영 주체를 형성하고, 이 같은 주체 형성 모델에 적응할 수 없는 개인은 바로 사회 밖으로 추방한다. 신자유주의적 통치의 도입으로 양극화 등 사회적 불안정성은 증대하고 주권 권력이 힘으로 불안정성을 메운다.

비정상적으로 탄생한 국가는 처음부터 비정상적인 사람들에 의해 통치가 이루어졌기 때문에 다양한 형태의 커넥션과 카르텔이 절대적으로 필요하게 되었다. 그것은 대기업, 국회, 행정부, 사법부, 국정원 등 전방위적이었다. 그러니 이들로 이루어진 지배계급에게 국가는 하나의 형식이며, 이러한 형식에 걸맞은 법과 제도는 장식물에 불과했다.

따라서 이들이 통치하는 한국은 법을 준수하거나 게임의 룰을 지키는 것을 결코 기대할 수 없는 국가가 되어 버렸다. 이들은 타인에 대한 관심이나 배려 없이 자기 것만 최대한 챙기면 저절로 복지가 이루어진다는 천박한 사유 체계를 갖고 있다.

이러한 국가에서 합의된 공공성, 공동선, 공동체는 지배계급이 불리할 때 사용되는 도구에 불과했으며, 자신들의 이익을 극대화하기 위해서는 도덕과 윤리가 오히려 사치스러웠다. 그들이 강조한 정의는 처음부터 비대칭적이고 불평등한 구조에서 탄생한 기제였으며, 근래 유행하는 '의리'는 자신들의 강고한 동맹 체제를 유지하는 메커니즘이다.

한국 자본주의는 애덤 스미스Adam Smith의 '보이지 않는 손'이 아니라 '보이는 손'에 의해 기획 · 연출되어 노동자 · 민중은 처음부터 배제되거나 '몫이 없는 자'들로 남겨지게 되었다. 이들은 국가로 편입되기를 바라고 국가로부터 최소한의 혜택을 기대하지만, 국가는 결코 이들을 받아들이거나 인정하지 않는다.

이러한 인식을 기본적인 덕목으로 여기는 지배계급이 세월호 희생자들과 가족에게 '좌파 발본색원'이나 '국민 정서의 미개함'을 운운하는 것은 당연하다. 세월호 참사 희생자를 연간 교통사고 숫자와 비교하거나 빈곤한 집 아이들은 수학여행을 제주도로 가지 말고 경주나 설악산으로 가라는 질타 또한 자연스러운 것이다. 대학이 상업화되면서 학생 숫자가 화폐로 환산되듯이 대중의 죽음은 숫자일 뿐이다.

따라서 국가가 국민을 공정하게 대하는 것이 곧 정의로움이라는 생각은 착각이었고, 민주공화국 대한민국은 지배계급만의 공화국이었다. 지배계급에게 국가만 있지 국민은 애초 존재하지 않았던 것이다.

세월호 참사를 겪으며 우리는 위기 극복 능력이 전혀 없는 국가를 확인했고, 오히려 참사를 더 키우는 국가를 목격했다. 사건 초기 수학여행 전면 금지가 그렇고, 구시대 유물인 반상회가 그렇고, 민방위 훈련 강화 논란은 더욱 기가 막히다. 통치 이데올로기로서 국가 안전 보장을 내세우고 이를 정권 안보의 도구로 삼은 것이다.

그래서 "이게 국가냐?"라는 질문을 반복적으로 내뱉곤 했다. 그런데 안타깝게도 '그게 국가' 맞다. 다만 대중이 알고 있는 국가는 링컨이 말한 '인민의 국가'가 아니라 '자본의 국가', '자본가의 국가'였던 것이다. 세월호 참사의 진상 규명이 어려운 이유는 바로 국가가 가해자이고, 가해자가 진상 규명과 수습을 자처한 꼴이 되어 버렸기 때문이다.

박근혜 정부의 국가 개조론

"사회의 안전 시스템을 근본부터 다시 바로잡고 '국가 대개조'라는 수준으로 생각하면서 사회의 기초부터 다시 세우는 것이 안타까운 희생을 헛되게 하지 않는 일이라고 생각한다." _ 2014년 5월 16일 박근혜 대통령이 세월호 희색자 가족과 만나 자리에서 세월호 참사 이후 박근혜 정권은 '국가 대개조'와 '국민 안전 시스템' 등을 국정 혁신을 위한 핵심 과제로 제시하면서 새 출발을 공언했다. 이후 야당 원내 대표의 제안을 받아들여 '국가 개조'라는 표현을 '국가 혁신'으로 바꿨지만, 그 내용은 전혀 새롭지 않으며 오히려 부정적이고 우려스럽다.

그것은 '국가 개조'의 내용뿐만 아니라 형식에도 매우 심각한 문제가 놓여 있기 때문이다. 국가 개조에서 일본 냄새가 난다는 것은 그들이 습관적으로 사용했기 때문만은 아니다. 이 말은 일본의 군국주의자이자 국가사회주의자인 기타 잇키北一輝의 저서《국가 개조안 원리 대강》(1919)에 처음 등장하는데, 이 책은 1936년 2월 26일 정변을 일으킨 일본의 국가주의 청년 장교들에게 많은 영향을 주었다. 그 후 1972년 다나카 정부의 '일본열도 개조론', 1982년 나카소네 총리의 '새로운 국가 개조론' 그리고 1993년 오자와 이치로의 '일본 개조 계획'으로 이어져 오늘에 이른다. 현재 아베 총리가 내세우는 '보통 국가'도 국가 개조론의 연장선상에 놓여 있다. 이들은 당시 국가 개조론에 저항하는 노동조합을 강력하게 탄압했으며 공공 부문 민영화를 본격화했다. 일본 철도 분할 민영화는 그렇게 시작된 것이다. 지금도 일본 우익들에게 전방위로 영향을 주고 있다.

하지만 국가 개조는 단지 일본에서만 사용되었던 것이 아니다. 박근혜 정권뿐 아니라 문민정부 이래 전체 국민의 복지 향상을 위한 대한민국 개조론 등 다양한 국가 개조론이 계속 등장한 바 있고, 일본 강점기 이광수는 계몽사상에 입각한 민족 개조론을, 조선 시대 정약용이 토지 제도 등 제도 개혁을 통한 국가 개조론을 주장한 바 있다.

박근혜 대통령의 아버지인 박정희도 자신이 일으킨 쿠데타의 명분을 국가 개조에서 찾고 있다. 그는 "민주주의라는 빛 좋은 개살구는 기아와 절망에 시달리는 국민 대중에게는 너무 무의미한 것"(《우리 민족의 나아갈 길》)이라면서 "민주적 정치 권능보다 일관성 있는 강력한 지도 원리가 요청되지 않을 수 없다."(《국가와 혁명과 나》)고 주장했다.

그는 민주주의 대신 강력한 지도 원리가 필요하다고 생각했고, 이를 위해 스스로 강력하지만 불행한 지도자가 되었다. 그런데 박정희 정권 시기 국가개조는 국민을 대상으로 가르치거나 동원하는 방식으로 진행됐다. 이는 국가 동원 체제의 지도자를 이상으로 하는 권위주의 체제의 산물인 것이다.

따라서 일본식 국가 개조나 박정희가 사용했던 국가 개조는 단순히 모든 걸 뜯어고쳐야 한다는 '방법론'에 그치는 게 아니라, 그 시대의 현실은 '모조리 쓸모없는 것'이라고 여기는 과격한 현실 인식에 근거한다. 동시에 그러한 현실을 뜯어고칠 수 있는 건 물리적 힘을 지닌 군부라는 인식도 공유한다. 이 때문에 이후 '국가 개조'는 파시즘적 성격을 지닌 용어로 규정되곤 한다(〈뉴스타파〉, "3개의 국가개조론", 2014. 5. 28).

이런 점에서 박근혜의 '국가 개조'가 매우 우려스러운 것이다. 이것은 단순히 말 한마디, 표현 하나를 가지고 꼬투리 잡는 것이 아니다. 이후 진행된 '해경 해체'라는 전격적이고 과격한 방법, 그리고 청와대를 포함한 박근혜 대통령 자신은 개조의 '주체'이고 나머지 모든 것이 개조의 '대상'이 되는 식의 뉘앙스가 이러한 우려에 설득력을 더해 준다.

박근혜식 통치와 안전 사회의 묵시록

박근혜의 국가 개조론은 인적 쇄신으로부터 출발해야 한다고 보고 있다. 하지만 박근혜의 실질적인 국가 개조는 대통령 후보 아니 그 이전부터 시작된 것이라 해도 과언이 아니다. 그래서 대통령 당선 직후 법과 원칙 그리고 안전 사회를 반복해서 강조했던 것이다.

이는 박근혜 정권의 지난 1년 반을 평가하면 명확하게 확인할 수 있다. 경제 행위의 중요한 주체인 노동자들의 권리 존중이나 문제 해결에 대해 매우 소홀히 다루거나 법적 대응을 강조하며 반노동 정책을 강화했고, 노동자들의 파업을 안전 사회를 위협하는 행위로 인식해 노동자들에 대해 더욱 강경한 대응을 지속했다.

따라서 민주주의 척도라 할 수 있는 노동기본권은 '법질서와 안전 사회'의 논리에 따라 나날이 총체적으로 후퇴했으며, 국정원의 선거 개입에 대해서는 오히려 종북 프레임을 이용해 대대적인 공안 몰이를 자행했다. 언론은 완전히 통제되어 박근혜 찬양론만 난무하고 국가보안법 위반 구속자는 다시 급상승하는 등 절차적 민주주의마저 심각한 수준으로 후퇴했다.

여기서 우리는 대처의 포퓰리즘을 목격하게 된다. 대처리즘이 '일부 민중이 실제로 원하는 것'과 입장을 함께하면서도 동시에 권력 블록을 통해 그들을 계속 지배하는 것처럼 박근혜 세력은 어느 정도 자신을 단순히 '그들' 중 하나가 아니라 당황스럽게도 '우리'의 일부로 만들려는 것이다. 박근혜 정부를 특징짓는 일정한 사고, 감정, 계산 방식은 하나의 물질적,

이데올로기적 세력으로서 일반 대중의 일상생활에 스며들고 있다.

이러한 통치 스타일은 60%대에 이르는 높은 지지율을 과신했기 때문으로 보인다. 정치에 선을 긋고 국정에 매달리는 모습이 지지율 관리에 낫다고 판단하는 것이다. 무능한 야당의 공세는 그리 위력적이지 않으니 그냥 모른 체해도 국정 운영에 별 탈이 없다고 인식하고 있다. 그러다 보니 약속을 안 지켜도 비난 여론이 크지 않을 것이라는 판단을 한 것이다. 결국, 박근혜의 '원칙과 신뢰'는 자신에게 유리하거나 필요할 때만 동원되는 정치적 레토릭에 지나지 않는 것이다.

그런데 세월호 참사는 박근혜 정부로 하여금 국가 개조라는 명분으로 제멋대로인 국가 기강을 세울 수 있는 동기를 제공했다. 한마디로 강호무림의 맹주로서 눈에서 레이저 광선만 쏘면 공직자들이 알아서 충성 서약을 할 줄 알았는데, 메두사와 눈이 마주치면 돌로 변한다는 것을 이미 간파해 눈을 내리깔고 받아쓰기만 하든가, 카카오톡을 함으로써 석상으로의 변신에서 해방된 것이다.

그러니 박근혜가 여론, 제도, 시간을 탓하는 것도 어찌 보면 당연하다. 여기서 현실적 도덕주의가 발동한 것이다. 즉, 자신은 구국의 신념으로 국가와 사회를 위해 온 힘을 다하는데 너무 몰라준다는 것이다. 그것도 제대로 도와주지도 않으면서. 그래서 박근혜는 거버넌스를 전면에 내세우는 협력적 관계를 모색하면서 탄압과 정면 돌파를 병행할 것으로 보인다.

그런데 정말 어처구니없고 기상천외한 일이 발생했다. 2014년 6월 24일 문창극 국무총리 후보자가 자진 사퇴함으로써 헌정 사상 처음으로 두 명의 국무총리 후보자가 낙마하는 초유의 일이 발생한 것이다. 이는 청와대의 인사 검증 시스템이 매우 부실하고 무능하다는 것을 입증한다. 그럼에도 박근혜 대통령은 김명수 교육부 장관 내정자 등 8명의 인사 청문 요청안을 국회로 보냈으며, 뒤이어 정홍원 국무총리의 사의를 반려하고 유임키로 하는 최악의 선택을 하고 말았다.

이는 2014년 5월 19일 대국민 담화에서 눈물 흘리며 밝힌 적폐 척결, 책임 통감, 국가 개조론이 한낱 허상과 거짓에 불과하다는 것을 드러낸 것이다. 대통령의 진정한 자세 변화와 국정 혁신 의지를 볼 수 없기 때문이다. 근본적인 사태의 원인이 대통령 자신의 편협하고 폐쇄적인 인사 스타일, 독선적인 국정 운영 때문이라는 것을 모르거나 의도적으로 무시하는 것이다.

박근혜 정권은 출범 초기부터 여론을 매우 중요시한다고 공공연히 밝혔으며, 여론 정치를 지향해 왔다. 그런데 실상은 그것이 아니었다. 여론 지지율이 낮으면 정책적 변화를 모색하는 것이 아니라 안타깝거나 서운하거나 섭섭하다는 궤변을 늘어놓으며 시간을 죽이는 행태를 연출했다.

박근혜가 인사 문제로 곤경에 처하면서 국정 운영에 대한 긍정적 답변이 30%대로 감소하기도 했지만, 이에 개의치 않고 있다. 이는 여당에서 알아서 걸러주기 때문이다. 그러면서 대중에게는 자신의 진정성을 몰라준다며 앙탈을 부리고 있다.

박근혜 대통령은 대국민 담화를 통해 공직 사회를 민간에게 개방하는 거버넌스 전략을 선택함으로써 도덕적 정당성을 확보했다. 이는 국가의 정책적 변화에 대한 대중과 시민 단체들의 동의를 획득하고, 이를 바탕으로 시민사회에 대한 국가적 우위가 확립될 가능성이 더욱 높아지고 있음을 의미한다.

이에 박근혜 정부는 세월호 참사를 국가 혁신의 계기로 삼아 국가 안전 시스템을 전면 개편하고 공직 사회를 개혁해 나가겠다고 약속했다. 그리고 그 첫 번째 후속 조치로 국가안전처와 인사혁신처 설치, 교육·사회·문화 분야 부총리직 신설을 주요 내용으로 하는 정부조직법 개정안을 마련해 2014년 6월 국회에 제출했다. 국가 혁신의 첫 단추는 정부 운영 인프라 개혁에서부터 시작돼야 한다는 인식이다.

이번 정부조직법 개정안의 주요 내용을 살펴보면, 강력한 재난 컨트롤 타워로서 국가안전처를 신설하는 것이다. 현재 안전행정부의 재난안전 총괄기능, 소방방재청과 해양경찰청의 기능, 해양수산부의 해양교통관제센터 기능 등 흩어져 있는 재난 대응 관련 기능을 하나로 통합·재편해 국가안전처로 일원화하겠다는 것이다. 육상과 해양, 자연재해와 사회적 재난 등으로 구분돼 있던 재난 관리 기능이 하나로 통합되고 재난 대응 지휘 체계가 일원화되면, 재난 대응 기관 간의 유기적인 협력이나 연계가 더 원활해짐으로써 점차 복잡다기해지는 재난에 훨씬 효율적으로 대응할 수 있다는 논리다.

하지만 제도적 개선이 안전 사회의 필요조건이 될 수 있지만, 충분조건으로는 불충분하다. 국가적인 사고가 발생하면 분위기 반전 카드로 조직 개편을 꺼내 드는 것은 공직 사회를 더욱 경직시키고 국민 불안감을 가중시키는 것이다. 국민 안전을 강화한다며 행정안전부를 안전행정부로 바꿨지만, 안전한 행정부도 안전한 사회도 결코 만들지는 못했다. 정확한 진상 조사나 충분한 판단 없이 부처 명칭만 바꿔 분위기를 쇄신하겠다는 방식 자체가 즉흥적이고 단기적 처방이기 때문이다. 이러한 방식으로는 박근혜 정부가 해소하겠다는 적폐를 근절시킬 수 없으며, 한국 사회는 위험 사회로 지속될 것이다.

다만 공직 사회 기강 확립, 보수 진영의 내부 갈등과 분열의 일시적 봉합 그리고 일부 시민 단체들의 포섭 등이 박근혜 정부의 정치적 성과로 자연스럽게 만들어질 것이다. 이를 효과적으로 수행하기 위해서는 여전히 법과 원칙이 중요하다. 현재와 같은 방식의 탄압은 지속될 것이고, '안보'를 앞세운 극우 보수의 발호가 빠르게 더욱 확산되면서 좌/우 대립과 갈등을 권위주의 통치의 관철을 위한 도구로 이용하며 지배 체제를 확고히 하는 정치가 더욱 강화될 것이다.

세월호와 민주주의

세월호 참사는 한국의 민주주의에 대해 많은 질문을 던졌다. 이는 결국 민주주의가 안전 문제를 포함해 우리 일상 그 자체라는 것을 보여준다.

한국 정치에서 민주주의의 첫 번째 적은 줄곧 국회의원으로 여겨졌다. 그나마 관료들은 국회의원에 비해 믿음의 대상이었다. 그래서 정치권에 대한 주요 비판은 국회의원 특권 폐지와 같은 의회 권력을 향했다.

하지만 세월호 참사는 의회가 관료를 견제하지 못하여 '견제와 균형'이 무너졌을 때 국민의 안전이 위협받을 수 있다는 것을 보여주었다. 세월호 참사 이후 쏟아져 나오는 '해피아', '관피아', '철피아' 등의 각종 비리는 한국 정치가 견제와 균형의 원리에서 한참 벗어나 있음을 보여준다. 입법권까지 가진 관료들이 정부 입법을 통해 자신들의 이익을 관철해 왔다.

세월호 참사는 권위주의 정부와 정부의 정보 독점이 얼마나 민주주의에 위험한 것인지를 알려 주었다. 기존에는 민주주의 확대는 안전에 취약하고 권위주의 정부가 상대적으로 민주적인 정부보다 안전에 더 적합하다는 관념을 고수해 왔다. '안보'와 '치안' 등 안전의 가치가 보수적 가치로 여겨져 왔던 배경이다.

그러나 세월호 참사는 권위주의 정부가 안전에 더 취약하다는 것을 보여주었다. 권위주의 정부의 특징은 정보 독점이지만, 이는 역설적으로 정보를 독점한 권위주의 정부가 오히려 정보에 어두웠다는 것이다. 따라서 세월호 참사는 정보를 독점하는 것보다 공유하고 유통하는 것이 안전을 강화하는 데 더 도움이 된다는 사실을 보여주었다.

세월호 참사는 '인권'과 '안전'이 서로 충돌한다는 국가권력의 주장에도 질문을 던진다. 안전과 인권은 민주주의 내에서 서로 충돌하는 가치로 여겨져 왔다. 박근혜 정부도 안전을 강조하면서 그 명분으로 검열·통제를 강화해 왔다. 하지만 역설적으로 안전을 강조한 정부에서 수많은 사망자가 발생한 것이다. 세월호 참사를 '인권의 불가분성'과 연결해 본다면, 안전과 인권은 따로 떨어뜨려 놓고 생각할 수 있는 것이 아니다.

한편, 세월호 참사는 중앙집권적인 한국의 국가 재난 관리 시스템의 취약성을 여실히 보여주었다. 권한과 재원을 장악한 무능한 중앙정부와 결정권과 재원이 없는 무력한 지방정부가 취약한 국가 재난 관리 시스템을 낳았다. 지방과 현장에 결정권과 재원을 부여하는 지방분권이 국가 혁신의 주요 의제가 된 것이다. 이미 한계에 달한 중앙집권 국가를 지방분권 국가로 전환하는 혁신적인 정책을 단행해야 한다.

결국, 안전한 나라 건설도 국가 개조도 사람이 하는 것이다. 일거에 해경을 해체하고 소방방재청의 조직을 바꾸고 국가안전처를 신설한다고 해결되는 건 아니다. "조선은 게으르고 일본 식민 지배는 정당하다"고 발언한 사람을 국무총리 후보자로 내정하고, 역사관, 윤리관, 도덕성 등 공직자가 지녀야 할 기본적인 인식이 전무한 인물을 사회 부총리로 내정하는 것이 박근혜 정부의 인식이다.

한국 정치의 가장 커다란 특징 중 하나는 '승자 독식의 원칙'이다. 그러다 보니 대통령 '수첩'이나 여당의 인물 중 발탁할 수밖에 없는 태생적 한계와 운명을 지닌다. 따라서 원활한 국정 운영을 기대하는 것은 연목구어에 불과할 뿐이다.

조선 후기 개혁적·실천적 실학자인 정약용은 인재 선발과 임용에 있어 모든 차별과 제한을 금하고 모든 민중에게 관직에 취임할 기회를 균등하게 부여할 것을 주장했다. 그의 이러한 평등사상은 교육 사상에서 발견할 수 있다.

다산의 관점에서 지도자는 오로지 백성을 위해 헌신하고 봉사하는, 즉 백성을 위해 존재하는 자를 의미한다. 다산은 이를 위해 지도자는 수기치인修己治人을 실천해야 한다고 강조했다. 이를 달리 표현하면, 공직에 진출하고자 하거나 공직에 진출한 공직자는 먼저 자신의 몸가짐을 바르게 하여 내부에서 우러나오는 올곧은 마음을 지닌 후 공직을 수행하는 데 있어 백성에 대한 사랑에 기초하여 선정과 덕을 베풀어야 한다는 것이다.

결국, 대통령 자신이 관건이다. 세월호 유족의 슬픔을 보듬고 상심한 국민을 하나로 모으려면, 불통과 독선, 만기친람의 대통령 리더십부터 달라져야 한다. '인사는 대통령 고유 권한'이라는 생각은 권위주의적 발상이다. '인사가 만사'라는 명언이 있는데, 이는 그만큼 사람이 중요하다는 뜻이다. 대통령의 인사는 '수첩'에 머물러서는 안 되며, 대중에게 책임을 다하고 믿음을 주는 인사 정책이야말로 대중에 대한 겸손한 인사다.

맺음말

세월호 참사는 박근혜 대통령의 리더십이 전환되는 계기가 되어야 한다. 대통령만 부각하는 '1인 통치 시스템'으로는 다원화된 민주주의 국가에서 원활한 국정 운영이 어렵다는 것이 확인되었기 때문이다.

이번 세월호 참사에서는 국가도 사라졌지만, 정치도 실종됐다. 대통령은 국민의 고통을 흡수하고 공감하는 무한한 능력을 갖추어야 한다. 그런데 진도 팽목항에서 무릎 꿇고 아이들을 구해 달라는 유가족 앞에서 옛날 왕이 신민을 대하듯 뻣뻣하게 내려다보고 있었다.

대통령의 눈에서는 레이저 광선만 발사하고, 책임지지 않으면 자르겠다고 협박해 공무원을 더욱 복지부동하게 하고, 유가족을 위로하라고 했더니 조문객을 위로하는 발연기를 보여주었고, 일제 식민지와 분단이 하나님의 작품이라고 인식하는 인물을 총리로 임명했다. 대통령은 누구나 장관으로 임명할 수 있는 권한이 있지만, 그렇다고 아무나 임명하라는 것은 아니다.

정부 여당은 대통령 보호에만 급급했고 그 존재감은 어디에도 보이지 않았다. 여당은 정부 '거수기'에 머물렀고 야당은 무기력했다. 그 결과 정부 무능의 폐해는 고스란히 국민들에게 전가됐다. 국회는 행정부를 견제하고 감시하는 제 역할을 다하지 못했다. 언론 보도는 유가족 위로만 보도하고 유가족 분노는 보도하지 않았다. 이러한 광경에 대해 야당 역시 입 다물고 가만히 있었다.

개발만 추구하고 이익만을 좇는 자본주의 사회에서 안전 사회는 불가능할 것이다. 자본주의 사회에서의 인간의 탐욕만큼 영원한 것은 없기 때문이다. 따라서 대중은 절제의 미학과 냉정한 이성 그리고 자유와 평등에 대해 올바른 인식으로 늘 무장해야 한다.

그렇다면 박근혜 대통령이 강조한 적폐는 자신이 몸담고 있는 정당과 자신의 지지 세력이 바로 그 일부라는 것을 직시할 필요가 있다. 국가 개조는 청와대와 정부 여당이 먼저 그 대상이 되어야 한다. 그렇지 않다면 국가 개조론은 무책임하고 꼼수에 불과한 얘기다.

한국 사회의 국가 개조는 대통령의 빈곤한 리더십 때문에 통치 불가능한 단계로 진입하고 있다. 규제는 안전, 위생, 환경을 위해서 필요한 것인데, 이를 암 덩어리라고 인식하는 저급한 대통령 철학이 바뀌지 않으면 안 된다.

보수 세력은 안보, 성장, 신자유주의만 있을 뿐 한국 사회의 여러 문제를 해결할 수 있는 능력도 비전도 없다. 새정치민주연합도 대안 세력으로서의 능력이 없다. 따라서 생존 자체가 위협받는 노동자·민중 운동이 재구성돼 부활할 수 있도록 하는 것이 과제다. "세상은 저절로 좋아지지 않는다"는 에릭 홉스봄Eric Hobsbawm의 말이 늘 새롭다.

한국을 불안하게 하는 것에 관하여

한길석(한신대 · 철학)

위험한 한국

한국은 위험하다. 한국의 사회적 위험도는 엄청나게 증가하고 있다. 일자리가 사라지고, 교육이 위기에 몰렸으며, 가정은 해체되고 있다. 그리고 범죄는 날로 증가한다. 더욱이 양극화는 한국의 사회적 통합력을 손상하는 치명적 요소로 등장한 지 오래다. 구시대의 사회적 관행을 고수하려는 이들과 새로운 사회를 꿈꾸는 이들 간의 소통은 점점 어려워지고 있으며 양자의 갈등 양상은 이미 맹목적 혐오와 증오의 수준에 와 있다.

　새롭게 출발한 박근혜 정부는 국민의 안전과 행복을 위해 노력하겠다고 선언했다. 안전과 행복에 대한 요구가 격증하고 있다는 판단 때문이었을 것이다. 이러한 정책적 수요를 인식한 것에 대해서는 일단 다행이라고 생각한다. 하지만 그에 대한 응답은 너무나 단순하고 고답적이었다.

박근혜 정부는 국민의 안전과 행복을 가로막는 장애물로 네 가지를 들었다. 성폭력, 가정 폭력, 학교 폭력, 불량 식품이 그것이다. 그리고 그것을 4대악으로 지목하며 근절을 다짐했다. 근본악에 대한 상상도 유연화와 경량화라는 스마트 시대의 조류에 보조를 맞추려는 것일까? 박근혜 정부의 4대악은 한없이 사소하고도 가벼워 보인다. 자비의 원칙에 맞춰 해석해 보려 해도 4대악의 근절을 내세우는 정부의 속내는 아무래도 따로 있는 것 같다. 민주화 이후로 이래저래 '약화된' 정부 권력과 지도자의 권위를 강화하여 일치단결의 대한민국으로 나아가겠다는 것이리라. 그러려면 아무래도 국정의 향배를 독점하는 데에 필요한 물리력 확보가 필수적이다. 물리력의 확보는 경찰, 군대, 감찰 기관의 강화를 요구한다. 사회악은 이를 위한 좋은 핑곗거리다. 겉으로는 '법과 질서를 보호하는 정치'를 펼치는 듯이 보이지만, 실제로는 반대 세력에 대한 억압을 의도한 것일 뿐이기 때문이다.

정책적 의도가 이러하다면 박근혜 정부가 내세운 안전 사회의 그림으로는 한국 사회가 직면한 위험에 적절히 대응할 수 없다. 더구나 현재적 위험이 자리한 시대적 환경은 이 낡은 그림의 화폭에서 그려낼 수 없는 기묘한 공포로 가득하다. 그것은 신자유주의적 사회질서의 구조화로 인해 등장한 잉여 집단이라는 문제다. 신자유주의의 배제 프로그램에 의해 대량으로 양산된 이들은 사회적 생산 활동과 입헌 민주정치적 삶에서 소외당하고 있다. 그리하여 이들이 과거에 지녔던 국민으로서의 정체성과 자기 인식은 점점 약화되었다. 이것은 한국을 위험하게 만드는 심각한 사회 해체 문제가 아닐 수 없다. 그럼에도 불구하고 박근혜 정부는 공포의 근원에 대한 근본적 고찰을 회피하고 있다. 다만 치안력 강화를 통한 분열 방지와 성장 경제 동력의 재활성화를 통한 국민 단결만을 대안으로 삼고 있을 뿐이다. 어차피 5년의 짧은 임기 안에서는 다루기도 성과를 내기도 어려운 일이니 외면하자는 속내일 수도 있다. 또한, 통제적 사회질서 속에서 일궈낸 성장이라는 과거 사례를 재현함으로써 현대적 공포 현상을 눈가림하려는 속셈일 수도 있다. 과연 박근혜 정부는 이러한 셈속이 맞아 떨어질 만큼 운이 좋을 수 있을까?

현재 제기되는 공포에 대한 해법은 근대의 두 가지 방책에 기대어 제안되고 있다. 통제 질서의 확립을 통한 성장 드라이브가 그 하나고, 사회적 재분배 질서의 구축을 통한 성장의 지속이 다른 하나다. 박근혜 정부의 한국은 근대의 두 가지 방책 중 전자 쪽으로 기울어 버렸다. 그리고 이러한 방향성에 대해 많은 한국인이 수긍하며 맹목적으로 따라가고 있다. 그들이 겪는 위기의 공포감이 너무도 커서 사태에 대한 차분한 분별이 불가능하다는 게 한 이유다. 대한민국 건국 이래로 위기와 공포의 얼굴은 전쟁과 빈곤이었다. 이것은 강력한 지도력을 통한 성장의 집단적 운동으로 극복하는 듯 보였다. 그러나 오늘날의 위기와 공포는 과거의 그것과 다르다. 신자유주의 시대에서 야기되는 공포에 대한 안전 사회의 건립은 과거의 정책에서는 찾을 수 없는 것이다.

한국에서 발생하는 위기 현상들은 성장 혹은 분배라는 근대적 관점에 의해 충족되거나 해결될 수 있는 성격이 아니다. 위기에 대처하는 근대의 두 방책이 바탕으로 삼는 이념적 토대와 실천 양상은 다르지만, 그것이 추구하는 목표는 궁극적으로 동일하다. 그것은 생산의 확장을 통한 풍요의 지속이다. 얼핏 보기에 이 목표는 잘못 설정되지 않은 것으로 보인다. 그러나 포화 상태에 이른 지구의 현 조건을 고려할 때 이 목표는 비판적으로 성찰해 보아야 한다.

안전 대한민국의 시작 : 철권통치를 통한 안전 사회 구축

대한민국은 공포와 함께 이루어졌다. 한국인에게 직접적으로 다가왔던 공포의 얼굴은 전쟁과 그것의 소산으로써의 빈곤이었다. 한국인은 전쟁과 빈곤의 공포에서 벗어나기 위해 폭력적 지배력을 갖춘 독재자를 용인했다.

전쟁을 경험한 한국인에게 질서 정연하고 안전한 사회에 대한 요구는 가장 절박한 것일 수밖에 없었다. 전쟁 상태 극복과 안전 사회 건립이라는 홉스적 요구는 휴전 이후의 대한민국에서 시급히 해결해야 할 시대적 과제로 등장하고 있었다. 대한민국에서 가장 큰 공포를 자아내는 침략적 존재는 북한이다. 그리고 그들을 추종한다고 짐작되는 내부 세력들이다. 전쟁 공포의 기억 속에서 헤어나오지 못하는 한국인에게 이들의 제거는 대한민국을 안전하게 유지하고 존립하게 하는 필수적 조치로 간주되고 있다. 이러한 관점은 강력한 물리력과 그것을 제도적으로 뒷받침하는 철권통치를 용인하게 한다. 전쟁 공포의 기억에서 벗어나지 못하는 많은 한국인은 그것이 전쟁의 참혹함을 다시 겪지 않고 자기를 보존하게 하는 가장 효과적인 방법이라 생각하기 때문이다. 이런 까닭에 한국에서는 경찰과 군대의 위상이 좀처럼 하락하지 않는다. 물론 전쟁 공포의 제거 조치는 경찰과 군대의 힘만으로 충분하지 않다. 내부의 적을 색출하고 처벌하는 기관과 법질서의 확립을 통해서도 이루어졌다. 한국에서 그것의 현존은 무소불위의 힘을 가진 정보기관 및 검찰과 국가보안법 등으로 확인된다.

홉스는 전쟁 상태의 공포를 종식시키고 개인의 생명과 이익을 안전하게 보장하기 위한 수단으로 절대적 권위를 지닌 군주를 도입했다. 자기보존의 대의를 위해 각 개인은 절대군주에게 그 누구도 도전할 수 없는 독재적 권력을 보장해 주기로 계약을 맺었다. 대한민국 국민에게도 독재자는 동일한 역할을 하는 존재로 간주되었다. 많은 한국인에게 박정희는 '북괴의 침략'이라는 전쟁의 위협으로부터 대한민국을 수호하고, 대한민국 국민의 이익을 보장하기 위해 적합한 조치를 취했던 인물로 여겨지고 있다. 그가 단행한 '구국의 결단' 덕분에 한국은 전쟁과 빈곤의 위협으로부터 안전한 사회가 이룩될 수 있었다는 것이다. 물론 한국의 현실에서 수호자로서의 '절대군주'는 개인들의 합리적 계약이라는 홉스적 이상에 의해 옹립된 것이 아니라 물리력의 행사로 이루어진 것이었다. 하지만 그의 결행에 대해 국민 중 많은 이들은 사후 계약의 형태로 그것의 실효력을 승인해 주고 있다. 이런 관점에서 보면 그의 무단통치 행위는 분열 책동을 통해 대한민국의 헌정 체제를 무너뜨리려는 내외의 적을 무력화시키기 위한 실효적 정치 활동이 된다. 또한, 그의 독재 정책은 전쟁의 참화를 극복하기 위해 국민의 의지를 하나로 모으려는 적절한 조치로 평가된다.

철권통치는 경제적 성장을 위해서도 효과적이었다. 힘에 의한 지배는 압제에 대한 불만을 성장에 대한 열망으로 돌려놓는 데에 성공했다. 한국인에게 무서운 것은 외부의 적뿐만 아니라 끝나지 않을 것 같은 가난의 굴레이기도 했다. 독재 권력이 단행한 빈곤 퇴치 운동을 계기로 한국인은 경제성장을 위한 놀라운 단결력을 보여 주었다. 국가는 경제적 성장운동을 지도하는 주체로 등장했다. 독재 정부는 경제 주체들의 자율적 생산활동에 개입하여 시장을 인위적으로 성장시키는 비자유주의적 개입주의를 유지했다. 이렇게 하여 늘어난 경제력은 사회적 안정을 형성하는 데에 일조했다. 그러나 철권통치가 선사한 안전 사회 체제는 국가 안보와 빈곤의 위험을 낮추는 반면 정치적 억압의 위험을 증가시켰다. 지속적으로 증가하던 정치적 억압의 위험이 한계에 이르자 한국인은 민주화 투쟁으로 대응했다. 그리하여 마침내 자유민주주의적 헌정 질서 수립을 통해 폭압적 통제 질서가 야기했던 정치적 위험은 감소될 수 있었다.

정치와 통치

서구 전통에서 정치란 통치와 다른 것이다. 통치는 힘에 의한 지배를 의미하지만, 정치는 말에 의한 공동체 운영을 의미한다. 힘에 의한 지배하의 공동체 구성원들은 힘의 우열에서 발생하는 위계 관계 속에서 살아가게 된다. 이 속에는 자유와 평등의 문화란 존재하지 않게 된다. 자유와 평등의 관계를 요구하는 즉시 힘에 의해 제압되기 때문이다. 통치를 가지고 국가를 운영하면 말의 자유는 뒷전에 놓이게 된다. 자유주의적 관점에서 볼 때, 힘에 의한 지배로써의 통치는 사적 개인의 이익과 권리 등을 보호하지 않는다고 인식된다. 따라서 힘에 의한 지배는 제거되어야 할 것으로 간주된다. 자유주의적 혁명은 이 공포를 제거함으로써 통치를 종식시키고 근대적 형태의 정치를 낳는다. 정치에 대한 자기 이해가 개인의 이익과 권리 등의 보장이라는 자유주의적 관점에서 이루어지게 되는 것이다.

그런데 자유주의는 사적 이익의 지속적 보장이라는 경제주의적 차원에서 국가 혹은 정치를 이해하는 경향을 보이고 있다. 이런 관점에서 보자면 시민의 정치 참여는 사적 이익의 보장이라는 경제주의적 목적 속에서 이루어질 뿐이다. 따라서 이익이 보장되지 않는다면 정치 참여라는 노력도 중단되는 것이다. 이것은 정치적 자유를 경제적 자유의 하위에, 정치적 활동을 경제적 자기실현을 위한 수단으로 간주하게 한다. 그리하여 정치의 이념적 위상과 독립성을 확보하지 못하게 한다.

그런데 자유주의에서 이루어졌던 정치에 대한 경제주의적 이해가 한국에서는 조금 더 속류화된 형태로 등장한다. 한국에서 정치란 무엇보다도 민생 안정을 목표로 둔다. 그런데 현대 한국에서 민생이란 국민 전체가 관여하고 있는 경제구조의 안정화라는 공적 관점에서가 아니라 개별 국민의 살림살이를 풍요롭게 한다는 사적 관점과 연결되어 있다. 대부분의 한국인이 후자의 문제가 더 시급히 해결되어야 할 정치적 과제라고 생각하기에 공정한 경제구조의 안정화라는 정치적 과제는 항상 순위에서 밀린다. 그래서 한국의 정치는 분배적 정의보다는 성장의 이익을 증가시키기 위한 정책 개발과 추진이라는 방향으로 전개됐으며, 그것이 곧 정치의 본질인양 간주되어 왔다. 이것은 자유, 평등, 정의와 같은 근대 정치의 본래 이상을 낯설게 만들어 한국인들의 민주정치에 대한 자기 이해의 폭을 좁혔다.

자유주의적 법치국가의 성립과 안전 사회

한국은 빈곤이라는 경제적 생계의 위험과 독재라는 정치적 억압의 위험에서 벗어나 새로운 단계의 안전 사회를 경험하게 되었다. 새로운 안전 환경에서 대한민국은 자율적 성장으로 진입할 수 있었다. 이제 한국에서 국가는 각 주체의 경제활동이 자유롭게 이루어질 수 있는 법적 조건을 마련하고, 국가 구성원들을 이러한 조건에 익숙해지도록 규율하는 역할을 담당해야 했다. 국민들은 사적 개인의 생명, 재산, 그리고 자유로운 경제활동을 보장하는 법질서 수립을 요구했으며, 사회적 갈등도 이러한 법질서의 관철을 통해 해소할 것을 기대했다. 이른바 자유주의적 법치 질서의 구현을 통한 안전 사회 건립이 시작된 것이다. 자유주의적 법치 질서를 통한 안전 사회는 모든 사람에게 안전한 이익 추구가 가능하다는 기대를 품게 했다.

신자유주의적 통치 프로그램

불행하게도 한국인이 품었던 자유주의적 기대는 이루어지지 않았다. 21세기를 목전에 둔 시기에 한국에서는 모든 개인의 풍요로운 삶에 대한 희망이 깨지는 일이 발생했던 것이다. 그럼으로써 한국에는 새로운 형태의 사회적 위험이 나타났다. 구제금융기 이후 한국에서는 정치적 억압의 위험보다는 경제적 위험도가 증가했다. 그리고 이러한 위험은 지구적 현상이었다.

서방 선진국들은 1970년대 말에 불어닥친 에너지 및 경제 위기를 계기로 사회복지국가적 프로그램을 포기하고 신자유주의적 통치 프로그램을 채택하기 시작했다. 푸코에 의하면 신자유주의적 프로그램(질서자유주의)은 경쟁의 자유를 사회적 질서의 근간으로 만들기 위한 인위적 노력이다. 일반적으로 알려진 바와 달리 신자유주의적 프로그램은 시장에 대한 국가의 방임을 의미하지 않는다. 오히려 신자유주의적 국가는 사회의 모든 영역에 경쟁의 생활양식이 뿌리내리도록 적극적으로 개입한다. 그런 의미에서 신자유주의적 국가는 고전적 자유주의의 자유방임 원리를 따르지 않는다. 하이에크와 같은 신자유주의자들은 경쟁이라는 것이 생각 외로 자연적으로 발생하지 않는 경우가 많다는 점을 인식하고 있었다. 신자유주의적 국가의 개입은 경쟁이 존재하지 않았던 영역마저도 경쟁의 양식을 이식하는 시장경제적 제도를 도입함으로써 이루어진다. 예를 들어 학교교육 현장에 경쟁 모델을 도입하여 성적을 향상시킨 교사들에게 성과급을 지급하는 제도를 정착시키는 것이 신자유주의적 국가가 감행하는 적극적 개입 행위라고 볼 수 있다. 또한, 노동 현장에 적용된 신자유주의적 프로그램은 파견 노동, 기간제 고용, 시간제 노동 등의 비정규직 제도를 신설함으로써 정규직과 비정규직 간의 상시적 경쟁의 틀을 구조화했다. 가족 관계에서도 경쟁 모델은 큰 영향을 미치게 되었다. 부모들은 자기 자식들의 능력과 다른 가정의 자녀들의 능력을 비교하면서 부모로서의 자기 역할을 상시적으로 평가한다. 삶의 모든 영역이 경쟁 모델에 의해 구조화됨에 따라 인간의 모든 활동은 경쟁이 아닌 것이 없게 되었다.

경쟁의 내면화와 자동적 복종

신자유주의적 프로그램이 조장한 항상적 경쟁 체제의 구현은 자발적 복종과 자동적 통제가 이루어지는 통치 형태를 낳았다. 삶의 모든 활동이 상시적 경쟁의 형식을 띰에 따라 각 개인은 경쟁 결과에 대한 평가에 민감한 존재가 되었다. 사람들은 경쟁 능력의 향상을 위해 자신에게 투자하고 관리하여 끊임없는 혁신을 감행하는 개별적 기업가가 되어야만 했다. 모든 국민이 '내 경쟁 상대는 누구'임을 지명하면서 세계적 경쟁력을 갖춘 존재로 조련될 것을 주문하던 김영삼 정부 시절의 세계화 캠페인은 신자유주의적 프로그램 내면화의 단적인 예일 것이다. 자기 관리와 자기 혁신에 몰두하면서 경쟁에 뒤떨어지지 않는 사람에 대한 일반화된 선망은 경쟁의 규범을 내면화하여 신자유주의적 체제에 자동으로 순응하는 이들이 주류를 이루고 있음을 입증한다. 얼핏 보기에 경쟁적 삶에 매진함으로써 각자는 자기 발전의 성과를 얻을 수 있다. 또한, 경쟁이 자발적 선택에 의한 참여의 형식을 띤다는 점에서 강제성은 없어 보인다. 그러나 이러한 자발성은 사실 신자유주의적 프로그램에 의해 인위적으로 조장된 제도적 환경에서 발생한다. 하지만 경쟁의 소용돌이는 이와 같은 사실을 직시하지 못하도록 만든다. 다만 경쟁에 맹목적으로 참여함으로써 이러한 체제에 자발적으로 순응하게 되는 것이다. 이른바 경쟁을 통한 자발적 규율화가 진행된다. 물론 경쟁은 경제주의적 성장 논리가 가리키는 방향으로만 이루어진다. 모든 구성원이 경제적 풍요와 성장에 대한 기대를 품고 맹목적 경쟁의 생활양식을 내면화할 때 기존 사회질서를 변화시킬 수 있는 요소들은 외면당하게 된다.

신자유주의 시대의 부산물 : 쓰레기로서의 잉여 집단

경쟁 모델의 전면적 구조화는 새로운 종류의 불안전 요소를 유발했다. 개인들 간의 경쟁에서 밀려난 이들이 증가하면서 사회적 불안이 발생한 것이다. 일차적으로 그것은 극심한 빈부 격차로 나타난다. 그러나 신자유주의 시대의 사회적 불안은 빈부 격차라는 틀 속에서 이해될 수 있는 현상이 아니다. 이 문제를 양극화의 차원에서만 접근하면 해결책은 물질적 재분배라는 경제주의적 관점에서만 모색되기 때문이다.

신자유주의 프로그램이 조성한 경쟁 구조는 필연적으로 잉여 집단의 양산을 유발한다. 그런데 이 잉여 집단은 단순히 경쟁에서 패배한 이들로 규정되지 않는다. 그들을 표현하는 말로는 '잉여 집단'이라는 중화된 단어보다는 '쓰레기'라는 직접적 단어가 더 적절할 것이다. 극심한 경쟁 구조는 개인들로 하여금 각자의 능력과 유용성을 스스로 입증하도록 항상 압박한다. 이 구조 속에서 개인들은 무조건 성과를 내놓아야 한다. 만약 그렇지 않으면 사회로부터, 아니 자기 자신으로부터 지탄받고 배척당하는 존재로 전락한다. 신자유주의적 시대에서 경쟁의 외형은 자발성의 형식을 띠고 있는 까닭에 무용성에 대한 선고도 사회구조보다는 자신에 의해 이루어지는 것으로 오인된다. 자기 자신을 스스로 쓸모없고 불필요한 잉여적 존재로 규정하게 되면 그는 모든 의욕과 희망을 상실하면서 회복 불가능한 상태에 빠지게 된다. 신자유주의 시대에서 실패자loser는 단순히 목적 달성을 잠정적으로 이룩하지 못한 이를 지칭하는 것이 아니다. 이때의 실패는 자기 관리 혹은 자아 완성으로서의 사업에 대한 실패를 의미한다. 인간의 모든 활동을 롤플레잉 게임화한 신자유주의 시대에서 스스로 꿈꾸고 기안했던 자아상이 완성되어 감을 보여주는 지표는 끊임없이 제기되는 임무mission를 완수하여 일정한 성과를 얻는 것이다. 미션 달성으로 자아는 더 높은 단계level에 이르게 되며, 이를 통해 얻는 아이템은 다음 승부에서 유용한 수단이 된다. 게임의 세계에서 미션 달성의 실패는 재시작restart으로 대처할 수 있지만, 현실 세계에서는 재시작이라는 선택권은 부여되어 있지 않다. 재시작이 불가능한 상태로 빠진 이들은 쓰레기가 된다. 사람들은 나를 필요로 하지 않으며, 나 없이도 잘 살 수 있고, 내가 없으면 더 잘 살 수 있다. 경쟁 구조에 의해 인간의 삶이 운용되면 될수록 이러한 쓰레기들은 나날이 증가한다. 잉여 집단은 다시는 (경쟁) 사회에 복귀할 수 없다는 점에서 노동 예비군으로서의 실업자와는 다르다. 실업자들은 재교육을 통해 다시 노동 현장으로 돌아갈 수 있는 집단을 지칭한다. 그들은 단지 잠시 자신의 업무를 상실한 것일 뿐이다. 그러나 잉여 집단에게는 돌아갈 곳이 없다. 쓰레기의 최종 목적지는 쓰레기장일 뿐이다.[1]

새로운 공포들 : 잉여와 테러

가는 곳마다 흔하게 목격되는 쓰레기와 쓰레기장의 정경은 새로운 공포

---

1) 지그문트 바우만, 《쓰레기가 되는 삶들》, 새물결, 2008.

를 야기한다. 누구나 잉여가 될지 모른다는, 즉 직업뿐만 아니라 자존심과 인생의 목표를 상실할 수 있는 운명에서 벗어나지 못하게 된다는 불안감은 신자유주의 시대의 경쟁 구조에서 발견하게 된 독특한 공포다. 누구도 쓰레기로 판정될 위험에서 자유롭다고 확신할 수 없다. 급속도로 전개되는 상황 변화는 예상 불가능하며, 오늘의 성공 비법이 내일의 실패가 될지는 아무도 모른다. 그리하여 모든 것이 우연 속에 있고 걷잡을 수 없는 운명의 힘이 세계를 지배하고 있다는 생각에 빠지게 된다. 설명할 수 없는 사고와 통제할 수 없는 위험이 앞날을 좌우한다는 생각은 자기가 살고 있는 사회에 대한 불안으로 이어진다.

신자유주의적 프로그램이 조성한 상시적 경쟁 질서는 사회에 대한 충성과 그 구성원에 대한 관심을 치명적으로 손상한다. 만나는 사람들이 모두 자신을 잉여적 존재로 만들 수 있는 경쟁자로 인식되니 사회 구성원에 대한 동료로서의 연대감은 미약할 수밖에 없다. 경쟁의 승리자나 패배자나 사회에 대한 충성과 신뢰는 떨어진다. 패배자는 자신을 배제해 버린 사회에 증오감을 품을 수밖에 없으며, 승리자는 사회가 언제 자신을 쓸모없는 부품으로 선언해 버릴지 알 수 없기에 신뢰하지 못한다. 상시적 경쟁이 상시적 공포를 낳으며, 이것은 사회에 대한 불신을 야기하여 사회적 불안정성을 고조시킨다. 물론 이 사회 내적 혹은 구조적 공포에 대한 해법은 사회적 불안을 조성하는 신자유주의적 경쟁 체제의 폐기, 더 나아가서는 한계에 이른 성장운동을 포기하는 일일 것이다. 그러나 고조되는 사회적 불안정성에 대한 신자유주의적 정부의 해법은 내적 공포를 가상적으로 외화하여 그것을 내다 버리는 땜질식 처방이었다. 이것은 성장운동을 통해서는 폭증하는 인구를 더 이상 부양할 수 없다는 위기감을 잠시나마 모면코자 내세운 비책 아닌 비책이다.

일차적으로 그것은 경쟁에서 밀려난 쓰레기들을 선별하고 배제하여 일정 영역 안에 밀봉해 버리는 정책으로 진행된다. 재기 불능 상태로 망가져서 쓸모없는 부품이 된 패배자들은 존재 자체가 위협적으로 여겨진다. 물론 쓰레기들이 사회질서를 어지럽히는 명시적 행동을 벌이는 것은 아니다. 하지만 그들은 자신들을 폐기한 사회에 대해 적대감을 갖고 있다고 추정된다. 동시에 그들이 내보이는 자포자기적 행동들은 '정상인들'로 하여금 죄책감과 함께 쓰레기가 될 미래의 자기 운명을 연상시켜 불안감을 증폭시킨다. 이런 까닭에 눈앞에서 사라져야 할 존재가 된다. 쓰레기들을 배제할 손쉬운 명분은 그들을 위험한 공포 분자로 만드는 것이다. 이제 내적 공포는 쓰레기로 외화된 공포 분자 덕에 쉽게 극복될 수 있다. 쓰레기들은 사회의 적대자로 규정되어 정책적으로 정상적 세계에서 배제된다. 노동능력을 잃어버린 쓰레기를 수거하여 직업 훈련원을 전전케 하거나, 경쟁 사회가 유발한 좌절감을 이기지 못하고 학교와 가정에서 폭력을 일삼는 이들을 색출하여 수용하거나, 생산자는커녕 지속적 소비자로서의 역할도 할 수 없는 노인, 장애인, 빈민 등의 사회적 약자들이 일정 영역 안에서 생활하도록 유도하는 고립 및 배제 정책이 수행되는 것이다.

현대사회에 존재하는 쓰레기장의 적나라한 예로는 난민 수용소를 들 수 있다. 과거의 난민들이 수난의 슬픔을 개척의 환희로 변화시키는 생산적 이미지를 지니고 있었다면, 현대의 난민은 저개발국에서 흘러들어와 아무 하는 일 없이 밥이나 축내는 침입자들이라는 이미지로만 그려지고 있다. 경쟁의 승리자로서의 선진사회는 이 '굶주린 공짜 손님들'을 받아들일 수 없기에 기존 사회의 외곽에 난민 수용소를 지어 이들을 배제한다. 그러나 현대의 난민 수용소는 임시 거주지가 아니라 최종 정착지로 기능한다. 그들은 결코 사회의 내부로 진입할 수 없다. 잉여로서의 난민의 처지는 영속적이다.

그러나 쓰레기는 난민 수용소에만 있는 것은 아니다. 그것은 이주민 거주지, 빈곤층 구역, 도시 뒷골목, 깨진 가정, 붕괴된 교실 등에도 있다. 경쟁이 펼쳐지는 곳이라면 그것에서 패배한 이들이 배회하는 경쟁의 외곽지는 어디든 존재한다. 쓰레기는 상시적 경쟁의 필연적 부산물이기 때문이다. 쓰레기의 폭증은 이들을 수용할 쓰레기장의 확산으로 이어진다. 아울러 이것은 공포의 증가를 의미한다. 공포 분자들을 아무리 내다 버려봐야 그것을 양산하는 구조가 사라지지 않는 한 공포는 소멸하지 않기 때문이다.

그럼에도 불구하고 공포와 불안을 양산하는 성장운동은 경쟁의 구조 속에서 지속되고 있다. 사람들은 이 운동에 참여하면서 불안감을 느끼기도 하지만 자아 성장을 경험한다고 오인하기도 한다. 그런데 경쟁에서 밀려난다는 것은 자아 성장운동으로서의 '나의 투쟁'이 중단됨을 의미한다. 자기 증명의 기회를 잃은 사람들은 다른 방식으로 '나의 투쟁'을 감행한다. 무차별 범죄, 인종주의적 테러, 극우 운동은 '나의 투쟁'의 기회를 상실한 이들의 절망적 몸부림이다. 현재의 인종주의적 테러 혹은 극우 운동은 그저 극우 민족주의의 부활이라든가 전체주의 운동의 재생이라는 과거의 틀에서 접근할 수 없는 질적 특이성을 지니고 있다. 현재의 그것은 집단주의적 형태로 발발하는 것이 아니라 순수하게 개별적인 차원에서 기획되고 수행된다. 인종주의와 극우적 민족주의 혹은 종교적 신념 등은 신자유주의적 경쟁의 항해에서 좌초한 자아들의 좌절감을 해소하기 위한 좋은 핑곗거리로 이용되고 있을 뿐이다.

위기에 대처하는 박근혜 정부의 자세

오늘날 국민국가의 토대는 점점 연약해지고 있다. 정치적 참여와 사회적 연대 의식은 희박해지고 있으며, 민주적 입법을 통해 정당화된 법치질서의 힘도 경제 권력의 등장과 함께 약화되고 있다. 신자유주의의 득세와 함께 선포된 '사회로부터의 구원 포기'는 구조적 위험에 대한 개별적 대처를 상식화해 버렸다. 이렇게 훼손된 국가의 토대에도 불구하고 애국주의 분위기와 안전 사회에 대한 열망은 더욱 커지고 있다. 경쟁 세계의 변덕에 대처하기 위해서는 국가라는 지지대를 중심으로 단결하는 것이 좋겠다는 막연한 생각이 앞서기 때문이다. 그러나 우리가 기대고 있는 국가란 신자유주의적으로 돌변한 지 오래다. 신자유주의적 국가는 이러한 허약한 믿음을 기초로 하여 배제의 전략을 더욱 튼튼히 다져 나간다. 간혹 발생하는 잉여 집단들의 집단적 저항과 무차별 엽기 범죄, 그리고 테러는 애국주의적 결속과 안전 사회 건립을 독려하기 위한 적절한 경보 사례로 활용된다. 2001년 9·11 테러 이래로 미국은 또 다른 공격이 임박했다는 경고를 주기적으로 반복하면서 세계를 단속하고 잉여 집단의 배제를 위한 선별, 감시 정책을 강화했다. 선진 각국도 미국의 배제 정책을 발 빠르게 도입하면서 신자유주의적 경쟁 구조가 야기한 사회적 불안정의 위기를 안보 위기로 돌릴 수 있었다.

귤이 회수를 건너면 탱자가 된다고 했던가. 배제 정책의 수입에서는 한국도 예외는 아니었다. 위에서 언급한 잉여 집단의 문제는 한국에서도 양극화의 형태로 표출되고 있다. 이명박 정부 이래로 적나라하게 드러나 버린 신자유주의적 경쟁 구조의 폐해로 인해 사회적 변화의 분위기가 감지되자, 기득권 세력들은 일단 사기성 복지 정책의 공약으로 복지 논쟁의 물타기에 나서 정권 유지에 성공한 뒤 안전 사회와 법질서 수호를 강조하는 힘의 통치를 전개하기 시작했다. 안타깝게도 한국에는 미국과 선진 유럽국가들에서 찾아볼 수 있는 '보이지 않는 위협'으로서의 테러라는 '악'이 존재하지 않았다. 북한이라는 뚜렷한 '악'이 존재했지만, 섣불리 이것을 쓸 수는 없는 노릇이었다. 과거에는 이것이 전가의 보도였지만, 민주화 이후의 한국에서는 '조자룡 헌 칼 휘두른다'는 빈축을 살 가능성이 컸다. 그래서 선포한 악은 궁색하게도 성폭력, 가정 폭력, 학교 폭력, 불량 식품이었다. 이 '조무래기 네 악마'는 분명히 보편적 증오의 대상이 되기에는 충분했지만, 모든 사람을 불안에 떨게 하여 맹목적 단결로 이끌기에는 역부족이었다. 테러에 버금가는 공포의 아우라를 불러일으키기에는 아무래도 구악이 최고였다. NLL 논란, 이석기 의원 내란 음모 사건이 연이어 터지면서 한국 정치는 다시금 안보 정치 시대로 돌입하게 되었다. 늘 그렇듯이 안보에 대한 위기감이 느껴지면 국민들은 일단 정부를 중심으로 한 단결을 거부하지 않는다. 이 기회를 놓치지 않고 박근혜 정부는 정국의 주도권을 독점했다.

박근혜 정부는 한국이 직면한 사회적 위험이 애국주의적 분위기와 준법 질서 확립, 그리고 제2의 새마을운동을 통한 규율화라는 과거의 틀 속에서 해결 가능하다고 보고 있다. 그러나 현재의 위기는 1970년대식 일치단결의 재현으로 해결될 수 있을 정도로 단순하지 않다. 박근혜 정부가 자리하고 있는 곳은 유연화와 개체화가 뿌리내린 21세기 신자유주의 사회다. 현재 대한민국은 신자유주의적 경쟁 구조가 야기한 사회적 해체의 위기를 겪고 있다. 이러한 위기를 고도성장 시대의 단결의 해법으로 접근하고자 한다는 것은 시대착오적이다. 박근혜 정부는 통제 질서 확립을 통해 성장 드라이브를 재추진하고자 한다. 그러나 한국에서 기업이라는 경제 주체는 이미 정부의 통제력을 벗어나 그것을 압도할 정도로 성장한 지 오래다. 그리고 시장은 과거와 달리 지속적 확장이 어려운 지경에 이르렀다.

시장의 지구적 확장 덕분에 미지의 시장이란 더 이상 존재하지 않게되었다. 선진국의 소비 시장이 되기 위해 서구적 근대화의 길을 걸었던 저개발국들은 인구 압박에 휩싸이게 되었다. 더구나 선진국의 착취적 거래는 저개발국 정부의 부양 능력을 치명적으로 손상시켰다. 그 결과 대부분의 저개발국은 내란과 난민을 발생시키는데, 어찌 보면 이것은 늘어나는 인구의 압력에 대한 저개발국 자체의 의도하지 않은 해결책이라고도 할 수 있다.[2] 선진국의 착취적 경제 행태는 난민 행렬이라는 부작용으로 돌아왔다. 저개발국의 붕괴는 선진 사회에는 소비 시장의 소멸이라는 점에서 위기이기도 하지만, 선진국 내에 존재하는 저소득자들이 애용하는

---

2) 지그문트 바우만, 《쓰레기가 되는 삶들》, 새물결, 2008.

물품을 제공해 줄 공급처가 사라진다는 점에서도 사회적 불안정을 낳을 위기 요인으로 작동한다. 저임금 노동을 지탱해 주는 한 요소가 사라지기 때문이다.

수출 비중이 높은 한국에게 저개발국의 연쇄적 몰락과 그로 인한 선진국 경제의 붕괴는 결코 반갑지 않은 미래다. 하지만 이것은 이미 기정 사실이 되고 있다. 사태의 근본 원인은 무엇일까? 맹목적으로 추진된 서구 경제적 진보가 지구 전역에까지 확장되고 경쟁의 룰이 전 지구적 생활 세계 내부에 관철되었기 때문이다. 따라서 한국이 몰락의 수렁에서 벗어나기 위해서는 미지의 시장을 개척할 수 있는 성장의 길을 발명하려고 시도할 것이 아니라 기존의 성장 패러다임을 성찰하면서 새로운 길로 나아가려는 노력에 나서야 한다. 하지만 박근혜 정부는 사라지고 있는 시장의 현실을 외면한 채 생산물의 수출을 통한 성장이라는 과거의 꿈속에 빠져 있다. 이에 대한 비판의 목소리는 안보 위기 고조와 치안력 강화를 통해 잠재우려 하고 있다. 안전 사회와 법질서에 대한 강조는 바로 이러한 맥락에서 제기되는 것이다.

위기에 대처하는 비판 세력의 자세

지구화 시대에 안전 사회 건립과 법치 확립이라는 것은 기본적으로 잉여 집단에 대한 배제를 의미한다. 잉여 집단은 신자유주의적 경쟁 구조의 보편화로 양산되었다. 이 시대에도 성장은 여전히 이루어지고 있는 듯이 보이지만, 사실 그것은 배제 정책에 의해 성장의 몫을 가져갈 인구를 줄이면서 얻어낸 허수에 불과하다. 지속적 경쟁과 배제를 요구하는 이러한 자해적 성장 방식은 통상적 수준에서는 결코 오래 유지될 수 없다.

한국에서도 신자유주의적 경쟁 구조가 정착되어 수많은 잉여 집단을 산출했다. 상시적 경쟁 구조 속에서 사람들은 잉여 집단으로 내몰릴 불안에 떨면서도 그것을 강요하는 구조를 붕괴시키려는 의지를 보이지 않았다. 폭압적 경쟁 구조를 뿌리내리게 한 책임자가 명확하게 드러나지 않고 있기 때문이다. 그도 그럴 것이 이 구조는 특정인 혹은 세력에 의해 정착되었다기보다는 사회 전체적 운동의 형태로 도입된 측면이 있었기 때문이다. 심지어 경쟁은 자발적으로 이루어지는 듯 보여서 배제에 대한 책임은 자기에게 있는 듯 여겨지기도 했다. 그럼에도 불구하고 구조에 대한 불만이 없는 것은 아니었다. 마침내 배제 구조에 대한 불만이 사회적 안정성을 뒤흔들 만큼 증폭되었을 때 복지 사회라는 대안이 등장했다.

전통적 사회복지 프로그램은 대안일 수 있는가

그렇다면 잉여 집단의 양산은 어떻게 저지할 수 있을까? 시장 확대를 통한 성장주의적 해법이 가능하지 않다는 점은 이미 앞에서 지적했다. 사회복지국가의 건설을 통한 해법은 어떨까? 이 또한 대안이 될 수 없다고 생각한다.

첫째, 우리가 기대하고 있는 사회복지 제도는 높은 비용을 요구한다. 이것은 고도성장은 아니더라도 저성장의 지속을 상정해야만 한다. 하지만 현재 수준에서 지속적 저성장은 가능하지 않다. 성장을 가능하게 하는 시장은 이미 포화 상태이거나 붕괴의 길을 걷고 있기 때문이다. 선진국형 사회복지 제도는 저개발국의 착취를 담보로 해 온 측면이 존재한다. 그런데 저개발국 경제의 붕괴를 암시하는 난민의 증가는 사회복지 제도의 미래를 어둡게 하는 요인으로 작용한다.

둘째, 현재의 잉여 집단은 사회복지 제도의 개념으로는 대처할 수 없다. 사회복지 제도는 생산구조의 급격한 변화로 발생한 실업인구를 사회에 복귀시키기 위한 방책으로 기안되었다. 이를 통해 실업인구의 불만을 잠재울 수 있었고, 사회를 다시 생산의 공동체로 통합시킬 수 있었다. 그러나 앞에서도 지적했듯이 잉여 집단은 재기 불능의 쓰레기들로 규정되고 있다. 이들에게 세금, 보조금, 수당, 인센티브를 지급한다 해도 제공할 일자리, 즉 사회 복귀 영역은 더 이상 존재하지 않는다. 고도의 기술혁신을 이루어 낸 현대는 예전과 같은 거대한 생산 인구를 필요로 하지 않기 때문이다. 구조가 이러하기 때문에 일단 배제되어 쓰레기 딱지가 붙은 사람은 건전한 사회 구성원으로 되돌아갈 수 없다. 결과적으로 사회로의 생산적 복귀를 전제로 마련된 복지 제도의 입장에서는 구조적 배제를 통해 양산된 잉여 집단에 대한 적절한 이해가 가능하지 않다.

그럼에도 불구하고 복지국가는 이들에 대한 보조금 지급을 중단하지 않는다. 그래야만 소비경제가 지속되며 정권 유지도 가능하기 때문이다. 하지만 아직 배제되지 않을 정도로 운이 좋은 '건전한 노동 납세자들'에게 잉여 집단에 대한 지원은 비생산적인 낭비에 불과하다. 그들에게 잉여들은 노동 납세자들이 노력해서 벌어 놓은 성과물을 아무런 노력도 없이 빌어먹으면서 사회적 불안을 조장하는 기생충이다. 그래서 국가가 그들에게 보조금을 지급하는 해법, 즉 기본권으로서의 기본 소득 개념은 신자유주의적 경쟁 구조에 익숙해진 노동 납세자들에게는 결코 받아들일 수 없는 선택이다. 노동자와 잉여자 간에 양립 불가능한 이해관계의 전선이 그어지는 것이다.

잉여 집단의 입장에서도 사회복지 제도는 반갑지만은 않다. 그것을 통해 목숨은 연명할 수 있지만, 보조금은 사회적 모멸감을 받아들이는 대가로 지급되는 것이기 때문이다. 보조금을 받을 때마다 이들은 자기가 쓸모 없는 사람이며 자신만의 인생 계획과 지향점에서 멀어진, 자기 삶의 지배력을 상실한 존재임을 절감하게 된다. 만일 잉여 인간들이 기존 질서에 대해 공공연히 분개를 표명하면서 반항한다면 당장에 사회복지의 혜택은 중단될 것이다. 그 순간 그들은 기생 집단이 아니라 건강한 사회를 해치는 암적 존재이자 우리의 생활 방식과 가치를 위협하는 반사회 세력으로 지목되기 때문이다. 복지 제도의 틀에서 벗어나고자 한다는 것은 안전과 생존을 관장하는 세계를 버리고 세계의 적이 되겠다는 말과 같다. 보조금 앞에서 잉여 인간들은 매일 선택의 기로에 서게 된다.

새로운 복지를 위하여

만일 성장과 복지가 맹목적 발전을 추구하는 현재적 근대화의 관점에서 추진된다면 그것은 사회 통합을 해치는 위기의 요인으로 작동할 것이다. 잉여 집단의 지구적 확산이라는 현상에서 야기된 위기에 대처하기 위해서는 성장이냐 복지냐의 양자택일적 논쟁에서 벗어나야 한다. 저 둘은 실행 방안에 불과하다. 실제로 숙고해야 할 사항은 저 두 실행 방안이 어떤 관점을 바탕으로 삼고 있는가이다. 발전이 가져오는 단기적 결실에 눈이 멀어 그것이 함축하는 부작용을 외면하는 것은 인류의 미래를 어둡게 만든다. 오늘날 필요한 것은 잉여 집단을 필연적으로 발생시키는 기존 근대화의 방향에 대한 근본적 성찰이다. 한국에서 그것은 희생자와 잉여 집단을 양산하는 신자유주의적 성장주의에 대한 비판적 숙고에서 시작된다.

물론 비판적 숙고에 머물러서는 곤란하다. 경쟁 구조에 의해 난자당한 비경쟁적 생활 세계 영역의 복원과 사회적 연대성의 회복을 위한 실천 작업도 이루어져야 할 것이다. 실제로 이 작업은 복지 제도 도입으로 가능할 수 있다. 그러나 이때의 복지 제도는 결코 맹목적 생산 운동에 동원하기 위한 노동력 재생산의 관점이나 사회적 갈등의 단기적 해소 관점에서 이루어져서는 안 된다. 새로운 근대화에서 요구되는 복지 제도는 쓰레기를 생산 부품으로 재활용하는 작업에 이용되는 것이 아니라 인간으로 살아가게끔 여건을 조성해 주는 모습으로 바뀌어야 한다. 그것은 경제성이 아닌 인간 존엄의 회복을 목표로 해야 한다.

우리가 다시금 재분배를 주장하고자 한다면 실존적 자기 확인이라는 인정의 요구를 충족시키는 재분배적 정책이 모색되어야 할 것이다. 왜냐하면, 잉여들은 물질적 빈곤뿐만 아니라 고독 혹은 버림받음이라는 정서적 빈곤 현상에서 야기되기 때문이다. 버림받음이라는 정치적 문제는 다른 이들에게 자기됨을 당당히 드러내 보이고, 인정받는 경험을 잃는다는 데에서 발생한다. 현대에서 요구되는 재분배 정책은 타자로부터 누구됨을 인정받을 수 있는 사회적 자원이 신자유주의적으로 구조화된 질서에 의해 희귀하게 되는 문제를 해결하는 쪽으로 진행되어야 한다. 그래야만 한국 사회의 진정한 사회적 위협인 잉여의 문제를 제대로 해결해 안전한 사회를 이룩할 수 있을 것이다.

참고 문헌

- 미셀 푸코, 《생명관리정치의 탄생》, 난장, 2012.
- 울리히 벡, 《위험사회 -새로운 근대(성)을 향하여》, 새물결, 1997.
- 지그문트 바우만, 《쓰레기가 되는 삶들》, 새물결, 2008.
- 지그문트 바우만, 《유동하는 공포》, 산책자, 2009.

법질서와 안전 사회 담론의
역사적 고찰

황병주(역사문제연구소 · 사학)

머리말

법질서와 안전 사회 담론은 근대적 지배 체제 구성과 밀접한 관련이 있다. 근대 이후 개인 주체의 구성과 함께 국가—사회 구분이 일반적인 틀로 관철되면서 개인—가족—사회—국가라는 계열화가 완성되었다. 또 하나의 중요한 근대적 사회 구성 원리인 공적 영역과 사적 영역의 구분이라는 측면에서 보자면 개인과 가족은 사적 영역에 속하고 국가는 공적 영역에 속할 것이다. 여기서 사회는 두 영역의 교차 내지 접합으로 존립하게 된다. 따라서 사회 구성은 개인(가족)—사회—국가의 3층위의 계열화로 연결된다.

여기서 개인과 국가 개념에 비해 사회는 훨씬 더 모호하고 불안정하다. 전자의 두 개념이 비교적 분명한 지시 대상을 가진 반면 사회는 그 영역과 범주가 매우 유동적이며 잠정적인 경우가 많다. 그 이유 중의 하나는 특히 국가와 개인, 공적 영역과 사적 영역이 중첩돼 있기 때문이다. 어떻게 보면 개인과 국가의 불안정성과 모순이 사회로 집중 내지 배출되고 있다고도 할 수 있다. 요컨대 사회는 두 영역이 양립 불가능하다는 현실적 증거라고도 할 것이다.

그러나 무엇보다 불안정성의 중요한 이유는 사회가 사적 영역의 갈등이 투사되고 발현되는 시공간으로 기능한다는 점이다. 즉, 자본주의가 근대사회 성립의 핵심 조건 또는 최종 심급이라면 근대적 개인은 무엇보다 계급과 계층이라는 집단 주체를 매개로 사회적 존재로 재현된다. 신분제를 넘어 동질적 인간으로 재현된 주체들이 다시 한번 계서화된 질서 속으로 재배치되면서 개인이 존립하는 사적 영역은 공적 영역의 집단 주체와 중첩된다. 다시 말해 사회는 시장이라는 사적 영역의 문제가 집단화를 통해 공적 문제로 현상하는 과정을 매개하면서 동시에 은폐하는 이중적 기능을 하는 것이다.

이러한 모호함이야말로 사회가 불안정성과 함께 항상적 위기 상태로 존재해야만 하는 기본적 조건이 된다고 하겠다. 이로부터 '사회를 보호해야 한다'는 당위적 슬로건이 왜 보수적인가를 이해할 수 있을 것이다. 즉, 기득권establishment이야말로 모호한 것으로 재현되어야 하는 핵심이다. 그것들은 항상 사회라는 보호막을 필요로 하게 된 것이다. 사회를 보호함으로써만 보호될 수 있는 기득권이야말로 사회의 불안정성과 위기를 대표한다.

'사회를 보호해야 한다'는 정언명령은 현실적으로 법질서를 통해 보장

된다. 국가에 의한 법질서 수립과 유지는 사회적 갈등 속에서 기득권의 보호 및 유지와 불가분하게 연루된다. 사적 영역의 갈등을 조절하는 장치로 현상하는 법질서는 공정하고 객관적인 규칙이라고 강조되지만 실상 기존 질서의 유지와 재생산을 위한 장치다. 즉, 기존 사회의 안전은 곧 국가에 의한 법질서 유지와 동일한 궤도에 있다고 할 것이다.

한편 근대사회는 통치성이 대단히 높은 수준으로 발휘되는 특징을 가진다. 인구가 과학적으로 관리되어 효율적이고 순종적인 주체 구성으로 연결되고, 도시 공간이 계획적으로 배치되는 등 사회 전반에 걸쳐 근대적 과학과 합리주의가 인간의 삶을 세부까지 관리하게 되었다. 통치성의 증대는 곧 안전 사회로 연결될 것이라는 믿음이 광범위하게 확산되었다. 근대가 초래한 새로운 위험에 대해 더 많은 통치성이 해답이라는 주장도 빈번하다.

한국 근현대사는 이러한 근대성과 통치성의 도입과 정착 과정이라고 해도 과언이 아니다. 법질서와 안전 사회 또한 100년이 넘는 이 역사 속에서 고찰할 필요가 있다. 1876년 개항 이후 한국 사회는 근대적인 것의 도입을 둘러싼 다양한 갈등이 노정되었고 이후 식민화를 경험하게 되었다. 식민지 경험은 다시 한번 근대성을 둘러싼 복잡한 논의를 필요로 한다. 법질서를 상징하는 국가권력이 이민족에 의해 장악됨으로써 국가와 사회 간의 관계는 대단히 복잡하게 얽혔고 식민성과 근대성의 교차가 만들어 낸 현실은 쉽게 파악하기 어렵게 되었다.

해방 이후 국가 건설을 둘러싼 갈등과 전쟁, 압축적 산업화 과정 또한 법질서와 안전 사회를 고찰하기 위해 피해갈 수 없는 역사이지만 간단하지 않았다. 내전은 국가 창세기의 신화처럼 나타나는데, 법정초적 폭력의 노골적인 현시라고 할 수 있다. 이를 통해 확립된 법질서야말로 안전한 사회 또는 사회의 안전을 도모하기 위한 기본처럼 여겨졌다. 특히 국가보안법은 내전의 폭력을 환기시키면서 재생산하는 기본 법률 장치였다.

이촌 향도와 사회적 유동성의 폭발적 증대로 특징되는 압축적 산업화 과정은 새로운 사회적 적대와 갈등을 재구성해 내는 과정이기도 했고 이에 대응하는 국가의 정책적, 사법적 개입은 법질서와 안전 사회에 대한 역사상의 변화를 초래하는 것이었다. 그 변용이 집중적으로 나타난 것이 유신 체제라고 할 수 있다.

요컨대 개항 이래 한국 사회의 엘리트 지식인들이 주도한 근대화 과정은 서구 근대가 정형화된 틀로 만들어 낸 근대적인 것에 근거해 새로운 사회 구성과 법률 체제 확립을 도모하는 것이기도 했다. 그 과정에서 배태된 긴장과 갈등의 잠재적 현재적 분출이야말로 한국 근현대사의 핵심부를 차지한다.

개항기와 일제 시기 사회 개념의 도입과 법질서 담론

● 개항기 사회 개념의 도입과 법질서 담론

널리 알려졌듯이 근대적 의미의 사회 개념은 개항기 이후 일본을 통해 도입되었다. 영어의 society를 사회라는 한자어로 번역한 것도 일본이었고, 한국의 근대적 변화를 주도했던 엘리트 지식인들이 여러 경로를 통해 이

번역어 개념을 도입해 사용하기 시작했다. 박명규와 박주원 등의 연구에 의하면 대한제국기 대부분의 학회지 발표 글 등이 서구의 정치학, 국가론 텍스트를 번역하는 것이었다. 이 텍스트에서는 주로 국가, 사회, 개인이 라는 3분할을 통해 전통적 신분제 사회와는 다른 근대 국민국가, (시민)사회, 근대적 주체를 구성하고자 한 노력이 나타난다. 이들은 사회 개념뿐만 아니라 국가, 민족, 문화 등 서구 근대의 주요 개념을 최초로 도입해 사용했다. 초창기 사회 개념은 여러 차원에서 사용되어 조그마한 집단을 지칭하기도 했고 전체 사회를 의미하기도 했는데, 점차 오늘날과 같은 용례로 정착되어 갔다.

사회 개념의 도입은 곧 질서 관념과 밀접하게 연관된 것이었다. 영국의 홉스는 자연 상태와 사회 상태를 구분하고 자연 상태를 만인에 대한 만인의 투쟁으로 설명했다. 즉, 서로가 서로에게 늑대가 되는 상황을 피하기 위해서는 일정한 질서를 확립할 필요성이 있다는 것이며 이 질서의 담당자가 곧 군주라는 것이다. 모든 주민 집단이 자기의 주권을 양도해 군주에게 집중하는 계약을 맺음으로써 자연 상태의 무질서를 극복하고 사회 상태의 질서를 확립하여 삶의 안전을 도모할 수 있다는 주장이었다.

구한말 한국 지식인들의 주장도 비슷했다. 예컨대 독립협회 활동을 통해 널리 알려진 청년 개화파 지식인 이승만은 1904년 출판된 《독립정신》에서 다음과 같은 주장을 폈다.

대개 l 나라 하는 것은 여러 사람이 모여 한 조직된 사회 속에 사는 것을 이름이니 비교컨대 여러 사람이 함께 모여 일을 의론하는 회와 같은지라 큰 집에 모여

앉아서 둘씩 셋씩 패를 지어 뜻대로 말도 하며 웃고 지껄이기도 할진대 다만 일만 의론치 못할 뿐 아니라 도리어 큰 난장판이 되어 서로 싸우기도 하겠고 치고 살해도 할 터이니 어찌 위험하지 않으리오.

여기서 이승만은 여러 사람이 모인 사회가 자연 상태와 같이 '위험'한 상태라고 강조한다. 그는 이 위험한 상황을 해결하고 안전한 사회를 만드는 방법을 법과 질서로 제시했다. 즉, "마땅히 일정한 법과 규모가 있어 종용하고 화평하게 진압도 하며 공평하고 바르게 조치도 하여야 할지니 이렇게 하자한즉 불가불 가합不可不 可合한 사람을 택하여 사무를 맡겨 행하게 하여야 규모와 차서次序가 있을 것이오"라고 하여 법의 필요성을 설명하고 그것을 담당할 국가조직의 필요성을 역설했다. 이러한 법의 필요성과 그 집행 주체로서의 국가의 역할을 강조한 것은 유길준도 마찬가지였다. 그의 유명한 책 《서유견문》에서 유길준은 "정부의 직분은 항상 우리 사회에 정도正道가 행해지는가 아닌가를 관찰하고, 국민의 안녕이 보장되는가 아닌가를 살피는 데에 있다. 만약 털끝만큼이라도 어기는 자가 있으면 법률로써 간섭하여 처치하지 않으면 안 된다"고 주장했다.

그렇지만 이승만도 법과 질서만으로 안전한 사회가 보장될 것이라 말한 것은 아니었다. 법과 질서라는 강제 규정만으로는 부족하고 무엇보다 피지배민이 스스로 자율적으로 지배 질서에 충성을 바치는 상태를 이상적 사회 상황으로 주장했다. 그래서 그는 성리학적 원리에 기반을 둔 충성을 강조했다.

마땅히 옳은 도리로 섬기며 바른 말씀으로 간하여 성인의 덕화德化가 세상에 드러나며 만민에게 덥혀서 민심이 감복하며 각국이 존숭하며 간담으로 만세를 부르며 덕화를 감동하여 눈물로 칭송하며 태평가를 불러 성대를 자랑하며 민간에 모든 복이 다 성군의 주신 것으로 알아 한 백성이라도 화를 거스리고 법을 범할진대 만민이 다 일체로 공분을 내어 필부필부匹夫匹婦라도 은택을 모른 자 없고자 하며 나라를 위하여 목숨 바치기를 영광으로 여겨 내란이 생기지 아니하며 외환이 침범치 못하여 황실이 영구히 태평 안락한 복을 누리며 백성이 또한 가급인족家給人足한 낙을 얻게 할진대 이 어찌 여민동락與民同樂하시는 성군의 뜻이 아니리오.

이승만은 성인의 덕화로 감화된 필부필부가 스스로 목숨을 바쳐 충성하는 것은 물론 법질서를 교란하는 자를 자율적으로 징치할 수 있을 것이라고 주장했다. 이것이 외환과 내란을 방지하여 안전한 사회를 구성할 수 있는 기본 조건으로 상정한 것이었다. 당시 대한제국이라는 현실 권력을 부정할 수 없었던 조건을 고려해야겠지만, 이승만의 주장은 성리학적 언설로 근대의 이상적 지배 질서를 묘사한 것으로 보인다.

유길준도《서유견문》에서 "도덕은 사람의 마음을 교화시키고 인도하여 윤리의 기강을 세우고, 말과 행동을 삼가도록 하여 인간 세상의 교제를 관제하는 것"이라고 주장했다. 인간의 자유를 강조하면서 다시 그 인간을 특정의 법질서로 규율하지 않으면 안 된다는 것이었다. 유길준은 "법률을 정하여 남을 방해하는 자의 죄를 다스리는 것이 그 범법자 일신의 타고난 자유를 제한하는 것 같지만, 사실은 처세하는 자유를 크게 늘려준 것이다"라고 주장했다.

이승만과 유길준의 생각은 다만 엘리트 지식인의 고립된 생각이 아니었다. 당대의 일반적인 인식을 살펴볼 수 있는 것으로 교과서가 대표적일 것이다. 신해영이 집필해 1906년에 발간된 보성중학교의 《윤리학 교과서》에서는 사회를 다음과 같이 정의했다.

국가와 직접 관계가 없으며 또한 일정한 법률제도가 부재하고 다만 생존행복의 이해를 공향共享하는 인민 간에 존재한 결합체를 사회라 칭하느니라.

그러나 신해영은 "사회를 통어統御하고 제재하는 주권이 없으면 복리 증진을 기대할 수 없기에 이를 담당할 국가가 필연적"이라고 규정했다. 즉, 가족을 떠난 개인이 있을 수 없으며 사회를 떠난 가족이 불가능하듯이 국가를 떠난 사회가 존립할 수 없다는 논리였다. 국가는 주권체이고 이 주권의 행위가 법률이니 곧 국가 의지의 발동으로 보았다. 따라서 이에 저항하는 것은 주권의 신성을 침해하는 것이기에 국가의 안녕질서를 방해하는 것이라고 규탄했다. 이러한 국가 규정은 다음과 같이 정식화된다.

국가성립의 목적은 요컨대 밖으로는 독립자존을 유지함으로 본지를 삼고 안으로는 인민의 안녕행복을 유지함으로 본무를 삼으니 도덕은 법률이 되어 각종 법령 제도가 사회이익의 증진을 위하여 존재한다. 국가는 사회질서의 관리자요 또 사회행복의 보호자니 그 전능한 권력과 공정한 법률은 국가가 이에 근거함으로써 사회인민의 원만한 공동생존을 가능케 하는 것이다.

신해영은 이렇게 정의된 사회와 국가가 개인의 고립주의를 극복해야만 성립 가능하다고 규정했다. 즉, 만일 개인의 고립주의가 대행하면 "자신의 이익만 구하고 호말毫末도 사회 공중에 유심하는 자가 없어지게 되어 사회가 부패하고 결국 국가도 존립할 수 없게 된다"고 보았다. 개인의 고립주의를 극복한 사회의 유지를 위해서는 국가가 제정한 법률 범위 내에 존재해야 한다고 주장했다. 즉, 국가가 사회의 만반 사업에 관여할 수 없기에 국가가 제정한 법률 범위 내에 존재해야 도덕과 자유가 존재할 수 있다고 본 것이다. 이것이 가능하기 위해서는 "공의公義와 공덕公德 두 가지가 필요하며 이것이 사회의 안녕질서를 유지하는 기본"이라고 설명했다. 이는 곧 타인의 권리를 침해하지 않는 자유와 빈곤의 구제를 통해 가능하다고 역설했다.

이렇게 사회가 유지되기 위해서 개인의 기본권이 필요하게 되는데 신해영은 그 핵심이 재산권의 보장이라고 했다. 즉, 재산을 소유할 권리가 부정되면 삶에 필요한 물품을 공급할 수 없게 되고 신체 생명이 하루도 안전할 수 없다는 논리였다. 따라서 "사회는 도탈盜奪과 살상이 종기踵起하여 사회의 최대 죄악을 양성하게 될 것"이라고 경고했다. 요컨대 "소유권의 확립은 사회의 안녕을 유지하여 행복을 증진하는 바의 일대 표준이 되어 미개국과 문명국의 차별이 여기에 있다"고 규정지었다. 따라서 재산의 사유를 부정하는 공산주의는 잘못된 망상에 불과하다는 것이 그의 결론이었다. 아울러 소유권 역시 법률로 규정되는 것이 바람직하다는 주장이 이어졌다.

신해영은 또한 사회의 평화를 유지하는 데 있어 '예양禮讓과 예문禮文'

을 강조했다. 즉, 법률로 규정된 강제 조항만으로 사회의 평화를 유지하는 것은 한계가 있다는 것이며, 개개인 스스로 자신을 수련하여 행위와 사유를 예에 근거하여 진행해야만 사회의 안전과 평화가 보장될 수 있다는 논리였다.

그러나 신해영은 군주제의 그늘을 벗어날 수 없었고 결국 충군애국으로 귀결되는 모습을 보여주었다. 그래서 "신민된 자로서 황실을 경애하고 국법에 종순하여 충용어모忠勇禦侮의 의지를 가다듬어야 한다"는 논리로 연결되었다. 그 결론은 "신민의 제일 본무는 국권에 복종함에 있으니 권리의 향유는 복종의 결과"라는 것이었다. 이외에도 병역, 조세, 교육 등이 신민의 의무로 제시되었다. 따라서 법률에 복종치 아니하는 자는 국가의 적이기에 국가 보호를 받을 수 없다고까지 규정했다.

이러한 복종의 최고 형태는 병역에서 찾을 수 있다. 신해영은 "대황제 폐하께서 친히 대원수 지위에서 군기를 총람하시매 전국의 신민은 공히 병역의 본무를 부담해야 한다"고 주장했다. 전 국민은 상비군, 예비군, 후비군이 되어 국민개병의 주의를 따라야 한다는 것이다. 이는 곧 황제를 총사령관으로 한 전 국민의 병사화를 의미하는 것이었다. 더 나아가 신해영은 "우리의 가장 경애하는 바가 국가를 위해 신명을 버리는 것"이라고 주장했다. 이는 곧 "열국 간에 대치한 대한제국의 상태로 보아 격렬한 생존경쟁의 장을 거치지 않을 수 없으니 부국강병과 식산흥업을 위한 분투"를 주문하는 것이었다.

그는 이렇게 국가에 대한 본무가 가족 사회에 대한 본무를 방해하는 것이 아니라 오히려 "가족 사회에 대한 완전한 본무를 다함이 곧 국가에 대하여 충량한 신민된 소이"라고 주장했다. 개인-가족-사회-국가 간의 일체화된 유기체적 신체를 주문한 것으로 읽힌다.

● 일제 시기 법질서와 사회 담론

개항기 이래 사회와 법질서 관련 담론은 일제 시기 들어 상당한 변용을 보여줄 수밖에 없었다. 식민지라는 조건에서 이민족 국가가 주도하는 법질서를 피식민자들이 그대로 수용하기는 곤란했다. 즉, 독립국가를 상정하고 진행된 개인-가족-사회-국가 모델 중에서 국가가 부재한 조건이었기에 사회와 법질서 담론도 일정한 교란이 불가피했다는 것이다. 이것은 사회진화론적 도식을 수용해 부국강병을 추구했던 개항기와 대한제국기 엘리트 지식인들의 담론 구조 변화와 연관된다.

대한제국을 대신한 총독부가 법질서 관념을 강조한 것은 익히 추론 가능한 일이었다. 사실상 지배 체제 입장에서 피지배자들에게 기존 법질서 준수를 요구하는 것은 지극히 일반적인 현상이었고 총독부 또한 그들이 주도하는 새로운 질서의 핵심을 법질서로 상정했다. 총독부의 지배 질서를 '안전한 사회'의 확립이라는 입장에서 환영하는 집단이나 개인이 전혀 없던 것은 아니었다. 그것은 다만 유명한 친일파 거두들에 국한된 것만은 아니었다.

채만식의 소설 《태평천하》에 잘 묘사되어 있듯이 19세기 중반 이후 잦은 민란과 농민전쟁 그리고 의병 투쟁으로 이어지는 일련의 사태는 기존 지배 질서에 대한 심각한 도전이자 위기였다. 《태평천하》의 주인공 윤직원 영감은 이러한 위기 상황 속에서 화적에게 부친을 잃고 서울행을 감행한다. 서울은 지배 질서의 정점에 있었고 가장 안전한 공간으로 인정되는 곳이었다. 윤직원 영감은 일본이 지배하는 서울의 안정된 치안에 대단히 흡족했다. 그가 보기에 농민군도, 의병도 그리고 화적떼도 출몰하지 않는 일제하 경성이야말로 '태평천하'였던 것이다.

기득권 세력의 입장에서 보건대 자신들의 재산과 생명 등 기득권을 거의 보장하지 못하는 부실한 조선왕조와 대한제국 대신 강력한 무력과 통치력으로 치안을 확보한 일제 총독부가 더 믿음직스러운 안전 사회의 파수꾼처럼 보였다. 그렇기에 윤직원은 식민지 법질서를 충실하게 준수하면서 자식들을 그 법질서의 정점으로 이끌기 위한 전략적 모색을 할 뿐이었다.

그러나 다른 한편 총독부의 새로운 법질서는 식민지 조선인들과 상당한 마찰과 갈등을 빚었고 때로는 격렬한 봉기를 유발하기도 했다. 잘 알려졌듯이 3·1 운동은 식민 지배 질서에 대한 가장 광범위하고도 강도 높은 저항이었다. 3·1 운동은 단지 이민족 지배에 대한 민족적 감정의 분출이 아니었다. 오히려 운동 이후 본격적으로 민족주의가 발전했다고 봐야 할 것이다. 3·1 운동은 총독부가 새롭게 이식하고자 한 근대적 제도와 법률 등 통치성에 대한 거부의 성격이 강했다. 구체적으로 묘지 규칙, 지방 행정 제도 개편, 헌병 경찰 제도 등의 근대적 지배 질서가 부과되면서 기존의 관습과 생활공간이 침해되는 것에 대한 저항이었다. 예컨대 운동 이후 총독부 경무국의 조사에 의하면 조선인들의 가장 큰 불만 중 하나는 묘지 규칙이었다. 관습적 매장 풍습을 부정하고 공동묘지를 조성해 강제적으로 조선인들의 생활양식을 침해한 것이 커다란 불만을 배태시킨 것이다. 지방 행정 제도 개편 또한 관습적 기득권을 보장받던 이서층과 재지사족의 지배권을 근대적 행정 제도로 이전시킴으로써 불만의 대상이 되었다.

요컨대 총독부의 새로운 지배 질서는 식민지 조선의 지배-피지배 구도를 횡단하면서 수용과 저항의 이중 과정을 통해 작동했다. 한편으로는 새로운 안전을 제공하지만 다른 한편으로는 기존의 안전을 침해하고 파괴하는 것으로 기능했다.

이렇게 총독부가 국가권력을 장악하고 근대적 통치성을 주도하면서 조선인 엘리트들은 공식 영역에서 벗어나 주변적인 역할에 머물게 되었다. 국가가 부재한 조건에서 이들은 내셔널리즘nationalism을 오직 민족주의로 번역할 수밖에 없었고 부국강병을 위한 계몽 기획은 새로운 전략으로 이행할 수밖에 없었다. 공식 영역의 헤게모니를 박탈당한 이들의 계몽과 근대화를 통한 대중적 헤게모니 확보를 위한 총독부와의 경쟁은 힘겨웠지만, 이민족 지배라는 조건에서 민족주의에 기반을 둔 새로운 기획을 추진해 나갔다.

주지하듯이 일제하 엘리트 지식인은 매우 다양한 스펙트럼을 보여주었는데, 크게 사회주의 계열과 부르주아 민족주의 계열로 구분할 수 있다. 전자는 명칭에서 드러나듯 사회에 깊은 관심을 두었고 후자 또한 새로운 근대적 사회 구성에 기반을 둔 전략을 추구했다. 이 당시까지는 사실상 안전 사회 또는 사회적 안전에 대한 관심보다는 근대적 사회 구성이 급선무임이 강조되었다. 1933년 방응모가 인수하기 전까지 〈동아일보〉

에 비해 좌파적 색채가 강했던 〈조선일보〉는 1933년 6월 5일 사설에서 사회를 다음과 같이 강조했다.

조선인이 아득한 옛날부터 사회생활을 하면서도 사회의 존재를 알지 못하다가, 최근에 와서야 비로소 가족 외에, 국가 외에, 사회란 것을 발견하게 되었다... 수천년래로 조선의 문명은... 모두 가족을 중심으로 생육 및 발달을 이룬 것이므로 가족에 대한 도덕은 있으나, 사회에 대한 도덕은 없으며, 가족에 대한 시설은 있으나, 사회에 대한 시설은 없다... 우리는 마땅히 먼저 가족이란 소주의小主義로부터 떠나서 사회란 전의식全意識에 살아야 하겠다.

개인에 기반을 둔 사회를 구성하기 위해 신분제 해체와 함께 당시 가장 중요했던 것은 가족, 혈연 집단으로부터 개인을 분리하는 것이었다. 여기서 가족주의 극복은 곧 '사회 의식에 사는 것'과 '사회적 시설' 두 가지로 요약될 수 있다. 그렇다면 사회는 어떠한 원리하에 작동하는 것으로 설명되었을까. 〈동아일보〉는 창간 벽두인 1920년 7월 21일 "신도덕을 논하야 신사회를 망望하노라"라는 제하의 사설에서 새로운 사회의 원리를 다음과 같이 설명했다.

현대 사회조직은 사유재산을 기초하야 성립하얏스니 도덕이나 법률이나 혹은 경제의 활동이 모다 이를 중심하야 작정이 되는도다... 인격은 생활의 안전을 기초하야 발달하는지라 이 사유재산제를 인정하야 사회조직의 근본을 작하는 소이라 하는도다.

앞에서 본 신해영과 마찬가지로 〈동아일보〉도 사유재산제를 사회의 기본 원리로 상정하고 있음을 알 수 있다. 〈동아일보〉의 이러한 입장은 현재까지 이어지므로 상당히 중요한 의미가 있다. 사유재산제에 기반을 둔 사회의 안전은 먼저 법질서를 통해 확보되는 것으로 이해되었다. 〈동아일보〉 1930년 3월 29일 자 칼럼 '사형 제도를 폐지하라'에는 '법률로써 사회의 안전을 도모하는 것'이라는 인식이 나타났는데, 결국 법질서 확립이 사회 안전의 기본 요건임을 강조한 것이었다.

사유재산 제도의 강조는 이를 부정하는 사회주의 계열과 가장 극명하게 구분되는 입장일 것이다. 사회 안전이란 측면에서 〈동아일보〉는 사유재산제를 보장하는 것이 그 기본이 된다고 파악한 것이며, 사회주의 계열은 그 반대로 사유재산제를 극복함으로써 진정한 사회 안전이 가능하다는 입장이었다.

물론 〈동아일보〉 계열 또한 사유재산 제도의 법률적 보장만을 무조건 강조한 것은 아니었다. 〈동아일보〉는 위 사설 후반부에 가서는 사유재산제를 인정하되 기부를 통한 사회적 의무를 다해야 함을 강조함으로써 일종의 사회적 안전장치를 확보하고자 했다. 사실 일제 시기 내내 〈동아일보〉 계열은 각종 의연금 모집을 주도했는가 하면 독지가와 유산자의 다양한 사회사업과 기부를 특별히 강조함으로써 사유재산제에 기반을 둔 사회의 안전을 도모하고자 했다. 1925년 5월 22일 자 "장호원 사회에"라는 기사에는 '수전노처럼 생활하여 안전한 생활이 보장되겠는가'라는 물음이 나오는데, 곧 사유재산제에 기반을 둔 사회의 위험에 대한 경고이면서 기부와 사회사업의 필요성을 역설한 것이었다.

사회 안전을 도모하기 위한 〈동아일보〉 계열의 담론 전략은 공공성을 강조하는 것으로 귀결되었다. 공공성에 대한 강조는 사회 봉공과 공덕 개념의 강조로 나타났다. 1923년 11월 23일 자 사설은 조선인이 부활할 유일한 방도를 민족적 대동단결로 규정하고 단결 방책으로 공덕심에 대한 각성 환기를 첫 번째로 내세웠다. 즉, '사회에 대한 봉공奉公적 관념이 결함缺陷된 조선 민족'은 '봉공적 단체'를 완성할 수 없다는 것이었다.

또 1934년 6월 8일 자 사설 "문명과 공덕심, 깨끗한 개인 깨끗한 사회"에서는 조선인 사회가 '가족 본위의 사덕私德에는 거의 노예가 되다시피 하면서도 민족사회를 본위로 하는 공덕에는 호말毫末의 관심조차 가지지 않는 기형적 민족'이라고 질타했다. 따라서 '민족사회로써 존재를 지속하려면 무엇보다도 공덕의 보급과 실행'이 중요함을 역설했다.

요컨대 〈동아일보〉 계열은 사유재산제에 기반을 둔 사회의 안전을 사회 봉공, 공덕 등의 공공적 가치를 통해 확보하고자 했다. 공적 영역의 최고 형태는 정치, 그 집중적 표현으로서의 국가일 것이다. 그러나 조선인은 그 영역으로의 접근이 구조적으로 차단되어 있었기에 대신 사회가 유력한 대안적 공공 영역으로 떠오를 수밖에 없었다. 그래서 문화 사업, 사회사업, 사회에의 봉공과 봉사 등은 조선인 최고의 공적 행위와 실천의 무대가 되었다. 공덕을 통한 민족의 단결이나 국민적 공덕심은 기실 동일한 지점을 목적으로 하는 것일 수 있었다. 이광수의 《민족개조론》에 나타난 표현을 빌리자면 "공민 교육의 요체는 어떻게 지도하는 일에 있지 아니하고 어떻게 복종하는 일에 있는 것"이다. 유순하고 순종적인 주체의 구성이 사유재산에 근거한 사회의 안전을 보장하는 핵심인 것이었다.

해방 이후 1970년대까지의 법질서와 안전 사회 담론

● 해방 이후 1950년대의 법질서와 안전 사회

해방 이후 한국 사회는 내외적으로 격렬한 소용돌이에 휘말려 법질서와 안전 사회에 대한 담론이 주목을 끌 수 없었다. 국가 수립을 둘러싼 좌우 대립은 결국 한국전쟁으로 이어졌고 전쟁은 법과 안전 사회가 거의 무의미해지는 시공간이었다. 1948년 제헌 헌법이 제정되고 정부 수립 후 국가보안법이 만들어지는 등 신생국가의 법질서가 형성되고 있었지만, 곧이어 발발한 한국전쟁은 법질서보다는 전면적 무력행사가 결정적 역할을 했다. 전쟁은 국가를 무소불위의 폭력 기계로 만들었고 안전한 삶은 국가에 대한 무조건적 복종을 통해서만 가능한 것으로 만들었고 사회 속에 작동해야 할 법질서를 실종시키다시피 했다. 요컨대 전쟁은 법질서보다 정치적, 이념적 진영 논리에 기반을 두었고 제도적 시스템보다 비상대권을 장악한 국가의 명령을 즉각적으로 수행하는 비상사태를 초래했다.

전후 1950년대 또한 전쟁의 여진 속에 법질서 확립이나 안전 사회에 대한 관심이 클 수 없었다. 이승만 정권의 북진 통일론에서 드러나듯이 사회는 준 전시 상태에 놓였고 반공 이데올로기는 법질서보다 더 중요한 통제 기능을 수행했다. 김동춘이 밝혔듯이 50년대는 사회보다 '신가족주의'가 중요해졌다. 즉, 전쟁을 통해 끔찍한 학살을 경험하고 생존이 최우선시되는 상황 속에서 가족 외부이 사회 공간은 믿을 수 없고 불안한 곳일 수밖에 없었다. 가족 단위의 생존이 우선시되는 분위기에서 사회는 부차적 의미를 띨 수밖에 없었고 안전 사회에 대한 관심이 나타나기 곤란했다.

지배 권력의 입장에서도 전쟁 효과와 반공 이데올로기를 통해 효과적인 지배가 가능했기에 굳이 법질서와 안전 사회 담론을 강조할 필요성이 없었다. 1958년 이른바 '보안법 파동'을 통해 국가보안법을 개악하는 등 법질서에 대한 관심이 나타나기도 했지만, 부산 정치 파동과 사사오입 개헌에서 드러나듯이 법질서는 오히려 권력 유지를 위해 조변석개되는 상황이었다. 징병제가 시행되고 있었음에도 징병 기피가 만연했다는 점만 보아도 50년대의 법질서 담론의 취약성을 확인할 수 있다. 이승만 정권과 지배 권력이 권력 유지를 위해 법질서를 무시하는가 하면 이와 연관되어 정실 인사가 횡행하고 부정부패가 만연한 조건에서 법질서 확립이란 조롱거리 이상이 되지 못했다. 법보다 주먹이 가깝다는 말이 생겨나고 '사바사바'란 말이 유행하며 '빽'만 있으면 안 되는 게 없는 상황 속에서 법질서란 한갓 치장거리에 불과했다.

물론 상황이 이러했기에 한편으로는 더욱더 법질서를 강조하면서 도의교육을 강화하기도 했다. 특히 교육의 주요 내용 중 하나가 민주주의 교육이었는데, 이는 현실과의 괴리감을 강화하여 4·19 혁명의 주요한 배경을 이루기도 했다. 요컨대 공식적으로는 법질서를 강조하면서 미국식 민주주의 교육을 수행했는바 이것이 당대 현실과의 부조화를 초래하면서 학생을 비롯한 새로운 세대의 저항 운동으로 연결되었다.

4·19는 지배 권력의 공식 이데올로기인 자유민주주의가 어떻게 저항 담론으로 전화될 수 있었는가를 보여주는 가장 결정적인 사건이었다. 자유민주주의에 근거한 법질서가 부정부패와 부정선거로 유린당하는 상황

은 지배 이데올로기의 자기 배반과 유사한 결과를 초래했다. 자유민주주의에 입각한 거대한 대중 봉기는 그 이전까지는 기대하기 어려웠다. 이승만 정권이 강조한 자유민주주의가 결국 자신들의 권력을 붕괴시키는 저항 담론으로 기능했다는 역설 속에 4·19 혁명의 역사적 의미가 있다.

물론 4·19 혁명은 자유민주주의만으로는 설명될 수 없다. 오히려 더 중요했던 것은 정의였다. 당시의 격문이나 성명서, 유인물, 슬로건 등을 살펴보면 민주주의보다 더 많이 더 자주 등장했던 것이 정의다. 4·19 혁명의 도화선이 된 것이 3·15 부정선거였기에 자연스러운 귀결일 수도 있지만, 당시 대중은 이승만 정권이 다만 선거 부정이라는 제한된 부정부패에 국한되지 않는다고 느끼고 있었다. 선거를 넘어 사회 전반적으로 부정부패가 만연했고 부당한 대우가 일상화된 조건에서 이 모든 것의 정점에 이승만을 위시한 지배 권력의 부정부패가 존재한다고 파악했다.

따라서 4·19의 대중은 정의를 바로 세워야 한다고 주장했고 법질서를 비롯한 사회질서 전반이 새롭게 변혁되어야 한다고 생각했다. 여기서 정의는 지배 권력이 수립해 놓은 법질서와 지배 이데올로기를 전면 부정하는 것은 아니었다. 오히려 기존의 법질서와 지배 이데올로기를 통해 사회를 새롭게 갱신해야 한다는 저항 논리가 나타났던 것인바, 한국 자유민주주의의 역설이라 할 만했다.

● 1960~70년대의 법질서와 안전 사회 담론

5·16을 혁명으로 부르는 것에서 드러나듯이 권력 장악 초기 박정희 체

제는 현상 타파적 담론을 구사했다. 그 이유는 쿠데타를 정당화하기 위한 것임과 동시에 4·19 혁명으로 확인된 대중의 강렬한 현실 변화 욕망을 전유하기 위한 것이기도 했다. 따라서 당시의 사회 현실은 대단히 부정적인 모습으로 재현되었다. 부정부패가 심각하고 전근대적이며 봉건적인 제 속성이 한국 사회를 좀먹고 있는 것으로 설정된 것이었다. 쿠데타 직후인 1961년 7월 20일 '대학생 농어촌 계몽대 출발 격려사'를 보면 "대다수 국민의 열렬한 지지와 호응 속에 국민 혁명의 성격으로 발전한 이번 혁명은 십여 년에 걸쳐 누적된 부정부패와 사회악의 소탕"을 추구할 것임을 강조했다.

특히 1963년 민정 이양을 위한 대통령 선거를 전후해 박정희 체제는 본격적으로 근대화 담론을 주창하면서 후진적이고 봉건적인 현실을 특별하게 강조하기 시작했다. 자신들의 핵심 아젠다인 근대화 담론의 설득력을 높이기 위해서는 그 대립항으로서의 전근대성을 강조할 필요가 있었다. 따라서 쿠데타 초기 박정희 체제는 법질서와 사회 안전을 강조하기보다는 사회 변화를 추동하는 담론 전략을 구사했던 것이다. 이러한 맥락에서 박정희는 5·16이 '정치혁명'을 넘어 '사회혁명'으로 나아가야 한다고 강조했다. 다시 말해 근대화 전략은 기존 사회의 안정화보다는 현상 타파를 통한 사회적 유동성의 극대화로 연결되는 것이자 대중의 욕망을 자극해 경제개발로 동원해 내는 것이었다. 사회혁명과 경제개발의 궁극적 목적은 복지사회로 상정되었다.

그러나 또한 대중의 욕망은 철저하게 집단주의적 통제로 집약되어야 하는 것이기도 했다. 박정희는 일관되게 개인주의와 자유주의에 대해 극히 적대적인 태도를 보였는데, 소아를 버리고 대아를 추구해야 함을 기회 있을 때마다 강조했다. 한마디로 나라의 발전이 나의 발전의 근본임을 깨달아야 한다는 주문이었다. 이를 위해 민족주의가 적극적으로 활용되었으며 특히 1970년대 들어 더욱 강화되는 양상을 보였다.

이 모든 담론 전략의 기초는 가난의 발명을 통한 빈곤의 정치였다. 5천 년간의 가난과 빈곤, 보릿고개의 참상 등을 매우 감상적인 언설로 강조했는데, 이는 전근대적이고 후진적인 현실의 핵심을 빈곤으로 상정한 것이었다. 전후 복구로 50년대 후반에는 5%가 넘는 경제성장률을 기록했음에도 불구하고 박정희 체제는 극단적 빈곤을 강조했다. 역사적으로 보아도 단군 이래 5천 년간 빈곤에 허덕였다는 것은 '찬란한 민족문화'를 부정하는 자기모순적 담론이었다. 가난은 근대화 담론의 정당성을 확보하기 위해 의도적으로 강조되어 극단적 모습으로 재현된 것이기에 빈곤의 발명에 해당할 것이다.

빈곤은 사회불안과 만악의 근원처럼 강조되었다. 1962년 광복절 경축사를 보면 "빈곤으로부터 완전한 해방을 보지 못한" 현실을 개탄하면서 "빈곤 속에 도의의 퇴폐와 부패가 깃들어 포악한 공산주의의 온상이 조성되는 것"임을 강조했다. 나아가 "빈곤이 있는 곳엔 진실한 평등과 자유를 기대할 수 없고 참다운 사회정의가 실현될 수 없다"고 단언했다. 이러한 구도하에서는 경제개발만이 사회적 안전을 보장해 줄 수 있는 유일한 해결책이 될 것이다. 이는 4·19로 확인된 사회변혁적인 대중의 에너지를 생산력주의적 문제 설정으로 전유하고자 한 전략이기도 할 것이다. 다시 말해 사회적 문제 설정을 경제적 문제 설정으로 전환하고자 한 것이다.

그러나 1960년대 중반 박정희 체제는 6·3 사태를 겪으면서 사회적 안전 문제에 커다란 관심을 보이게 된다. 6·3 사태 직후인 1964년 8월 국방대학원 졸업식 유시에서 박정희는 사회적 안전 문제를 집중하여 거론했다. 그는 "6·3 사태를 목격하고서 국가의 안전을 보장하기 위해서는 '사회적 안전'이 선행되어야 하겠다는 것을 절실히 느꼈다"면서 "'내부로부터의 위협'을 더욱 경계"해야 함을 강조했다. 또한 "정치적 사회적 불안에 편승한 공산 마수의 준동"을 막기 위해 "대외적 안전에 못지않게 '대내적 안전'에 주력"해야 함을 강조했다.

사회적 안전을 근거로 집단적 통제를 강화하면서 대신 당근으로 제시된 것은 역시 미래의 장밋빛 전망이었다. 1966년 연두교서는 "1970년대 후반이 되면 '소비는 미덕'이라는 새로운 표어가 등장하는 대량생산·대량 소비의 '풍요한 사회'를 건설하게 될 것"임을 주장했다.

1960년대에 한일협정 반대 운동이나 삼선 개헌 반대 운동 등이 전개되기도 했지만, 사회적 위기로까지 연결되었다고 보기는 어렵다. 한일협정 반대 운동에 참여했던 김지하의 회고에 의하면 자신들은 제2의 독립운동을 하는 비장한 자세였지만, 거리 시민들의 반응은 그리 열렬하지 않았다는 것이다. 삼선 개헌 반대 운동도 야당과 비판적 지식인 중심의 활동으로 그쳤다. 그러나 1970년대 기층 대중의 움직임은 심상치 않았다. 전태일의 분신, 광주 대단지 사건, KAL 빌딩 방화 사건 등 60년대에는 잘 보이지 않던 기층 대중의 직접 행동이 분출하기 시작했고 박정희 체제도 이를 심각하게 받아들이게 되었다.

1972년 연두 기자회견에서 박정희는 1971년이 "여러 가지 사회 혼란으로 일반 시민 생활에 많은 불안과 지장을 주었다"고 규정했다. 대통령 선거도 문제였지만, 박정희는 '노동단체들의 과격한 노동쟁의', '학생 데모'가 "사회 혼란과 법질서를 크게 문란케 했다"고 지적하고 광주 대단지 사건을 "일부 지방의 집단 난동"으로 묘사하면서 "안보 체제를 크게 약화하고 위태롭게 만들었다"고 강조했다.

이에 따라 박정희는 '사회 기강'과 '사회윤리'를 강조하게 되었다. 1971년 연두 기자회견을 보면 공무원들이 지키는 기강으로서의 '관기', 군인이 지키는 '군기'와 함께 일반 국민들이 지켜야 할 기강으로 '사회 기강' 또는 '사회윤리'를 강조했다. 이렇게 사회적 안정에 대한 강조는 결국 유신 체제 수립으로 이어진다.

유신 체제 수립 이후에도 반유신 운동이 활성화되면서 박정희는 더욱 강력한 탄압책을 동원했는데 그 명분으로 이용된 것도 사회적 안정이었다. 1975년 국민투표 시행 담화에서 박정희는 "사회를 혼란시켜 가면서까지 회복해야 할 '자유'나 '민주'가 따로 더 있는 것이 결코 아니다"고 단언했다. 그것은 사회적 안정을 위해 '법에 의한 지배'를 관철하겠다는 의지의 표명이었는데, 1975년의 연두 기자회견은 매우 의미심장한 내용을 담고 있었다.

요즘 한국에 상당한 지식 수준에 있는 사람들 중에도 우리나라 법에 대해서 하나의 착각을 하고 있는 것 같습니다. 정부를 뒤집어엎는데, 공산당이 뒤집어엎고 공산 정부를 만들 때에는 굉장히 엄한 벌이 가지마는 그렇지 않고 공산주의자가 아닌 사람들이 정부를 뒤집어엎는 것은 크게 잘못이 아닌 것처럼 이런 착각을 가지고 있습니다. (…) 국가보안법에도 폭력으로써 정부를 전복하겠다는 데에 대해서는 극형에까지 처할 수 있는 법이 있는 것입니다. 반드시 그 사람이 공산주의자가 아니더라도…(말줄임표 원문 그대로)

국가보안법으로 비공산주의자까지 극형에 처할 수 있다는 언명은 빈 말이 아니었다. 1975년 4월 9일 인혁당 관련자 8명의 전격적인 사형 집행은 사회 안전을 위해 박정희 체제가 극한 방법을 동원할 수 있다는 것을 웅변했다. 인혁당 관련자들은 공산주의 혐의하에 정치적 사건으로 사형당한 것이었지만, 그 효과는 다만 정치적인 영역에 국한되지 않았다. 국가권력이 법에 의한 지배를 통해 주민 구성원의 생살여탈권을 장악하고 있음을 확인시켜 주는 것이었다.

물론 박정희 체제는 법에 의한 지배만을 강조한 것은 아니었다. 1978년 출간된 박정희의 마지막 저서 《민족중흥의 길》에서는 윤리와 도덕을 강조하기도 했다. 즉, "사회의 질서와 발전이 법만으로 이루어지는 것은 아니기 때문"에 "윤리와 도덕의 힘으로 보강돼야만 보다 인간적이고 자유로운 질서가 이루어질 수 있다"고 주장했다. 그 핵심 내용으로 제시된 것은 '융화와 협동의 관계'였다. 즉, "우리 겨레 특유의 생각과 생활 자세는 조화의 정신 또는 화의 정신"이며, 이 정신의 근본은 "인간관계나 사회관계를 대립과 투쟁의 관계로 보지 않고 융화와 협동의 관계로 보는 것"이라는 주장이었다.

이 책에서 박정희는 고도 산업 사회의 문제점을 열거하면서 "늘어나는 것은 소년범죄와 젊은 세대의 반항이며, 강력범과 무질서이며, 정신의 불안과 사회의 긴장이 심각함"을 역설했다. 이러한 사회적 불안을 해결하기 위해 융화와 협동이 적극적으로 강조된 것이었다.

한편으로 박정희 체제는 자본주의적 경제개발에 따른 사회적 갈등과 적대가 심각해지면서 다양한 정책적 조치를 취하기도 했다. 집권 초기에 산재보험법과 의료보험법이 제정되었고, 60년대 중반 이후로는 사회개발 정책이 추진되었는가 하면, 1977년에는 의료보험이 본격 시행되었다. 이중곡가제와 고미가 정책이 농민의 실질소득을 높여주어 일정한 정치적 지지로 연결된 것도 분명했다.

이러한 정책들이 사회적 안전 확보에 일정한 역할을 했음을 부정할 수는 없다. 그러나 그것들이 체제의 정당성을 확보해 주고 대중의 정치적 지지를 충분히 확보하게 했다고 보기는 어렵다. 박정희 체제가 간헐적으로 시행한 이러한 정책들은 너무 늦게 그리고 너무 약하게 작동했다. 체제는 빈곤으로부터 안전한 사회를 약속했지만, 그 약속은 매번 미래로 유예되었고 현실적 불평등이 무시 못할 실감으로 다가왔다.

그 실감에 대한 체제의 대응은 새로우면서도 익숙한 것이었다. 대한제국기 신해영의 구상이 박정희를 통해 재현되었다. 황제와 신민이 군사적 관계로 치환되어 수직적 명령 체계로 나타나게 되었다면 박정희와 국민의 관계 또한 유사했다. 이는 단지 최고 사령관과 병사라는 군사적 관계만을 의미하는 것이 아니었다. 그것은 곧 죽음과 생명을 조건으로 벌어지는 생명 정치이기도 했다. 즉, 황제는 벌거벗은 생명이 필요했고 신민들에게 군복을 입혀줌으로써 그들을 벌거벗은 존재로 만들 수 있었던 것이다. 신민의 입장에서 군복은 벌거벗은 자신들의 위험한 생명을 보호하는 것으로 보일 수 있었지만, 황제에게 그것은 입혀줌으로써 발가벗겨 버리는 것이었다.

안전 사회 및 법질서 담론과 관련한 1960~70년대의 특징은 사적 소유제도에 대한 내용이 거의 없다는 것이다. 개항기와 일제 시기에는 우파 진영에 의해 사회의 기본 구성 원리로 사적 소유권이 강조되었고, 이는 사회주의 및 공산주의와의 주요한 대립 축이었다. 그러나 1960~70년대에는 더 이상 사적 소유권을 둘러싼 논쟁은 거의 보이지 않았다. 그것은 이미 사적 소유권이 공고한 현실로 관철되고 있었음을 말해주는 것이자 다른 한편으로 반공이데올로기가 극성기를 이루고 있던 시대 상황을 반영하는 것으로 보인다. 즉, 이미 사적 소유에 기반을 둔 자본주의 사회가 지배적 현실로 관철되면서 다른 사회 형식에 대한 사유와 논쟁은 불가능하거나 무의미해진 상황인 것이다. 요컨대 기본적 사회 형식을 둘러싼 논쟁과 대립 대신 주어진 사회 속에서 대립과 갈등을 조절하는 방식, 사회의 안전을 확보하기 위한 전략 등이 주된 문제로 부각됐다.

박정희 체제는 안전한 사회에 대한 약속을 통해 법질서 확립을 요구했다. 여기서 안전은 빈곤으로부터의 해방을 핵심 내용으로 한 것이었으며 궁극적 목적은 복지사회로 천명되었다. 그러나 복지가 보장된 안전한 사회에 대한 약속은 끊임없이 미래로 유보되었고, 대신 현실에서는 기존 질서의 유지를 위한 법질서 확립이 강조되었다. 이는 높은 경제성장률에도 불구하고 사회적 안정 또한 계속해서 미래로 유보될 수밖에 없는 상황을 연출하게 되었다.

맺음말

한국의 근현대사 속에서 안전 사회와 법질서에 대한 인식은 역사적 국면마다 일정한 차이를 노정하는 것이었다. 개항기와 대한제국기에는 근대적 사회 형식을 어떻게 구성해 낼 것인가가 주요한 쟁점이었다. 서구 근대를 절대적 추구 대상으로 간주한 당대의 엘리트 지식인들은 사적 소유권에 입각한 사회 구성 원리를 대중에게 계몽하기 위해 노력했다. 이승만, 유길준, 신해영 등 당대의 엘리트 지식인들은 근대적 의미의 사적 소유권과 법질서, 국가권력에 대한 지식과 담론을 수용, 번역해 대중 계몽에 나서고 있었다. 특히 신해영 같은 경우는 이미 이때부터 반공주의적 입장을 천명하고 있어 기득권 옹호를 위한 담론 전략을 구사한 것으로 보인다. 이들의 고민은 결국 강력한 국가권력 수립과 근대적 사회 구성, 신민화된 주체 구성으로 모인다.

일제 식민지기에 들어서 〈동아일보〉 중심의 우파적 경향의 엘리트 지식인들도 개항기와 대한제국기의 문제의식을 이어받아 사적 소유권에 입각한 근대적 사회 구성을 위해 진력했다. 다만 이민족 권력의 지배라는 식민지하였기에 이들은 국가권력에 의한 법질서보다는 공덕과 공의에 근거한 조선인 사회의 사회 봉공을 강조했다. 식민지 권력에 기대어 자신의 안전을 도모한 자들과 함께 이들의 구상은 당대 기득권층의 이익에 충실한 것이었다. 곧 기득권층의 이익과 안전이 사회 안전이었다.

박정희 체제는 근대화를 자신들의 최고 과제로 설정하고 자본주의적 산업화에 진력했다. 이는 불가피하게 새로운 사회적 적대와 갈등을 구성하는 과정이었고 1970년대에 들어서 전태일의 분신, 광주 대단지 사건 등과 같은 기층 대중의 저항이 분출되기 시작했다. 박정희 체제는 경제개발을 통해 복지사회를 건설하겠다는 장밋빛 공약을 내세우고 의료보험 등 일련의 사회복지 제도를 시행하기도 했지만, 유신 체제로 상징되는 공안 통치가 기본이었다. 공안 통치는 국가 사법 체계를 기본으로 수행되었는데, 이미 5·16 쿠데타 직후 반공법 제정, 중앙정보부 창설로 그 기초를 닦아 놓은 상태였다.

유신 체제의 공안 통치하에서 안전한 사회는 곧 전 사회 구성원이 유기체적 집단 신체가 되어 일사불란하게 움직이는 동원 체제와 다름없는 것이었다. 이것을 교란하는 자는 극형에 처하겠다는 위협이 가해졌는데, 이것이 단순한 위협이 아니었음은 인혁당 관련자들의 사형 집행을 통해서도 확인 가능하다. 결국 유신 체제하에서 안전한 사회와 이를 위한 법질서 확립이란 기득권층의 이익과 밀접하게 관련된 것이었다. 당시 기득권층의 핵심은 점차 대재벌로 성장하고 있던 거대 자본들이었다.

1960년대까지 주요 운동경기 단체장들은 관료, 정치인, 사회 저명인사들로 채워졌다. 그러나 1970년대 들어 주요 경기 단체장들을 재벌 회장들이 장악하는 모습이 나타났고, 각 재벌 그룹의 문화 재단들이 집중적으로 설립된 것도 1970년대였다. 1977년 의료보험 전격 실시의 배경은 바로 전경련으로 상징되는 대재벌들의 동의였다. 정부 재정 투입을 최소화하고 기업들이 대신 의료보험의 부담을 떠안겠다고 나서면서 비로소 의료보험이 시행될 수 있었다. 의료보험 사무실이 전경련 회관에 설치되었다는 점이 재벌들의 역할을 상징적으로 보여준다.

요컨대 1970년대는 한국의 기득권층이 대재벌 중심으로 확고하게 재정립되고 있었음을 보여준 시대였다. 대자본의 사회적 헤게모니가 강화되면서 사회 안전의 실질적 내용도 이들의 이익을 보장하기 위한 것으로 채워지기 시작했고, 법질서 확립은 곧 이들의 기득권을 지켜주기 위한 것으로 나타났다. '권력이 시장에 넘어갔다'는 말은 이미 1970년대에 시작된 것이며 시장의 안전과 질서가 모든 것에 우선하는 시대가 시작된 것이었다.

참고 문헌

- 〈조선일보〉
- 〈동아일보〉
- 유길준, 《서유견문》, 1895.
- 신해영, 《윤리학교과서》, 보성중학교, 1906.
- 이승만, 《독립정신》, 대동신서관(1999년 정동출판사 복간), 1910.
- 대통령비서실, 《박정희 대통령 연설문집》 1-6, 1973~1979.
- 박정희, 《민족중흥의 길》, 광명출판사, 1978.
- 김동춘, 《전쟁과 사회》, 돌베개, 2006.
- 박명규, 〈한말 '사회' 개념의 수용과 그 의미 체계〉, 《사회와 역사》 59집, 2001.
- 박주원, 〈근대적 '개인', '사회' 개념의 형성과 변화〉, 《역사비평》 여름호, 2004.

법질서와 안전 사회 담론의 법적 고찰

김한균(민주주의법학연구회 · 형사법)

권력은 자신의 범죄를 질서라는 이름으로 위장한다.

(밀란 쿤데라, 《지혜》, 1997.)

그런데 무질서와 위험을 구실삼아 질서와 안전을 지켜야 한다고 강조하면서 정작 자신이 법질서를 위태롭게 하고 갈등과 불안을 가중시키는 정치를 '법질서 정치law and order politics'라 한다. 법질서 정치는 질서와 안전을 내세우면서, 실상은 법질서를 흔들고 사회를 불안케 한다.

지난 이명박 정부는 본질적으로 위험을 과장하고 오용하는 정책, 범죄에 대한 두려움을 권력기관 강화에 이용하는 정책, 복잡한 범죄 현실을 지나치게 단순화하고 실제 효과보다는 정치적 상징 효과를 노리는 정책, 문제 원인을 해결하기보다는 문제 대상을 배척하는 정책을 통해 법질서 정치의 부당성과 위험성을 실제로 보여주었다. 현 박근혜 정부도 법질서와 함께 안전을 강조하지만, 그 자신이 불법과 불안을 야기한다. '법질서 정치'가 '안전 정치'로 이어지면서 두 정부는 서로 닮은꼴이 되어 간다.

차이가 있다면 현 정부의 법질서-안전 정치가 더 노골적이라는 점이다. 고용노동부는 "법질서 준수의 정책 기조를 명확히 하겠다"며 전교조의 노조 자격을 빼앗았다. 현행 노동조합 및 노동관계조정법 시행령상의 노조 설립 취소 조항(법령 제9조 제2항)은 이명박 정부조차도 위헌 소지를 인정했던 규정이다. 현 정부가 시행을 시작한 개정 경범죄처벌법에 따른 단속 건수는 2013년 1월에서 8월까지 58,241건으로 2012년 한 해 동안의 58,014건을 이미 넘어섰다(〈경찰청 경범죄 단속 현황〉, 2013년 10월 15일 국정감사 자료). 경범죄처벌법은 '사회 공공의 질서유지에 이바지함'(법 제1조)을 목적으로 하는데, '떠들썩하게(물품 강매)', '함부로 아무 곳에나 (쓰레기 투기)', '못된 장난(의식 방해)', '억지로(단체 가입 강요)', '귀찮게'(구걸 행위), '귀찮고 불쾌하게'(불안감 조성), '시끄럽게'(인근 소란), '부끄러운 느낌이나 불쾌함'(과다 노출), '몹시 거친 말'(관공서 주취 소란)(법 제3조 제1항, 제3항)과 같은 행위를 한 사람을 벌금 또는 구류로 처벌한다. 해석하기 나름인 막연한 용어들인 만큼 정부의 '단속 의지'에 따라 경범죄 처벌 건수가 늘기 마련이다. 청와대의 '법질서 회복 의지'는 더욱 강력하다. "김대중·노무현 정부 10년 동안 법질서가 많이 무너졌다"고 지적하는 데서 한 발 더 나가 "이명박 정부는 이를 바로잡기 위해 한 일이 없다"(〈중앙 SUNDAY〉제344호, 2013년 10월 13일 지)고까지 할 정도다.

이 글에서는 법질서와 안전 사회 담론이 어떻게 우리 사회를 오히려 불법질서와 불안에 빠뜨릴 수 있는지 살펴보고, 이명박–박근혜 정부에서 나타나는 법질서–안전 정치의 특징을 분석한다. 한국 사회에서 법질서–안전 정치의 문제를 풀어갈 수 있는 전망 또한 생각해 보고자 한다.

법질서 · 안전 사회 담론과 법 정책의 정치화

한국 현대사에서 법질서 유지 명분의 폭력적인 공권력 동원이나 정권 유지를 위한 (형)법의 도구화는 새삼스러운 일이 아니었다. 1980년대에는 '정의 사회 구현'이라는 정치적 구호 아래 폭압적인 조치들이 줄을 이었다. 1990년대 '범죄와의 전쟁' 역시 민주화 과정에서 터져 나온 사회경제적 갈등을 덮어버리려는 구실이었다. 현 정부의 법질서–안전 사회 담론과 법 정책은 과거 반민주적 정권 시기 악법과 권력 남용을 통한 강압적 법 정책과 1970년대 영미에서 유행했던 법질서 정치, 즉 정부와 정당, 일부 민간단체와 언론이 연합해 질서와 안전을 요구하는 시민과 시장의 동의를 구실로 (형)법을 함부로 동원하는 정치가 뒤섞이는 모습으로 현실화되고 있다.

국가권력이 시민의 자유를 침해하지 못하도록 제한하는 헌법 원리를 위반하면서 형법을 정치적 목적의 도구로 삼는다면 형법 정책은 나쁜 의미에서 정치화된다. 영미의 경험을 살펴보면 1970년대 이전까지만 해도 범죄와 위험으로부터 사회질서와 안전을 지키기 위한 정책이 정치적 이해에 따라 동원될 만한 경우는 많지 않았다. 정작 안전을 약속했다가 시민의 기대를 만족하게 해 주기는 쉽지 않은데다가 복지 · 환경 · 교육 문제와 같이 직접 유권자들의 표가 좌우될 만한 사안도 아니었기 때문이다. 그러다 보니 범죄와 위험 또는 질서와 안전 문제를 정치화하는 위험을 무릅쓸 정치인은 거의 없었다. 그런데 1970~80년대 미국 공화당과 영국 보수당 정부는 경제적 불평등과 사회적 빈곤으로 인한 정치적 위기의 타개를 위해 강경한 법 정책이 필요했다. 범죄의 위협 앞에 사회가 위기에 처했기 때문에 질서와 안전을 회복하기 위해서는 범죄와 무질서에 대한 단호한 대책이 필요하다는 명분을 내걸었다. 닉슨 행정부가 시작한 법질서 캠페인은 레이건-부시 정권 시기에는 범죄와의 전쟁이나 마약과의 전쟁으로 이어졌다. 1992년 캘리포니아주 주민 입법 청원 캠페인에서는 이른바 삼진아웃법three strikes and you're out law도 등장했다. 두 번 이상의 중대한 폭력 범죄 전력이 있는 사람이 다시 죄를 범한 경우 범죄 누적 횟수만으로 무조건 무기징역까지 처할 수 있도록 하는 법이다. 대중에 호소력 있는 상징적 용어로 포장하고, 위험한 상습범죄자를 사회로부터 격리한다는 명분이니 전형적인 법질서 정치의 산물인 셈이다. 전미총기협회National Rifle Association가 입법 지원 활동을 활발히 벌였다는 사실도 삼진아웃법이 어떤 정치적 이해관계와 연관되어 있는지 보여준다. 전미총기협회는 총기 남용 규제에 대한 사회적 압력을 회피하기 위한 수단으로 삼진아웃법 입법 캠페인을 지원했다. 또한, 삼진아웃법을 도입한 당시 캘리포니아주지사 피트 윌슨Pete Wilson은 주지사 재선과 1996년 공화당 대통령 후보 선거에서 이 법을 주요 공약으로 삼았다. 같은 시기 경기 침체와 범죄율 상승, 사회 윤리적 갈등, 정치적 불안정에 시달리던 영국에서는 내무성 장관 마이클 하워드Michael Howard가 보수당 전당대회에서 범죄에 대한 강경 대처 전략tough on crime initiatives을 주창하면서, 법질서 정치는 보수당 지지층을 아우르는 전략 용어가 되었다.

이처럼 법질서와 안전 문제가 정치화되면서 정부와 정당, 언론이 합작하여 법질서와 안전을 최우선 순위 공공 정책 사안으로 만들어냈다. 보수 언론은 무질서와 범죄로 인한 피해를 강조하고 강력한 법질서 확립과 엄벌 위주의 형사 정책을 주문하는 여론 형성에 앞장섰다. 형법에서 범죄에 대한 강경한 대책을 강조하면서도 정작 범죄를 낳는 사회경제적 불평등 구조에 대해서는 강력한 개혁 조치는 없었다. 실상은 범죄자 개인에 대한 강경책뿐이다. 결국 중형이 남발되면서 교도소에는 수형자가 넘쳐났고, 형법을 집행하는 국가기관 자체가 체계적 위기에 처할 지경에 이르렀다. 수사 재판과 형벌 집행에 막대한 예산을 쓰게 되면서 형사 사법기관의 체계적 개선과 범죄 유발 환경 개선을 위한 자원은 부족하게 되고, 당장 시민들이 체감할 수 있는 범죄 감소 효과는 크지 않아 형사 사법 체계에 대한 불신이 더 깊어졌기 때문이다.

그뿐만 아니라 법질서 정치가 심화할수록 법질서와 안전 문제가 보수 정치적 구호를 넘어 정치적 담론 전반을 규정하게 된다. 형사 정책에서도 구체적 정책 방향을 두고 논쟁하기보다는 누가 더 범죄에 강경하게 대처할 수 있는가의 문제로 단순화된다. 그러다 보니 보수 정당도 진보 정당도 범죄에 관대하다는 여론의 비난을 받지 않기 위해 더 엄격한 범죄 대책을 내놓으며 경쟁하게 된다. 그래서 법질서와 안전을 내세운 정부-정당-언론의 법질서정치연합law and order politics coalition이 노골적으로 등장한다. 법질서정치연합이 강조하는 법질서 회복의 내용은 위법 행위에 대한 무관용, 질서 위반에 대한 엄정 단속, 법 집행 공무원에 대한 공무 방해 엄단, 집회 시위와 노동쟁의 행위에 대한 엄격한 법 적용이다. 이들이 겨냥하는 바는 법치국가 질서보다는 정치적 장악력의 확보다. 위험이냐 안전이냐, 혼란이냐 질서냐를 선택해야 하는 시민들 입장에서는 형법 권력의 강화를 동의하거나 용인하기 마련이다. 사회적 지지를 구실로 형법 체계의 비합리성과 권력 남용이 증가하게 되면, 그 폐해는 장기간 계속되며 회복이 어렵다. 법질서 정치는 민주적 통제 장치를 무시하고 공권력을 동원하는 변형된 방식의 권력 남용이므로 경계해야 한다.

법질서 회복과 국민 안전 대책에 관한 정치적 발언은 무성한데 회복되어야 할 법질서와 안전의 구체적 내용이 무엇인지에 대한 성찰은 정작 찾아보기 어렵다는 점도 법질서 정치의 특징이다. 내용을 수사rhetoric로 대신하는 정책이 번성하면서 (형)법마저 남용되면 법치국가 원칙에 따라 사회질서를 보호하고 인권을 보장하는 법 체계의 역할이 약화될 위험이 커진다. 법질서 정치는 본질적으로 형법을 제한하는 법치국가 원칙과 형사정책의 합리성을 위험에 빠뜨리는 특성이 있다. 이를 주의깊게 살피고 경계해야 한다.

한국 사회에서 법질서 정치의 현상

과거 반민주적 정권 시대의 법질서 정치는 안보 위기를 명분으로 삼았다. 그런데 시민들 눈에는 법질서 자체가 폭력이었다. 이제 법질서 회복을 명분으로 내걸고 안전에 대한 시민의 지지를 구실삼아 권력을 남용하려 든다면 민주주의의 내용적 실현은 더욱 후퇴할 수밖에 없다. 법질서 정치는 범죄의 위험을 부풀리거나 왜곡해서 국가권력을 과도하게 행사하기 때문에 기존의 민주적 개혁 성과마저 부인하는 결과에 이른다. 정작 엄정한 법질서가 필요할 때는 경제 위기를 구실 삼아 뒤로 물러나기도 한다. 시민의 범죄에 대한 두려움을 형사 사법기관을 확대 강화하는 기회로 삼고, 범죄 방지라는 실제 성과보다는 범죄에 강력히 대처하는 모습을 과시하는 정치적 상징 효과를 노린다. 그러니 복잡다단한 사회문제와 연관된 범죄 현실을 겨냥한 신중하고 구체적인 정책을 내놓기보다는 상황을 단순화하고 근시안적 대책에 쉽게 기대기 마련이다. 이명박–박근혜 정부의 (형)법 정책에서 법질서 정치의 현상과 그 특성을 찾아보면 다음과 같다.

첫째, 위기를 부각하거나 불안을 과장하면서 법질서 회복을 강조한다. 법질서가 회복되어야 할 이유로 사회적 무질서와 경제 위기를 든다. 이제까지 민주주의 발전 과정에서 거쳐야만 했던 갈등을 싸잡아 혼란과 무질서로 규정하고, 양극화와 경제구조의 취약에서 비롯된 경제 위기의 원인을 무질서에서 찾는다.

둘째, 법질서 회복을 위해 형법 체계를 전면적으로 동원하면서 법 제도 개혁이 오히려 후퇴한다. 경제 위기와 사회 혼란을 과장하고 이를 구실로 과거처럼 강압적 권력 수단에 의존한 사회문제 해결 방식으로 퇴보하는 현상이 나타나고 있다. 이명박 정부는 정권 초기부터 경미한 공무집행 방해 사범에 대해서도 무관용zero tolerance 원칙을 적용하는 한편, 불법 시위에 대한 민사상 손해배상 청구와 즉결심판 회부, 불법 시위 단체에 대한 정부 보조금 지원 제한을 법질서 회복 대책이라고 내세웠다. 가

두 홍보, 일시 단속, 집중 단속과 같은 구시대적인 캠페인성 대책도 다시 등장했다. 결국, 2009년 용산 참사나 쌍용차 사태와 같은 일까지 벌어졌다. 박근혜 정부 역시 출범한 지 얼마 지나지 않는 동안 '4대악 근절', '21개 중점 국민안전대책', '4대악 감축목표관리제', '4대 교통 무질서 집중 단속', '범칙금 대폭 인상', '불법 시위 강력 대응', '쌍용차 사태 희생자 분향소 강제 철거', '밀양 송전탑 공사 강행', '전교조 불법화' 등을 법질서 회복과 안전 대책의 이름으로 밀어붙였다. 법질서 회복이라는 명분을 내건 강경한 형사 정책은 일시적 현상에 그치지 않는다. 국가보안법 개폐 문제는 개혁 의제에서 잊힌 지 오래다. 사형 제도뿐만 아니라 구금 격리 위주인 형벌 제도 개혁 논의도 기대하기 어렵다. 사실상 폐지 상태인 사형 집행을 전격 재개하거나, 성폭력과 같은 특정 범죄에 대해 무조건 중형을 부과하도록 입법하거나, 청소년 범죄를 비롯한 범죄 문제에 무관용 정책으로 대처하는 정책적 반동을 막기도 어렵다.

셋째, 법질서 회복을 경제 회복과 국가 경쟁력 강화의 조건으로 내세우며 형사 정책을 왜곡한다. 형법이 개입해야 할 문제에서는 손을 떼고, 오히려 개입을 자제할 영역에는 침범한다. 기업 범죄와 부패 범죄에 대한 형법적 통제는 약화되는 반면, 노사문제에 대한 형법의 개입은 강화된다. 언론 또한 경제 살리기라는 담론에 법질서 회복이라는 명분을 이어 붙이는 역할을 한다. 경제정책 실패와 양극화 심화에 따른 사회경제적 갈등을 법질서로 해결할 수 있는 것처럼 오도한다. 2008년의 신문 사설에 따르면 법질서가 곧 경쟁력이다. '법과 질서는 한 사회의 경쟁력을 좌우하는 중요한 국가 자산이다. 국제 자본들은 어떤 나라에 투자할지 말지를 결정할 때 자본 수익률보다 그 나라 법치 수준을 먼저 따진다. 선진국으로 가는 길은 무너진 법치를 다시 세우는 데서부터 출발한다. 대통령부터 법을 지키고, 공권력은 당당하게 법과 질서를 지킬 것을 요구하고, 법과 질서를 어기면 누구나 그만한 불이익을 받게 해야 한다. 무너진 법과 질서의 기반을 다시 세우지 않고는 선진화의 꿈도 꿀 수가 없다'(〈조선일보〉, 2008년 1월 1일 자). 이어서 2013년의 신문 사설에 따르면, '대한민국 병'은 강력한 법질서 정책으로 고쳐야 한다. '지금 우리는 대한민국 병을 심하게 앓고 있다. 과도한 복지 요구에 나라 살림이 휘청이고, 법질서와 원칙의 훼손은 심각한 상태다. 덕수궁 앞을 점거한 채 1년 넘도록 불법 시위가 판을 쳐도 공권력이 제대로 대응하지 못하고 있다. 대처의 강력한 리더십이 절실히 요구되는 시점이다'(〈헤럴드경제〉, 2013년 4월 9일 자).

넷째, 사회적 혼란으로 법질서가 무너지고 있다고 느끼는 시민의 불안감이 법질서 정치의 배경이 된다. 불안과 두려움을 만들고 과장하는 과정에서 언론의 역할은 역시 상당하다. 법질서 정치에서 언론은 시민의 여론을 매개하기보다는 만들어 간다. 국가권력을 감시·비판하기보다는 앞서서 끌고 뒤에서 밀어준다. 법질서 정치를 내세운 정부를 위해 특정 언론들은 '나라가 혼란에 빠져들고 있어 민심은 정부가 엄격한 법 집행을 통해 법질서를 확립해 주기를 바란다'고 주장한다. 2008년 신문 사설은 법질서 확립이 민심이라 말한다. '다수 국민의 생각과 다른 행동을 민심이란 이름으로 자행하는 소수의 불법행위에 대해서는 엄격한 법 집행이 필요한 시점이다. 무기력하게 된 공권력을 더 이상 방치할 수 없다. 다수 국민이 상황 변화를 받아들이는 시점에서 정부는 법과 질서를 확립하는 본연의 기능을 시급히 회복해야 한다. 이런 식으로 법치가 확립되지 못할 경우 나라는 계속 혼란 속으로 빠져들 수밖에 없다. 이명박 정부는 엄격한 법질서 확립을 국정 지표로 내세웠다. 새 출발을 다짐하는 정부는 다른 모든 것에 앞서 법질서 확립이라는 초심으로 돌아가야 한다. 그것이 이 정부를 바라보는 지금의 민심이다'(〈중앙일보〉, 2008년 6월 24일 자). 2013년 신문 사설 또한 엄정한 법집행으로 나라를 정상으로 되돌려야 한다고 주장한다. '불법을 용납하면 법을 지키면 손해라는 인식이 확산되고, 사회기강은 흔들리게 된다. 온갖 불법 행위도 뒤따라 만연하게 된다. 이런 사회는 비정상이다. 불법 시위에 온정적으로 대처하면 불법 폭력 시위를 근절하기 어렵다. 나라가 바로 서려면 엄정한 법 집행으로 법질서를 확립해야 한다'(〈세계일보〉, 2013년 10월 11일 자).

다섯째, 법질서와 사회 안전을 위한 실효성 있는 대책보다는 보여주기 식의 상징적 수단에 쉽게 기댄다. 정부와 국회가 만들어 낸 법률과 제도는 즐비한데 눈에 띄는 성과는 없다 보니 결국 형사 사법 체계에 대한 신뢰는 자꾸 떨어진다. 미국이나 영국 등에서처럼 선거 득표를 위해 우리나라 정당들이 더 강력한 법질서를 주장하면서 누가 더 범죄에 엄정하게 대처하는지를 두고 노골적으로 경쟁할 가능성은 적다고 본다. 다만 여야 가릴 것 없이 보수적인 정치적 기반 위에 서 있기 때문에, 치안 문제가 사회적 이슈로 부각될 때마다 법질서 확립과 안전을 요구하는 여론에 당장 부응하려면 상징적인 특별법이나 형벌 강화와 같은 조치에 기대기 쉽다. 예를 들어 성폭력 범죄, 특히 아동·청수년 대상의 성폭력 사건들에 대한 사회적 관심과 두려움이 높아질 때마다 가중처벌과 장기 구금, 출소 후 범죄자 관리 감독 강화, 치료 구실의 사실상 처벌을 내용으로 하는 특별법과 특별법의 특별법을 거듭 제·개정한다. 2010년 제정한 성폭력범죄처벌특례법은 2014년 9월까지 10회, 2000년 제정한 아동 청소년 성보호법은 2008년 전면 개정 이후 2014년 9월까지 23회 개정했다.

한편, 2013년 5월 안전행정부가 내놓은 '4대악 감축 목표 관리제'에 따르면 성폭력 범죄자 미검거율을 2012년도 15.5%에서 2017년까지 9.1% 수준으로 낮추고, 성폭력 범죄자 재범률은 2012년도 7.9%에서 2017년 6.1%로 감축한다고 한다. 그런데 성폭력 범죄 방지와 범죄자 통제의 성과를 거두려면 수사 인력과 교정 보호 시설 확충에 막대한 비용이 든다. 박근혜 정부는 대선 공약에서 치안 강화를 위해 임기 중 경찰 인력을 2만 명 늘릴 계획이라고 했다. 하지만 정부의 입장에서는 복지 예산 확보와 긴축재정을 이유로 예산 마련에 소극적일 수밖에 없다. 비용 문제가 해결되어 인력과 시설이 늘어난다 해도 통계 수치만으로는 장기적으로 범죄자 검거와 재범 방지의 실제 효과를 검증하기 어렵다. 때문에 사전 예방 체계와 피해자 보호 지원에 노력을 집중하는 것이 더 현실적인 정책 방향이다. 특별법과 통계 수치를 중시하는 법질서 정치는 현실을 눈여겨보지 못한다. 상징적 성과에만 주목하다 보니, 법제도의 신설·확대에 따른 실제 효과와 필요 자원에 대한 고려와 준비가 부족하기 쉽다. 그러면 효과적인 정책 추진과 제도 운용도 할 수 없다. 상징적인 특별법 공포만 되풀이될 뿐 실제 성과가 적으니 형사 사법 자원은 낭비되고 법질서에 대한 시민의 신뢰만 떨어질 뿐이다.

여섯째, 법질서 정치의 정치·경제적 단순 논리에 휘둘리면, 체계적이고 합리적인 정책 수립과 집행을 기대하기 어렵다. 관대하고 무능한 형사 정책 대 강경하고 효과적인 형사 정책, 범죄/무질서 대 법/질서라는 식의 단순 논리가 판을 치게 되면 합리성과 효율성은 무시되기 쉽다. 우리 현대사에서도 '안정이냐 무질서냐' 식으로 법질서를 강요받은 경험이 있다. 이제는 '법질서 준수율'의 국가 순위를 매기고, '불법 폭력 시위' 때문에 성장률 몇 퍼센트가 낮아진다는 식의 단순한 논리의 주장들이 이명박-박근혜 정부에서 계속되고 있다. 한국개발연구원KDI에 따르면, '우리나라의 법질서 준수율은 경제협력개발기구OECD 회원국 30개국 중 28위로 최하위권이며, 이에 따라 해마다 0.99%포인트의 경제성장률을 까먹고 있다. 성장률 1%포인트는 6만 개 정도의 신규 고용 효과가 있는데, 불법 폭력 시위 등 법질서를 지키지 않음으로써 그만큼의 일자리를 우리 스스로 날려 버리고 있는 셈이다'(〈서울경제〉, 2008년 1월 15일 자 사설·〈문화일보〉, 2013년 4월 26일 자 기사). 집회 시위나 노동쟁의 때문에 국가 경쟁력이 떨어지지 않도록 형법과 형사 정책을 동원한다면, 정작 민생 치안에 집중해야 할 자원과 인력은 부족하게 된다.

일곱째, 배척의 정책을 앞세우는 법질서 정치에서는 민주적 법 절차와 인권 보장을 기대하기 어렵다. 법질서 회복과 경제 살리기 명분 앞에 법질서에 맞서는 행위에 대한 관용은 없다. 관용을 모르는 형법 앞에 비정규직 노동자, 이주노동자 등 사회적 약자의 인권 보호와 사회적 배려는 설 자리가 없다. 마찬가지로 사회적 약자들과 연대하려는 시민들도 사회 바깥으로 내쫓긴다. 예를 들어 집회 시위 관련법에 따른 규제와 처벌의 강화는 집회 참가 시민들을 범죄자로 배척하고 일반 시민으로부터 분리해 구금과 격리의 대상으로 만들어 버린다.

무관용은 1990년대 미국 뉴욕시 치안 전략에서 유래된 말이다. 보행자 신호 위반이나 쓰레기 무단 방치 등 단순한 무질서 행위뿐만 아니라 범죄의 온상이 될 수 있다는 이유로 빈민과 노숙자, 불법 체류자를 강력히 단속했다. 범죄율, 특히 살인 범죄율이 상당히 감소했다는 평가 때문에 여러 나라에서 무관용 정책을 도입했다. 하지만 무관용 여부와 상관없이 미국의 살인 범죄율은 이미 전국적으로 감소 추세에 있었으며, 성과의 상당 부분도 당시 시장 선거 전략상 과장했다는 비판을 받는다. 오히려 경찰이 피의자를 고문하고 비무장 상태의 용의자를 사살한 사건들을 계기로 많은 시민의 비판과 저항을 불러왔다. 무관용을 내세운 법질서 정치는 법 집행 과정에서 인권을 경시하고 강제 수단을 남용하도록 방조하여, 특히 사회적 약자에 대한 차별을 심화시킨다.

박근혜 정부의 안전 정치

법질서 정치는 위기와 불안을 과장하고 법질서 회복을 명분으로 형법을 전면 동원한다. 경제 회복과 법질서 확립을 왜곡된 방식으로 연관 짓고, 국민의 불안감과 보수 언론의 여론 몰이를 기회 삼아 합리적이고 실효성 있는 대책보다는 공권력을 확대 강화하며, 보여주기식 대책을 남발하면서 사회적 자원을 낭비하고 민주적 법절차와 인권 보장은 오히려 약화시키는 방향으로 나아간다. 이명박 정부의 법질서 정치는 박근혜 정부의 안전 정치로 이어진다.

물론 사회 안전을 앞세우는 정치의 호소력을 가벼이 보아서는 안 된다. 불안은 그 자체로 사회적 정치적 실체로 작용하기 때문이다. 2010년과 2012년도 통계청 사회 조사에 따르면 국민들의 안전에 대한 불신, 즉 불안은 높은 수준이다. 범죄나 국가 안보에 대한 불안이 가장 크며, 특히 여성들의 경우 범죄를 우리 사회의 가장 주된 위험 요인으로 인식하고 있다. 또한, 2004~05년도 국제 범죄 피해 조사International Criminal Victimization Survey에 따르면 우리나라 사람들이 범죄에 대해 두려움을 느끼는 비율은 44%로, 미국 19%, 일본 35%, 영국 32%, 독일 30%에 비해 매우 높다. 실제 범죄 발생률은 다른 나라에 비해 낮은데, 범죄에 대한 두려움은 훨씬 높은 수준이다. 범죄에 대한 두려움과 불안이 악용될 여지가 그만큼 많다는 의미다.

첫째, 보수 정치의 안전 사회 담론은 위험 없는 삶을 절대적인 가치로 전제하고 외부의 낯선 존재가 우리의 안전을 위협하는 원인이라고 지목한다. 그래서 우리의 안전을 위해서라면 그 타인을 사회로부터 배척해야 마땅하다고 주장한다. 안전 사회 담론의 구체적 형태는 국가적·대외적인 공안 논리와 사회적·내부적인 치안 논리다. 공포를 조장하고 활용한다는 점에서 두 논리는 비슷하지만 공안 논리가 냉전 질서를 이용했다면, 치안 논리는 일상 속 개인의 불안을 이용한다. 공안 논리는 실제 정보를 숨기고 조작해서 공포를 퍼뜨리는 데 비해, 치안 논리는 범죄나 범죄 피해에 관련된 정보를 적나라하게 공개해서 두려움을 키운다. 더구나 신자유주의 경제 질서의 불안정성 때문에 불안한 개개인으로 흩어진 사람들은 사회구조적인 폭력에는 무기력하게 순응하면서도, 범죄자나 위험하다고 낙인찍힌 집단에게는 개인적 책임을 물어 이들을 강력히 통제하고 사회로부터 배척하는 정책을 지지한다. 이러한 현실 변화를 알아챈 보수 정치의 담론은 공안과 치안을 묶어 법질서와 안전 사회를 강조하기 마련이다.

박근혜 정부는 처음부터 법질서-안전 정치를 전면에 내세웠다. 2012년 대선에서 핵심 공약 중 하나가 '성폭력, 학교 폭력, 가정 폭력, 불량 식품 등 4대 사회악을 뿌리 뽑아 자녀들이 걱정 없이 학교 생활을 하고, 여성들이 안심하고 밤길을 걷는 안전한 사회를 만드는 국민 안심 프로젝트'였다. 성폭력과 학교 폭력, 그리고 불량 식품을 어찌 같은 부류의 사회악으로 본다는 것인지, 가정 폭력은 과연 어떤 범죄를 의미함인지 정책 방향과 내용이 불분명하다. 오히려 범죄에 대한 두려움을 이용해 정책상 실제 효과보다는 정치적 상징 효과를 노리는 정책, 복잡다단한 범죄 현실을 지나치게 단순화하는 정책이라는 점에서 이명박 정부를 뒤따른 법질서 정치의 연장이거나, 혹은 재판renewal이 될 가능성이 높아 보인다.

둘째, 안전 정치는 범죄에 대한 두려움뿐만 아니라 경기 불황에 대한 불안, 도덕적 타락에 대한 불안, 청소년 비행에 대한 불안, 노사 갈등에 대한 불안, 집회 시위의 소란에 대한 불안과 같은 광범한 사회적 불안 심리를 하나로 묶는 수사를 동원한다. 그리고 법질서가 취약해졌으니 강력하게 회복해서 안전한 사회를 보장하겠다고 약속한다. 범죄뿐만 아니라 무질서 행위나 기존 질서에 도전하는 행위도 안전을 해치는 요인으로 묶이며, 형법은 정작 실질적 범죄에 초점을 맞추기보다는 법 위반과 질서 위반의 경계를 모호하게 하는 방향으로 확대된다. 그러는 동안 경찰과 검찰, 법원의 권한과 양적 규모는 확대되고, 형법은 사회적 저항을 억압하고 국가권력을 유지하는 수단이 된다. 바로 영국 최초의 여성 수상 마가 렛 대처Margaret Thatcher와 보수당 정권이 활용했던 형사 사법을 통한 안 전 정치의 수법이다.

박근혜 정부의 '국민안전종합대책'을 '핵심 국정 목표인 안전한 사회 구현을 위해 수립한 안전 관리 로드맵'이라 한다(〈4대악 등 21개 중점안전 대책 발표, 감축목표관리제 도입〉, 안전행정부 보도자료, 2013년 5월 31일 자). 주요 내용을 살펴보면 가야 할 길은 뚜렷이 보이지 않고 문제 현실과 대 책들이 분간 없이 뒤섞인 지도여서 법질서 확립과 안전 강화 정책이 제 갈 길을 잃지 않을까 우려스럽다.

예를 들어 성폭력 문제에 관하여는 '음란물 단속 강화로 성폭력 유발 요인 사전 제거, 아동·청소년 대상 성범죄자 처벌 강화, 성폭력 전담 수 사팀 설치, 성폭력 예방 의무 교육 대상 확대'가 내용이다. 가정 폭력 문제 에 관하여는 '가정 폭력 현장 출입 조사, 가해자 주취 상태 시 유치장 일시 격리, 결혼 이민 피해자 보호 강화, 노인·아동 학대 예방 강화'가 내용이 다. 학교 폭력 문제에 관하여는 '학생 안전 지역 통합 관리, 학생 자치 조 정 운영지원, 폭력 써클 엄정 대응, 고위험군 학생 관리 강화, 예방 교육 강화'가 내용이다. 식품 안전 문제에 관하여는 '고의적 식품 사범 영구 퇴 출과 부당 이득 환수, 불량 식품 사전 예방 강화, 소비자 참여 확대, 안전 먹거리 운동 전개'가 내용이다. 인터넷 음란물 문제에 관하여는 '명확한 단속 기준 마련, 음란물 예방 교육 강화, 음란물 유포 집중 단속, 아동 음 란물 대책팀 신설 추진'이 내용이다. 4대악에 대해서는 분야별로 '국민 안 전 체감 지수'를 6개월마다 정기 조사해 발표한다는 내용도 포함되어 있다. 감축 목표 관리제도에 따라 성폭력 미검률은 매년 평균 10%, 재범률은 매년 평균 5% 감축하며, 가정 폭력 재범률은 매년 평균 4.5%, 학교 폭력 피해 경험률은 매년 평균 10%를 감축한다는 것이다. 범죄에 적극 대응하겠다는 정책 목표를 문제 삼을 일은 아니다. 하지만 범죄자를 검거하고 재범을 방지하며 피해자를 줄이는 일이 경제성장률처럼 수치상으로 관리되기는 어렵다. 정작 국민이 체감할 현실은 감축 목표 달성을 위한 형사 사법 체계의 인력과 예산의 증대일 가능성이 높다.

셋째, 안전 정치는 법 영역의 전통적인 구분과 사법기관 간의 경계를 허물려 한다. 역사적으로 형법과 경찰법 영역을 구분하고, 수사 및 기소와 재판 기관을 분리한 것은 국민의 안전과 인권을 보장하기 위함이다. 그런데 안전 강화와 효율성을 명분으로 형사 사법기관들의 연계 협력이 구조화되면 형법, 경찰법, 출입국관리법 등 서로 다른 법 영역과 관계 기관들이 서로 결합하면서 권력은 강화되고 권력에 대한 제한은 약화된다. 즉, 안전 정치는 형법으로 다룰 범죄와 경찰행정으로 다룰 질서 위반 행위의 경계를 느슨하게 만들고, 형사 사법을 제한하기 위해 헌법에 규정한 원칙마저 사실상 부인하는 지경에 이를 수 있다. 예를 들어 독일에서는 대테러 데이터베이스counter-terror database를 통한 경찰과 정보기관 간의 정보 공유가 문제 되고 있다. 경찰과 정보수사기관 간의 분립 원칙은 나치 시대 국가비밀경찰Gestapo이 정보를 중앙 관리하면서 권력을 남용했던 뼈아픈 경험에서 확립된 것인데, 역사적 원칙마저도 안전의 명분 앞에 흔들리게 되는 현실을 보여준다. 2008년 이명박 정부에서도 국가정보원법을 개정해 국가정보원의 국내 정보 수집의 범위를 재난과 위기를 예방·관리하는 데 필요한 정보, 산업 기술에 대한 보안 정보로 확대하려고 시도했으며, 국가사이버위기관리법안을 통해 국가정보원에 사이버 안보 체계를 관장하는 권한을 주려고 했었다. '사이버국가보안법'이라는 비판에 부딪혀 실제 입법에 이르지 못했지만, 현재 박근혜 정부도 같은 내용의 국가사이버안전관리법안을 추진 중이다.

물론 치안 국가가 등장한다거나 유신 체제로 되돌아가는 일이나 다름없다고 비난하는 것만으로는 정말 불안감을 느낀다는 국민들에게 공감을 얻기 어렵다. 설득력 있는 비판과 대안이 없다면 안전 정치가 득세할 수 있는 바탕, 즉 사회 불안이라는 현실을 가벼이 물리칠 수 없다. 또한, 단순히 범죄 대책이 효과가 없다거나 경찰 인력 충원 등 형사 사법기관의 예산 비용을 가지고 다투는데 머물러서는 더 나은 대안에 대한 전망을 보여주기 어렵다. 형사정책에서 안전 의제의 대안이 될 수 있는 진보적 의제가 제시되어야 한다. 그 가치와 내용은 보수 정치가 설정한 의제와 차별성이 있어야 하고, 정당성과 효과성에서 더 우월해야 하며, 정부의 실제 정책이 되었을 때 보수 정치의 정책보다 더 실질적으로 공정한 법질서, 더 질적으로 안전한 사회의 전망을 보여줄 수 있어야 한다.

법질서 · 안전 사회 담론에 대한 (형)법 정책적 대안

질서유지와 안전 보장은 법 정책의 당연하고도 최우선적인 책무지만, 경제 위기와 사회 혼란을 과장하고 이를 구실로 강압적인 권력 수단을 남용하는 과거 사회문제 해결 방식으로 후퇴하지 않도록 경계해야 한다. 무엇보다도 어떠한 법질서를, 어떠한 안전을 어떻게 유지하고 확보해야 하는지는 민주주의의 내용과 절차의 문제다. 법질서나 안전이 정치적 구호로 등장하면서 형법 정책과 사법기관을 과잉 투입한다면 법질서와 안전의 이름으로 민주주의 질서와 사회 공동체를 훼손하는 결과에 이르게 될 것이다. 법질서와 안전을 위해 자유와 인권이 유보되어야 하는 사회라면 그야말로 '위험'하고 '불안'한 사회다. 법질서와 안전을 앞세운 보수 정치의 본질을 비판하고 법질서, 특히 형사 사법 체계의 왜곡을 바로잡아야 한다.

법질서 정치의 형법은 격리 구금과 중형 위주의 정책을 강조한다. 구금형을 법질서 유지에 가장 효과적인 수단으로 보려는 입장은 범죄에 대한 사회적 불안 심리에 기댄 정치적 주장일 따름이다. 구금형의 실제적인 범죄 방지 효과를 근거로 제시하지 못하기 때문이다. 그렇다고 법질서 정치적인 형사 사법의 비효율성에 대해 논박만 해서는 국민적 공감을 얻기 쉽지 않다. 그래서 무엇보다도 법질서-안전 정치의 허상을 벗겨 내는 비판 작업이 우선되어야 한다. 특히 형사 제도 개혁을 왜곡하는 법질서 정치의 영향을 막기 위해서는 범죄와 범죄 피해 현실에 대한 객관적 인식이 중요하다.

시민들의 형법 정책에 대한 객관적 인식과 신뢰 여부는 범죄율보다는 주로 양형과 행형 단계에서 결정된다. 양형과 행형 정책이 정치화되면 형법 정책 결정이 법치국가 원칙과 실증적 자료가 아닌 정치적 이해에 좌우되기 쉽다. 그 결과 상징적인 형법 제도는 즐비한데 실제 형사 사법 자원은 사회적 갈등을 진압하는데 동원되면서 국민이 체감하는 안전도는 그

다지 나아지지 않는다. 결국, 장기적으로 시민의 신뢰를 얻지 못하게 된다. 범죄와 범죄 피해를 실질적으로 줄여주기 때문에 신뢰받을 만한 형사정책이 되기 위해서는 범죄와 형사 제재의 현실에 대한 합리적 이해에 바탕을 둔 장기적 전략이 필요하다. 정치인들은 법질서와 안전 정치에 대한 여론의 지지를 얻기 위해 단기적이고 손쉬워 보이는 길을 택한다. 엄벌과 격리가 그것인데, 위험스럽고 값비싼 선택이다. 악순환의 시작이다.

구금형의 확대와 형벌의 가중은 막대한 형사 사법 자원을 필요로 한다. 정부의 자원은 한정되어 있는데 형사처벌에 소용되는 만큼 사회복지 자원이 줄어든다. 사회복지 체계가 약화되면 범죄 유발 요인은 강화되고 다시 범죄가 늘어난다. 이에 따라 범죄에 대한 두려움과 법체계에 대한 불신이 높아지고, 범죄와 범죄자에 대한 정책도 더 강경한 방향으로 나갈 수밖에 없다.

영미의 경험에 비추어보건대 일단 강경한 형사정책에 기대기 시작하면 정치적으로 이를 되돌리기는 매우 어려운 일이다. 설사 입법과 양형 단계에서 형벌의 범위와 정도를 늘리고 높인다고 해서 범죄율이 눈에 띄게 낮아지기를 기대하기 어렵다. 법질서 정치의 엄중한 형벌 주장은 합리적 형사정책에 대한 명백한 왜곡일 뿐이다. 실제 형벌에까지 이르는 범죄는 전체 범죄와 범죄자의 극히 일부에 불과하며, 따라서 범죄 예방과 법질서 회복에서 형벌의 역할도 일부분에 지나지 않는다.

법질서 정치의 형사 사법 정책에 대한 비판 작업은 법질서 정치의 정치적 이해관계를 밝혀내고, 그 부정적 영향의 징후를 개별적인 정책에서 적발해 내는 데서 시작해야 한다. 법질서와 범죄에 대해 시민들에게 잘못된 인식을 심어주는 정치와 언론에 맞서 범죄와 형사 사법 현실에 대한 올바른 인식을 제공하기 위해서는 실증적 연구 노력이 더 많이 필요하다.

또한, 이른바 민생 치안 현안에서 정치적인 지지를 확보하려면 여성, 아동, 장애인, 이주민과 같은 범죄 취약 계층의 보호를 특히 중시하면서, 안전 정책 전반을 민주주의 내실화와 사회보장의 질적 진전을 위한 프로그램과 결합해야 한다. 반면 범죄 예방과 범죄 피해자를 보호하고 지원하는 문제에 단기적인 응급 처방 등 보수 정치와 별다른 차이를 보이지 못한다면, 진보 정치의 정책은 신뢰를 얻기 힘들게 될 것이다. '이른바 진보 정당이나 진보 세력들은 … 진보적 비전으로 시민들의 힘을 모으지도 못했으며, 이 사회의 담론을 지배하며 의제를 이끌어 가지도 못했다'(〈민주화 20년의 열망과 절망〉, 경향신문 특별취재팀, 2007)는 비판은 형사정책의 경우에도 해당된다. '강력 범죄 발본색원'이나 '민생 치안 인력 확충'과 같은 정책 방침으로 보수 정치와 겨룰 일이 아니라 형사정책에서도 진보 정치적 정책 대안을 내놓아야 한다.

관건은 보수적 해법과 무엇이 어떻게 다르고, 왜 더 효과적인지 진보적 대안을 구체적으로 보여주어야 할 것인데, 이러한 차별화를 위해서는 간명하게 이해할 수 있는 쟁점 구도를 만들어 내야 한다. 즉, 보수와 진보 양자의 해법이 어떻게 갈리는지 보여주는 구분 이슈wedge issue가 있어야 한다. 그런 점에서 민생 치안 현안 중에서도 성폭력, 가정 폭력, 학교 폭력 등 사회적 약자와 관련한 폭력 문제에 주목할 필요가 있다. 이에 대한 차별화된 해법에 관심을 가진 국민은 대단히 많다. 여성과 장애인, 아동·청소년을 자녀로 둔 부모가 그들이다. 이들 대부분은 보수적 해법인 엄벌 정책과 경찰력 강화만으로는 일상의 삶이 더 안전해졌는지 실감하지 못하고 있다.

예컨대 아동과 장애인 대상의 성폭력을 구분 이슈로 삼는다면, 쟁점 구도는 범죄 결과에 대한 엄벌 여부보다는 범죄 원인에 대한 규정과 대책으로 잡아야 한다. 나홀로 아동, 요보호 아동, 방치된 장애인 등 성폭력·가정 폭력 피해 위험이 가장 큰 처지에 있는 사람들에 대한 사회보장 체계의 취약한 현실이야말로 범죄의 주요 원인과 배경이라는 점, 그리고 성폭력 범죄자의 재범을 막을 수 있는 치료와 관리 체계가 연이은 '범정부적' 성폭력 범죄 대책과 형사특별법의 양산에도 불구하고 개선되지 않고 있다는 점을 정책적 의제로 만들어야 한다. 첫째, 사회보장 제도의 취약성을 지적하고 형사 사법 인력 확대보다는 요보호 아동과 장애인에 대한 사회보장 확대가 우선순위에 놓여야 한다는데 논의의 초점을 모아야 한다. 둘째, 아동과 여성, 장애인에 대한 사회 안전망 강화의 목표 아래 지역사회에 기반을 두고 시민이 협력하고 평가하는 구체적 성폭력·가정 폭력 범죄 예방 프로그램을 기획하고 추진해야 한다.

안전은 사회보장과 민주적 참여의 문제다. 배제와 격리를 말하며 법질서와 안전을 도모하겠다는 정치는 불안의 정치다. 이에 맞선 진보 정치적인 (형)법 정책은 범죄 방지와 범죄 피해자 보호에 있어서 민주적 참여와 사회보장을 정책적으로 구체화함으로써 더불어 사는 사회적 안전망을 구축해야 한다.

참고 문헌

- 김종서, "이명박 정부 5년의 법, 인권, 민주주의", 〈민주법학〉 제50호, 2012.
- 김한균, "법질서 정치와 형사사법의 왜곡", 〈민주법학〉 제37호, 2008.
- 김한균, 《현대과학기술사회 위험관리 형법 및 형사정책의 체계와 원리》, 한국형사정책연구원, 2012.
- 김한균, "진보정치적 과제로서 형사정책", 〈민주법학〉 제51호, 2013.
- 이호중, "사회안전과 형사실체법의 변화, 과제와 전망 —신자유주의 안전담론을 중심으로", 〈형사법연구〉 제25권 제3호, 2013.
- 경향신문 특별취재팀, 《민주화 20년의 열망과 절망》, 2007.
- 박권일, "치안국가의 예감", 〈한겨레〉, 2013년 1월 29일 자.
- 이계수 & 오병두, "친기업적 경찰국가와 민주법학: 비판과 대응", 〈민주법학〉 제38호, 2008.
- Brake Michael·Hale Chris, 《Public Order and Private Lives: The Politics of Law and Order》, Routledge, 1992.
- Carrabine, E. et al, "Social Wrongs and Human Rights in Late Modern Britain: Social Exclusion, Crime Control, and Prospects for a Public Criminology", 〈Social Justice〉, Vol. 27, No. 2, 2000.
- Davies, Jonathan, "The Social Exclusion Debate", 〈Policy Studies〉, Vol. 26, Issue 1, 2005.
- Downes, D. & R. Morgan, 〈Dumping the 'Hostages to future': The politics of law and order in post-war Britain〉, R. Maguire 외 엮음, 《The Oxford Handbook of Criminology》, 1997.
- Downes, D. & R. Morgan, 〈Overtaking on the Left? The Politics of Law and Order in the Big Society〉, R. Maguire 외 엮음, 《The Oxford Handbook of Criminology》, 제5판, 2012.
- Dunbar, I. & A. Langdon, 〈Tough Justice: Sentencing and Penal Policies in the 1990s〉, 1998.
- Grigg-Spall, Ian & Paddy Ireland, 《The Critical Lawyer's Handbook》, 1992.
- Hall, S., 〈Drifting into a law and order society〉, J. Muncie et al, 《Criminological Perspectives》, 1996.
- Hough, M., "People talking about punishment", 〈The Howard Journal〉, Vol. 35 No. 3, 1996.
- James, A. & J. Raine, 《The New Politics of Criminal Justice》, 1998.

- Kieso, D., 《Unjust Sentencing and the California Three Strikes Law》, Lfb Scholarly Pub Llc, 2005.
- Michael Klarman, David Skeel, Carol Steiker, 《The Political Heart of Criminal Procedure》, Cambridge University Press, 2012.
- Lea, J. & J. Young, 《What is to be done about law & order》, Pluto, 1993.
- Lee, M., 《Inventing fear of crime: criminology and the politics of anxiety》, Willan, 2007.
- Mattews, R., "Beyond 'so what?' criminology", 〈Theoretical Criminology〉, vol. 13, 2009.
- E. McLaughlin & J. Muncie, 《The Sage Dictionary of Criminology》, Sage, 2001.
- Terence Morris, 《Crime & Criminal Justice since 1945》, Blackwell Pub, 1989.
- Porta, D. & H. Reiter, 《Policing protest: The control of mass demonstration in western democracies》, Univ Of Minnesota Press, 1998.
- Reiner, R. & M. Cross, "Introduction: Beyond law and order crime and criminology into the 1990s", 〈Beyond Law and Order〉, 1991.
- Scranton, P., "Defining power and challenging knowledge: critical analysis as resistance in the UK", K. Carrington & R. Hogg, 〈Critical criminology: Issues, debates, challenges〉, 2002.
- Sieber, Ulrich, 김한균 외 옮김, 《New Challenges of the Risk Society: Blurring the Limits of Criminal Law -전 세계적 위험사회에서 복합적 범죄성과 형법》, 한국형사정책연구원, 2011.
- Squires, P. & D. E. Stephen, 《Rougher Justice: Anti-social behaviour and young people》, Willan, 2005.
- Tonry, M., 《Sentencing Matters, Oxford University Press》, Oxford University Press, 1996.
- Van Swaaningen, 《Critical Criminology: Visions From Europe》, Sage, 1997.
- Jock Young, 《The Exclusive Society: Social Exclusion, Crime and Difference in Late Modernity》, Sage, 1999.
- Zedner, L., "In pursuit of the vernacular: Comparing law and order discourse in Britain and Germany", 〈Social & Legal Studies〉, vol. 4, 1995.

2부

법질서와 사회 통제

법질서와 노동 통제:
이명박, 박근혜 정부를 중심으로

노중기(한신대 · 사회학)

머리말

2013년 연말 철도노조 파업에 정부는 민주노총에 대한 경찰력 투입을 실행했다. 1990년 전국노동조합협의회 결성 이후 수많은 민주 노조 탄압이 있었으나 직접 경찰력을 투입하여 총연합단체 사무실을 진압한 것은 처음이었다. 민주 노조와 시민사회는 부당한 공권력 행사라며 강하게 비판했으나 박근혜 정부는 오불관언 이를 무시했다. '정당한 절차를 거친 합법적인 공권력 행사'라는 주장이었다.

1987년 노동자 대투쟁 이래 민주 노조에 대한 국가 자본의 탄압은 합법적인 법 집행의 외관을 띠고 진행되었다. 민주 노조들은 이에 대해 반민주적 법률은 용인할 수 없다며 노동법 개정 투쟁으로 대응해 왔다. 그 결과 상당한 수준에서 노동 악법의 개혁, 이른바 노동 개혁이 진행되었으며 노무현 정부 이후부터는 노동법 개정 투쟁이 크게 줄었다.

그러나 개혁된 '민주적' 노동법 체제 속에서도 민주 노조에 대한 국가와 자본의 법적 억압은 전혀 약화되지 않았다. 오히려 2008년 이명박 정부가 집권한 이후 그것은 더욱더 강화되고 있는 것처럼 보인다. 국가와 자본은 민주 노조들을 폭력 집단이나 종북 좌경 용공 세력으로 치부하고 있다. 말하자면 법을 위반하는 불법 집단이므로 정부의 법적 조치는 탄압이 아니라 '법과 원칙'의 집행일뿐이라는 것이다.

문제는 이런 법 집행에 대한 우리 사회의 반응이다. 많은 시민이 합법적 법 집행의 논리로 진행되는 민주 노조 탄압을 대체로 용인하는 것처럼 보인다. 이는 1987년 이후 한동안 민주 노조의 투쟁에 시민사회가 보였던 반응과 크게 대비되는 모습이다. 특히 외환 위기 이후 민주 노조들에게 가해진 '정규직-철 밥그릇-귀족 노조'라는 여론 조작이 힘을 얻은 사정을 고려하더라도 여기에는 설명이 더 필요하다.

과연 노동자에게 국가와 자본이 말하는 '법과 원칙'은 어떤 것인가? 한국의 노동자들에게 법과 원칙은 대개 '일방적인 정리 해고', '업무 방해-불법 파업-처벌과 인신 구속', '손해배상 청구 소송과 가압류'였으므로 완전히 무시해야 하는 것일까? 아니면 '근로기준법'과 '최저임금법' 또는 '비정규노동자보호특별법'처럼 노동자들을 보호하는 법률로써 준수의 의무가 있는 것일까?

때때로 노동법을 비롯한 여러 법률이 노동자들에게 도움이 된다는 것을 우리는 잘 알고 있다. 최근에도 몇몇 사안에서의 법원 판결은 노동자들의 투쟁에 큰 도움을 주고 있다. 예컨대 현대자동차 하청 노동자에 대한 불법 파견 판정, 전교조 법외 노조 조치에 대한 가처분 판결, 통상 임금 범위에 대한 해석 등이 그러하다. 또 문제가 없지는 않으나 최저임금법이나 비정규 노동자 관련 법은 상당한 수의 저임금 노동자나 비정규직 노동자를 보호하는 효과가 있을 뿐만 아니라 새로운 투쟁의 근거가 되고 있음을 부인하기 어렵다.

이런 상이한 법 해석은 노동 운동의 측면에서 또다시 대비되는 대응을 불러오는 것처럼 보인다. 이명박, 박근혜 정부의 노동 억압에 대해 한편에서 우리는 '법대로 하자'거나 '정부 먼저 법을 지키라'고 요구하고 있다. 이런 태도는 노동조합이 사법기관에 정부나 사용자를 상대로 소송하는 전략에서 가장 두드러지게 나타난다. 그러나 다른 한편에서는 노동 탄압은 악법이나 사악한 법 집행 때문이므로 '군부 독재 파시즘이나 악법에 대해 투쟁하자'는 방식으로 대응하기도 한다. 현재까지도 민주 노조들은 후자, 즉 전통적인 노동법 개정 투쟁 방식을 선호하는 것처럼 보인다. 그러나 양자의 비중이 크게 변화하고 있는 것도 사실이다.

요컨대 법은 노동자의 우군인가, 적군인가? '법과 원칙'이란 도대체 무엇을 말하는 것이며, 노동 운동은 이를 얼마나 수용해야 하나? 또 노동자의 범법 행위는 잘못된 운동 전략, 관행 때문인가, 아니면 국가와 자본의 반민주적 노동 탄압 때문인가?

이 글은 이처럼 상식적이지만 답하기 쉽지 않은 질문에 대해 생각해 보고자 한다. 먼저 이명박, 박근혜 정부의 법을 이용한 노동 탄압 사례와 그 중요성에 대해 생각해 본다. 다음으로 가혹한 법적 탄압이 (과거와 달리 시민들에게) 수용되는 이유를 서구와 제3세계에 확산된 신자유주의 경제정책과 연관해 설명하고자 한다. 그리고 보다 일반적으로 자본주의 사회에서 '법치주의法治主義, legalism'가 무엇을 말하는지에 대해 사회학적 비판을 제시할 것이다. 마지막으로 결론에서는 이 문제에 대한 민주 노조 운동의 전략적 대응을 검토한다.

수구적 보수 정부의 노동 통제와 법

● 이명박 정부의 노동 통제

광우병 촛불 사태로 집권 첫해를 어렵사리 넘긴 이명박 정부는 2009년 들어 가혹한 노동 탄압을 시작했다. 그해 여름 조합원 2,500여 명의 정리 해고에 반대하는 쌍용차노조 파업을 진압한 것이 그 시작이었다. 특수부대와 테이저 총, 가스 살포 헬기까지 동원한 살인적 진압에서 엄청난 국가 폭력과 사용자 용역 폭력이 자행되었다. 그러나 정부는 이런 대규모 인권유린행위가 '정당한 경영권 행사를 방해하는 불법 파업에 대한 엄정한 법 집행'이라고 강변했다. 정부와 사용자는 대규모 정리 해고를 관철했고 각종 징계를 단행했으며 회사, 경찰은 합계 114억 원에 이르는 손해배상 소송을 제기했다.[1] 이후 해고자와 가족 25명이 자살하거나 사망하는

---

1) 2013년 11월 수원지법은 회사가 제기한 100억 원 손해배상 소송에서 노조와 조합원이 47억 원을 배상하라고 판결했다.

시대적 비극이 시작되었으며, 노조는 해고자를 중심으로 긴 투쟁에 돌입하게 된다.

그해 가을 철도노조 파업에 대한 탄압은 법을 이용한 노동 탄압의 진면목을 보여주었다. 그 핵심은 파업을 유도해 합법 파업이 일어나자 이를 불법으로 내몰아 가혹하게 탄압한 것이었다. 철도공사 인사노무실의 자료에 따르면, 국가와 자본은 "단체협약 해지로 노조를 압박하고 조기 파업을 유도해... (불법 파업으로) 몰아 노조를 궁지에 처하게" 하는 공작을 폈다. 이런 시나리오에 따라 파업 직후 대규모의 직위 해제 발령, 파업 조합원과 가족에 대한 조직적인 압박과 강요, 158명 해고와 만 명이 넘는 유례없는 보복성 징계, 천문학적 손해배상 청구 소송[2] 및 고소 고발, 간부를 동원한 조직적 노조 탈퇴 공작, 업무 방해 혐의 등 합법 파업을 불법 파업으로 매도하는 대규모 홍보 선전, 청와대·검찰·경찰·국정원과의 조직적인 협력 등의 과정을 거치면서 국가는 엄청난 불법 폭력을 행사했다. 그러나 이 모든 것은 민주국가의 정당한 법 집행, 곧 법치法治일 뿐이었다.

한편, 이명박 정부는 이와 같은 파업 진압을 진행하면서도 노동 통제의 측면에서 더 효과가 큰 노동법 개악을 시도했다. 2009년 하반기에 진행된 전임자 임금 지급 금지와 복수 노조 창구 단일화의 노동법 개정이 그것이다. 이 둘은 민주 정부 시기에 국가에 의해 발의되었으나 노동 측의 반대로 유예된 사안이었다.

---

2) 2009년 철도공사는 노동조합에 대해 87억 원, 조합원 223명에 대해 최대 87억 원, 최소 6억 원의 손해배상을 청구했다. 한편, 2013년 파업에 대해서 사용자는 2014년 1월 현재까지 조합원 186명에게 77억 원의 손해배상을 청구한 상태다.

2010년 상반기에 시행된 전임자 임금 지급 금지는 노조의 조직력을 대폭 위축시켰고 사업장 내 노사 관계의 주도권이 사용자에게 넘어가도록 만들었다. 전임자 임금 문제는 이미 1987년 체제에서 자본과 국가가 노동 통제용으로 제시한 법 조항이었으나, 그동안 노조의 반대로 제도화되지 못했던 사안이었다.

또 2011년부터 시행된 복수 노조 창구 단일화는 사용자 주도의 제2노조, 곧 어용 노조를 합법화하되 민주 노조의 산별 노조 전환을 제어하는 매우 중요한 통제 장치였다. 복수 노조 허용은 1987년 이후 오랫동안 노동계가 요구했던 노동 개혁 사안이었지만, 교섭 창구 단일화를 강제함으로써 거꾸로 강력한 노동 통제 수단이 되고 말았다.

이 두 가지 노동법 개악 조항은 노동 문제에서 법의 가능성과 한계를 보여 준다. 동일한 법도 세력 관계의 배치에 따라 개혁 사안이 되기도 하고 개악 사안이 되기도 한다. 그리고 세력 관계에 따라 노동계에 불리한 통제 수단이 흔히 정당한 법 조항으로 도입될 수 있다는 점이다. 요컨대 법은 '양날의 칼'과 같은 특성이 있다.

법을 매개로 한 또 하나의 중요한 노동기본권 탄압 사례는 10만 조합원의 공무원노조를 법외 노조로 만든 일이다. 2009년 9월 노무현 정부 시기 분열된 공무원노조들이 통합 노조를 설립하고 민주노총 가입을 결정했다. 이에 대해 이명박 정부는 수십 명의 해고자 조합원을 빌미로 '노조 아님'을 통보했다. 노동법을 극도로 협소하게 해석하여 행정명령으로 강제한 것이었다. 이런 조치는 노동기본권을 보장하는 민주국가에서는 도저히 상상할 수 없는 단결권 침해였다.

한편 법이 항상 국가와 자본에 유리한 것만은 아니다. 현대자동차 사내 하청 노동자에 대한 법원의 불법 파견 판정은 그 하나의 사례가 된다. 2004년 현대자동차 사내 하청 비정규 노동자의 문제 제기로 시작된 법적 소송은 2010년 대법원의 최종 판결로 불법으로 확정되었다. 그 결과 국가와 자본은 판결 결과를 후속 조치로 이행해야 하는 부담을 안게 되었다. 그러나 지금까지도 국가와 자본은 궤변과 왜곡된 법 해석을 내세우며 조치를 거부하고 있다. 또 판결 결과를 이행하라는 비정규 노동자들의 정당한 요구를 가혹하게 탄압하고 있다.[3]

또 다른 사례는 대법원의 통상 임금 확대 판결이다. 2012년 대법원은 고정 상여금이 통상 임금에 포함된다는 판결을 내렸고 이는 일파만파의 파문을 불러왔다. 그것은 자본에 최소 10조 원 이상의 임금 비용을 발생시킬 수 있기 때문이었다. 이 문제에 대한 해결은 박근혜 정부에 넘어갔으나 법원이 때로 노동자에게 유리한 판결을 내린다는 것을 보여준 중요한 사례다.

마지막으로 국가와 자본이 의도한다고 해서 모든 노동 통제 법률 조항이 도입될 수 있는 것은 아님을 보여준 사례도 있었다. 2009년 중반 쌍용차 파업을 진압한 이명박 정부는 그 여세를 몰아 비정규 노동자 100만 대란설을 유포했다. 그 목표는 비정규 노동자의 정규직 전환을 막기 위한

---

3) 대법원 판결 이후 현대자동차 비정규 노동자들은 파업, 송전탑 고공 농성, 희망버스 연대와 거리 시위 등 투쟁을 계속하고 있다. 이에 대해 국가와 자본은 구속과 인신 억압, 해고, 징계, 손해배상 소송 등 갖가지 통제 수단을 동원하여 탄압했다. 이들에게 청구된 손해배상 금액은 모두 234억 원이며, 최근까지 법원은 그중 130억 원을 배상하라고 판결했다.

노동법 개악이었다. 그러나 왜곡된 통계 수치와 노골적인 의도로 말미암아 이 시도는 노동계는 물론 여론의 강력한 반발에 부딪혔다. 결국, 국회의석을 다수 장악하고 있었음에도 불구하고 이명박 정부는 노동법 개악시도를 철회하지 않을 수 없었다.

● 박근혜 정부의 노동 통제

두 번째 수구적 보수 정부인 박근혜 정부의 임기는 이제 1년을 지났다. 따라서 정책을 평가하고 분석하기에는 충분하지 않을 수도 있다. 그렇지만 박근혜 정부의 경우 1년의 짧은 기간에도 불구하고 노동 통제 전략의 전모를 뚜렷이 드러낸 것으로 평가할 수 있다.

먼저 대통령 선거 공약과 그것의 이행과 관련된 노동 통제 문제를 살펴보자. 박근혜 후보는 선거 과정에서 노동 문제와 관련해 중요한 두 가지 사항을 약속했다. 그것은 쌍용차 국정조사와 공무원노조 합법화였다. 그러나 박 후보는 집권 이후 곧바로 이를 파기했는데 여기에는 어떤 설명이나 이유도 없었다. 특히 공무원노조의 경우 노동부와 실무 접촉이 마무리된 상황에서 청와대가 이를 거부한 것으로 알려져 더 충격을 주었다. 이는 박근혜 정권 노동 배제 전략의 단초를 명료하게 드러낸 일이었다.

다음으로 2013년 7월 SJM 노조원들에 대한 용역업체 컨택터스의 무자비한 폭력 사태가 알려져 여론의 지탄을 받았다. 용역 폭력은 쌍용차, 현대차 비정규직 쟁의 등 과거에도 대부분 쟁의 사업장에서 문제가 되었으나 처음으로 여론의 질타를 받은 터였다. 당시 문제가 되고 있던 사업장만 해도 유성기업, 코오롱, KEC, 국민체육진흥공단, 한국3M, JW(중외제약)지회 등 열 개를 넘는 상황이었다. 문제는 이런 민간 기업의 불법적 폭력 행사를 정부가 묵인했을 뿐만 아니라 심지어 체계적으로 조장하거나 협력한 정황이 다수 드러났다는 데 있었다. 여론과 국회의 질타 속에서도 박근혜 정부는 문제를 은폐하거나 축소하는 데에만 급급했고 사태를 해결하거나 개혁하려는 어떤 노력도 보여주지 않았다.

셋째, 박근혜 정부는 대대적인 정치 공작과 여론 조작을 통해 통합진보당을 탄압했다. 정당의 간부를 형법상 내란 음모와 국가보안법 위반으로 구속했고 정당에 대해서는 해산 명령을 내렸다. 통합진보당에 다수의 노동자가 참여하고 있다는 점에서 곧 노동 탄압이라 할 수 있었다. 또 민주화 이후 한 번도 등장하지 않았던 내란 음모 법 조항, 그리고 반민주 악법의 상징인 국가보안법이 동원된 점에서 법률을 동원한 노동 통제의 주요 사례였다. 현재까지 박근혜 정부는 상당한 정도의 정치적 성과를 얻었다. 그러나 법원의 최종 판결이 국가와 자본에 유리할지는 알 수 없는 일일 것이다.

넷째, 전교조에 대한 법외 노조 탄압이 다시 시작되었다. 전교조 법외 노조 공작은 공무원노조와 함께 이명박 정부에서 시작된 일이었다. 10년이 넘는 기간 동안 활동해 온 6만 명의 합법 노조가 갑자기 불법 조직으로 내몰린 심각한 기본권 억압이었다. ILO, OECD 등 국제기구들과 시민사회의 강력한 항의와 저항에도 불구하고 정부는 행정 명령을 강행했다. 다만 가처분 신청이 법원에 의해 받아들여져 본안 소송 결과가 나올 때까지는 전교조는 합법 노조 지위를 유지할 수 있게 되었다.

다섯째, 통상 임금과 관련된 대법원 판결에 대한 정책적 시도가 계속되었다. 놀랍게도 박근혜 대통령은 미국에서 GM 사용자에게 통상 임금 문제 해결을 약속했다. 대법원 판결에도 불구하고 대자본의 이해를 관철해 줄 수 있다는 약속이었다. 이후 2013년 통상 임금 범위, 조건에서 사용자에게 유리한 두 번째 판결이 나온 후 노동부는 이보다 더 후퇴한 해석 지침을 발표했다. 결국, 2012년 대법원 판결 결과는 한편에서 2013년 대법원의 '정치적 재판결'로 후퇴했고 다시 이마저 행정부처에 의해 무력화되는 상황이 되었다. 이는 법률적 판단이 국가에 의해 어떻게 왜곡되고 조작될 수 있는가를 잘 보여준 사례였다.

여섯째, 현대자동차 불법 파견 문제에 대해 박근혜 정부는 법원의 판결을 수용하는 것이 아니라 거꾸로 새 법을 제정하여 불법 파견을 정상화하려 시도하고 있다. 정부가 입법을 추진하고 있는 '사내하도급법'이 바로 그것이다. 제조업에 파견 노동을 금지하는 현행 파견법의 파견 허용 범위를 확대하려 끈질기게 시도하더니 이제는 더 나아가 불법 파견을 합법화하겠다는 것이다. 이는 자본 요구에 따라 노골적으로 비정규 노동 이용을 합법화하고 확대하려는 것이다.

마지막으로 철도노동조합 파업 진압과 민주노총 침탈 사태는 박근혜 정부의 노동 배제 전략의 강도와 내용을 단적으로 보여준 사례였다. 이명박 정부의 철도 파업 진압 사례를 답습하고자 했던 정부의 시도는 '민영화'에 대한 반대 여론의 확산, 민주노총과 철도노조의 조직적 투쟁에 막혀 대체로 실패한 것으로 판단된다. 그러나 정부에 의한 일방적 불법 파업 규정과 파업 진압, 대규모 홍보 선전과 파업 노동자 사법 처리와 징계

등에서 그것은 이명박 정부의 파업 진압과 결코 다르지 않았다. 곧 법률을 매개로 한 합법적인 노동 탄압의 양상이 되풀이된 것으로 볼 수 있다.

요약하자면 박근혜 정부의 노동 정책은 이명박 정부의 그것과 대동소이한 노동 배제 전략이다. 대체로 '민주 정부'의 합법적 법 집행이라는 이름으로 노동쟁의를 가혹하게 탄압하는 일은 되풀이되었다. 또 노동계에 유리한 법적 사안이나 판결은 무시되거나 왜곡되어 집행되었으며, 자본에 유리한 판결은 확대 해석되고 무리하게 적용되었다. 다만 전교조가 제기한 가처분 신청에서 보듯이 법원이 항상 국가와 자본에 유리한 결정을 내리는 것만은 아니라는 점도 다시 확인할 수 있었다.

● 이명박, 박근혜 수구 정권의 노동 정책 : 약간의 분석과 평가

이명박, 박근혜 두 수구 정권의 노동 통제는 모두 자유민주주의 국가의 정당한 법 집행이라는 명분과 절차로 진행된 가혹한 노동 탄압이었다. 여기에는 합법적 국가기구인 법 제도와 사법기관이 핵심적인 역할을 수행했다. 두 정부에서 공표한 정책안에서 그것은 모두 법치주의라는 이름으로 규정되어 있었다. 그것은 대체로 노동을 탄압하고 배제하는 수단이었지만 때때로 노동자와 노동 운동에 유리한 결과를 가져오기도 했다.

이 문제를 좀 더 심층적으로 이해하기 위해서는 두 정권의 노동 정책 전반을 파악할 필요가 있다. 두 수구 정권의 노동 정책은 크게 노동시장 영역에서의 노동시장 유연화와 노사 관계 영역에서의 법치주의라는 두 개의 정책으로 결합되어 있었다. 전자에는 '100만 대란설 논란'에서 보았

듯이 '비정규 노동 사용 확대'나 '정리 해고 요건 완화', '기업 구조 조정', 그리고 박근혜 정부의 '시간제 노동 확대'를 통한 고용률 70% 달성이 핵심적인 내용으로 포함되었다. 그리고 후자는 '법과 원칙의 엄격한 적용', '사업장에서의 불법 행위 근절'을 의미하는 것이었다.

중요한 것은 이 두 개의 정책 영역이 서로를 보완한다는 점이다. 즉, 비정규직 확대나 해고의 자유 확대라는 노동 유연화 정책은 노사 관계 정책에 의해 보완되어야 한다. 노동 유연화는 필연적으로 노동자들 간에 경쟁을 심화시키고 그들의 임금과 노동조건을 하락하도록 만든다. 노동자들이 이런 변화에 대해 저항하고 투쟁하는 것은 필연적인 일이다. 우리 사회에서 그것은 노동자들의 자살이라는 극단적인 형태로 나타나고 있기도 하다. 따라서 노동자의 저항을 제어하고 통제하기 위해서는 '법치주의'가 반드시 요구된다고 할 수 있다.[4]

두 수구 정권의 노동시장 유연화와 법치주의의 뿌리는 서구의 신자유주의 노동 정책이었다. 그것은 1980년대 영국 대처Thatcher 정부와 미국 레이건Reagan 정부의 노동 정책을 수입해 모방한bench marking 것이었다. 앞서 본 손해배상 청구 소송이나 업무 방해를 적용한 불법 파업 규정injunction과 파업 진압, 그리고 형법criminal law을 사용한 노동 탄압, 노동

---

4) 두 수구 정권의 노동 정책에서 사족(蛇足)처럼 달린 '사회적 대타협'이나 '노사정위원회 활성화' 등의 정책 사안도 바로 이 지점과 연관되어 있다. 앞서 보았듯이 두 수구 정권은 노동계와 어떤 타협이나 합의도 원치 않는 것으로 보인다. 그렇다면 민주 정부에서 시작된 노사정위원회 조직이나 사회적 합의의 이념은 폐기하는 것이 합당할 것이다. 그러나 그 조직과 이념은 껍데기만 남은 채 살아남았다. 아마도 '법치주의'의 외피만으로는 자신의 '노동배제전략'을 정당화하기에 많이 부족하다는 것을 인정하기 때문이거나 스스로 인식하지도 못한 채 드러낸 자기기만일 개연성이 크다.

통제를 위한 노동법 개악 등은 모두 영국 대처 정부의 정책을 답습한 것
이라 할 수 있다.

신자유주의 사회와 법치주의 : 보편성과 특수성

한국에서 '법과 원칙'으로 통용되는 법치주의의 역사적 근원은 대처 정부
의 '법과 질서law and order'다. 사회민주주의 노동당과 노동조합의 정치적
실패로 1979년 집권한 보수당 대처 정부는 잘 준비된 신자유주의 정부였
다. 영국 경제 위기가 과도한 국가 개입과 복지, 시장 원리 왜곡, 노동조합
의 불법과 이기주의 때문이라고 주장했던 보수당은 70년대 집권 노동당,
노동조합총연맹TUC의 정치적 과오를 발판으로 선거에서 승리했다. 이들
은 곧바로 노동조합에 대한 통제를 강화했는데 그 구호가 '법과 질서'였다.

　당시 1980년대 전반에 걸쳐 영국 보수 정부가 도입한 법적 통제 장치
들은 매우 포괄적이었다. 주요 법적 통제 장치들을 보면, 1980년, 1982
년, 1988년, 1990년의 고용법 개정, 1984년 노동조합법 개정 등이 있다.
법률 제정과 개정을 통해 영국은 노조 활동을 크게 제한했고(노조 선거 비
밀투표-우편투표제도 강제, 클로즈드숍 금지 등), 쟁의를 제도적으로 봉쇄
할 수 있었다(파업 찬반 투표 의무화, 냉각 기간 도입 및 확대, 이차 피케팅 금
지, 정치파업 금지). 또 쟁의에 대한 처벌 과정에서 경찰력 투입을 통한 국
가 폭력 행사, 형법을 통한 억압과 노동 통제가 일상화, 제도화되었다. 노
조 파업에 대한 가혹한 억압과 처벌의 전환점은 1984년 탄광노조 파업을
진압한 것이었다. 석탄 산업 구조 조정에 반대하는 탄광 노동자들은 1년

이 넘는 장기 파업으로 저항했지만, 최종적으로 패배하고 말았다.

법치주의라는 법적 노동 통제의 비밀은 '신자유주의 노동 체제'에 있다. 즉, 국가와 자본이 법적 통제를 강화하지 않을 수 없었던 구조적 배경에 신자유주의 축적 체제, 곧 노동시장 유연화가 있었다는 뜻이다. 노동시장 유연화의 필연적 결과는 대규모 정리 해고와 노동조건 악화, 비정규직—실업 노동자의 증가, 빈부 격차 확대, 복지 축소였다. 따라서 신자유주의 방식의 축적 체제에서 일차 피해자는 노동계급일 수밖에 없었으며, 이들의 정치적·사회적 저항을 봉쇄하는 것이 긴요했다. 결국, 1970년대 중반부터 확산되었던 '시장 경쟁 제일주의', '노동 유연화'의 이데올로기와 더불어 법적인 노동 통제는 국가와 자본의 입장에서 신자유주의 영국 사회를 실현하는 관건적 요소였던 셈이다.

신자유주의 30년이 지난 현재, 영국은 전후 30년간 유지되던 복지국가가 완전히 해체되었고 노동 빈곤—고용 불안이 크게 늘어났으며 사회적 양극화도 유럽 최고 수준으로 확대되었다. 또 1979년 55%에 이르던 노동조합 조직률은 급속히 약화되어 25%로 급락했고 노동당 자체가 신자유주의 정당으로 탈바꿈했다. 현재 영국은 미국과 더불어 첨단 신자유주의 국가가 되었다.

1980년대 영국과 미국 레이건 정부의 사례는 대동소이했고 세계적 수준의 경제 위기와 더불어 서구 신자유주의의 기본 모델로 부상했다. 이후 노동시장 유연화, 법적 노동 통제 강화는 거의 모든 서구 사회에 전파되었고, 1990년대부터는 제3세계에도 광범하게 이식된다. 한국의 경우 1997년 IMF 외환 위기를 계기로 매우 단기간에 신자유주의 사회로 전환했다. 주지하듯이 김대중, 노무현 정부는 그 실행자였다. 그러므로 '법과 원칙'이 한국 국가와 자본의 보편적 이데올로기, 정책 기조가 된 것은 김대중 정부 이후였다고 할 수 있다.

다만 제3세계에서 신자유주의 법치주의는 서구의 것과 구별될 필요가 있다. 결정적인 차이는 각 사회의 역사적 경험에서 기인한다. 서구의 경우 신자유주의는 사민주의 복지국가에서 노동계급이 확보했던 여러 가지 사회적 권리가 축소되는 과정이었다. 따라서 노동자들의 소득−복지 감소, 고용 불안 확대, 빈부 격차 확대 효과는 상대적으로 제한적이었다. 비유하자면 '부자가 망해도 3대는 간다'는 것이다.

그러나 대부분의 제3세계 사회는 복지국가가 아니라 군부독재 치하에서 장기간 극도의 경제적 빈곤에 시달렸다가 곧바로 신자유주의 사회로 전환했다. 1980년대 민주화 이행기의 짧은 시기에 서구와 같은 노동 복지 사회를 만들 수는 없었던 것이다. 결국, 제3세계에서 신자유주의는 이전까지 무권리 상태의 정치적 억압과 사회경제적 배제 속에서 고통받던 노동자들이 다시 신자유주의 시장 원리, 법치주의로 배제되고 억압받는 결과를 초래했다. 그러므로 동일한 신자유주의 체제라 할지라도 제3세계 사회는 서구에 비해 노동 배제와 억압의 정도와 강도가 크게 다르다. 그 대표적인 사례가 바로 한국이다.

한국의 경우 : 종속적 신자유주의 사회의 법치주의

한국의 신자유주의는 대체로 1994년 말 김영삼 정부의 '세계화 선언' 이후 본격화되었다. 그것은 임기 내 OECD 가입이라는 정략적 목적으로 급속히 추진되었다. 금융시장 개방과 노동시장 유연화 등이 주요 내용이다. 다만 서구와 달리 한국에서는 신자유주의 노동 정책, 곧 노동 유연화와 노동 탄압을 제도화하기 쉽지 않았다. 한국에서는 군부독재 이래 노동기본권이 여전히 제약되어 있었고, 노동에 대해서는 유연화보다 노동 개혁이 더 시급했기 때문이다. 또 1997년 민주 노조들의 겨울 총파업에서 나타났듯이 상승 국면의 노동 운동이 국가의 정책에 강하게 저항한 때문이기도 했다.

그러나 1997년 말 도래한 외환 위기 사태로 상황은 급진전되었다. 1998년 이후 김대중 정부는 정리 해고 제도, 파견 노동자 제도, 비정규 노동 이용 확대 등 신자유주의 노동 유연화 조치를 급속하게 도입했다. 이후 노무현 정부까지 10년 동안 한국 사회는 신자유주의 사회로 완전히 재편되었다. 또 두 민주 정부에서 '법과 원칙'의 법치주의는 노동 통제에서 핵심적인 정책 수단으로 자리 잡았다. 다만 민주 정부 시기에는 노동 민주화 및 노동법 개정이라는 개혁 의제와 신자유주의 노동 유연화 및 법치주의가 공존하는 특징을 갖고 있었다.

2008년 수구적 보수 정권 이명박 정부가 출범하자 상황은 다시 바뀌었다. 노동 정치에서 노동 개혁 의제는 사라지고 노동 유연화, 법치주의가 노동 정책의 유일한 목표로 설정된 것이다. 앞서 보았듯이 박근혜 정부에서도 그 기조는 전혀 바뀌지 않고 있다.

한국에서 법치주의의 특수성은 두 가지 기원을 가진다. 첫째, 반공 분단 체제에 그 기원을 둔 법적 노동 통제 장치가 여전히 작동하고 있는 점이다. 과거 군부 독재하에서 반공 이데올로기, 반북 이데올로기는 노동 통제에서도 무소불위의 힘을 발휘했다. 법 제도의 수준에서 이를 상징하는 법률은 국가보안법이었다. 그 밖에도 형법이나 기타 법률을 매개로 이루어지는 노동자에 대한 가혹한 법적 처벌도 그러하다. 1987년 민주화 이후 특히 1998년 민주 정부 수립 이래 반공 이데올로기를 동원한 노동 통제는 크게 약화되었던 것이 사실이다. 그러나 이명박 정부 이래 수구적 보수 정권에서 과거의 질곡은 다시 강화되고 있다. 2012년 박근혜 정부의 통합진보당 탄압 사례는 이를 뚜렷이 보여준다.

둘째, 앞 절에서 논의한 바와 같이 한국 사회는 서구 사민주의 사회의 정치적 사회적 노동 포섭이나 복지국가를 경험하지 못했다. 그런 조건에서 급속히 닥친 신자유주의는 설상가상의 효과를 만들었다. 즉, 서구보다 가혹한 노동 배제나 노동 억압이 신자유주의 이데올로기에 기초해서 손쉽게 제도화된 것이다. 예컨대 서구 노동자와 비교할 때 한국의 비정규 노동자가 임금 노동조건의 측면에서 크게 열악한 것도 그 때문이다. 또 노동기본권이 아직 제도화되지 못한 조건에서 신자유주의 법적 통제도 더욱 가혹하게 진행될 수밖에 없었다. 한국에서 천문학적 손해배상 판결에 절망한 비정규직 노동자가 자살하는 사태가 속출하는 것, 서구와 달리 공무원-교원노조가 손쉽게 불법으로 내몰리는 것 모두 이와 관련되어 있다.

여기서 주목해야 할 점은 민주 정부 이래 이명박, 박근혜 정부까지 한국에서 국가와 자본의 법적 노동 통제가 강력한 정당성을 발휘하고 있는 현실이다. 여러 차례 되풀이되었던 철도노조 파업이 대표적 사례. 구조조정에 반대하는 파업은 목적상 불법 파업이라는 정부와 법원의 주장은 국민들에 의해 쉽게 수용되어 파업을 합법적으로 파괴하는 근거로 사용되었다. 또 상식적으로 이해하기 힘든 손해배상 청구도 법률상 정당한 것으로 쉽게 받아들여지고 있다. 2012년 말 '태어나 듣지도 보지도 못한 돈 158억'이라며 절규한 한진중공업 최강서 열사의 죽음 앞에서도 '손해배상 청구 소송'의 위력은 요지부동이다.

헌법상 권리인 파업권을 무력화하는 이런 법적 통제가 가능한 것은 지난 25년간의 민주화가 초래한 예상치 못한 효과 때문이다. 즉, 민주 사회에서 합법적으로 만들어진 법률 및 사법기관의 판단은 정당성을 가진다는 '민주화 이행의 이데올로기적 효과'가 법적 노동 통제의 효력을 뒷받침하고 있기 때문이다. 대부분의 경우 시민들은 노동계의 법률 해석보다는 국가와 자본, 사법기관이 주장하는 법률 해석에 긍정적인 태도를 보인다. 예컨대 파업권과 이른바 '경영권'이 충돌할 경우 시민들은 '민주' 정부와 사법기관의 '권위 있는' 해석을 수용했다. 이처럼 '내 경제적 삶의 미래를 노동조합보다는 재벌 회사에 걸고' 있는 사회 여론의 흐름을 자본의 '헤게모니hegemony'라고 부를 수 있다. 여론의 향배에 따라 노동자들의 주장은 무리한 떼쓰기나 집단이기주의적 행태로 이해되었고 법원에 의해 불법으로 판정되었다. 결과적으로 정부와 자본이 행사하는 각종 반민주적 법적 통제, 기본권과 생존권 억압조차도 한국 사회에서는 정당한 법 집행으로 이해되는 이상한 일이 계속되고 있는 것이다.

여기서 우리는 자유민주주의 사회에서 법치주의가 어떤 사회학적 의미가 있는지에 대해 더욱 진전된 논의를 할 필요가 있다. 그것은 법률, 법치주의에 대한 대중의 상식적 판단을 넘어서는 비판적 시가을 요구하는 일이 아닐 수 없다.

자본주의 사회와 '법치주의' : 사회학적 비판

우리가 모두 경험했듯이 민주화 과정에서 한국 사회는 법적 정의가 지배하는 '자유민주주의'를 꿈꾸었다. 그러나 민주화 이후, 특히 민주 정부 이후 한국 사회에서 노동자가 경험한 법은 그 꿈과 거리가 멀었다. 한때 노동기본권과 생존권을 지켜줄 것으로 생각했던 그 법 때문에 노동자들이 고통받고 있는 이 현실은 법 자체를 설명해야 할 필요성을 제기한다.

자본주의 사회, 그중에서도 자유민주주의 사회에서 법은 결코 계급 중립적인 도구가 아니라는 점을 먼저 지적해 두자. 모두가 알고 있는 사실이지만, 법은 노동자와 자본가를 평등하게 대우하지 않는다. 특히 신자유주의 법치주의에서 일상적으로 경험하는 현실은 법이 중립적이고 시민을 보호하는 민주주의의 기본 제도라는 상식적인 신념과 크게 배치된다. 이는 더 자세히 설명할 필요가 있다.

자본주의 사회의 법치주의에서 작동하는 법은 예외 없이 계급 편향적이다. 신자유주의 사회란 그 편향성의 정도가 조금 더할 뿐이다. 예컨대 현대자동차 불법 파견 대법원 판결과 비정규노동자 손해배상 판결의 결과 및 그 처리 과정을 한 번만 비교해 보면 쉽게 알 수 있다.[5] 자본주의 사회에서 법이 계급 편향성을 만들어내는 기제는 다음과 같이 다양하다.

---

5) 민주노총에 따르면, 지금까지 한국에서 노동조합과 노동자에게 청구된 손해배상 청구 소송의 전체 금액은 4,500억 원을 넘으며 이 때문에 수십 명이 자살했다고 한다. 용역 테러를 자행하고 불법 파견으로 떼돈을 번 재벌들이 받은 처벌과 비교해 보면 사법 판결의 편향성은 너무도 뚜렷하다.

첫째, 법치주의란 법으로만 규율한다는 원리다. 따라서 법적 규율이 없는 경우는 무규율 자체가 노동에 대한 억압으로 작용한다. 법으로 규정되지 않은 사회관계는 자본의 전횡, 시장 경쟁의 아수라에 맡겨지는 것을 말하기 때문이다. 예컨대 과거 비정규법이 없었을 때 비정규 노동자들은 아무런 법적 보호를 받지 못했다. 또 현재도 특수 고용 비정규 노동자들은 노동자로 취급되지도 않을 뿐만 아니라 법적인 보호를 거의 받지 못하고 있는 실정이다.

둘째, 법은 해석의 여지를 많이 가져 불완전하다는 특징이 있다. 법적으로 다투는 쌍방은 법 해석을 자신에게 유리하게 만들기 위해 법정에서 다툰다. 이 경우 유리한 쪽은 엄청난 물적·인적 자원을 가진 자본과 그 자본의 국가라는 점은 명약관화하다. 직접적인 소송 비용 외에도 이들은 공적·사적·법적 기구, 행정부 등 전문적 관료 기구, 각종 연구 기관, 사회적 네트워크를 동원해 자신에게 유리한 법적 해석을 유도하고자 항상 노력한다. 예컨대 법무부와 관련 정부 연구 기관, 노동부와 노동연구원, 전경련 부설 연구소 및 각종 재벌 연구소 등에 투입되는 인력과 자원을 상상해 보라. 모든 자본주의 사회에서 경찰, 검찰, 법원 등 사법 기구는 그들이 물질적으로 의존하는 자본에 유리하게 편향적으로 해석하는 경향이 있다는 사회학적 비판은 한국에서 더없이 타당하다.[6]

---

6) 대표적인 사례로 최근의 '통상 임금 범위 문제'를 둘러싼 국가 자본과 노동 사이의 공방을 들 수 있다. 2012년 대법원은 기존 판례에 따라 합리적인 판결을 내렸지만, 곧 국가와 자본의 압력에 밀려 2013년 말 스스로 판단을 뒤집는 꼼수 판결, 정치 판결을 내렸다. 그러나 전경련과 노동부는 이마저도 다시 왜곡하는 이상한 논리를 개발했고 자본의 이익을 방어하기 위해 모든 수단을 동원하고 있다.

셋째, 자본주의 법체계는 노동계급에 불리하게 형성돼 있다. 즉, 민법의 원리와 상이한 노동법의 영향력은 전체 법 체제 내에서 그 효력이 매우 제한적이다. 민법과 형법을 비롯해 대부분의 법률은 대등한 개인들 간의 사적 거래나 사회관계를 상정하고 있다. 이에 반해 노동법은 원초적으로 노동자가 사회 구조적으로 불리한 약자라는 사실을 기초로 한 법률이다. 따라서 노동법이 아닌 다른 법률이 적용될 경우 노동자들의 권익은 보호받을 수 없다. 신자유주의 법치주의에서 민법과 형법의 법률 조항들이 노동기본권을 무력화하고 노동 통제를 위한 강력한 수단으로 사용되는 것도 법체계의 편향성을 반영한다. 예컨대 우리 사회에서 형법상의 업무 방해죄나 민법의 손해배상 소송은 대표적 실례일 것이다. 형사적으로 인신을 구속하거나 쟁의행위에 엄청난 경제적 부담을 안김으로써 실질적으로 노동자들의 단체행동권, 파업권을 부정하는 법률들의 파괴력은 우리가 보는 바와 같이 엄청나다.

넷째, 자유민주주의 체제에서 법적 과정은 그 복잡성과 장기적 시간 소요로 말미암아 자본에 매우 유리하게 작용하고 있다. 국가와 자본은 심리 과정에서 최고의 전문가들을 돈과 권력으로 동원할 수 있지만 노동은 그렇지 못하다. 또 노동위원회 2심, 법원 3심의 과정은 큰 비용과 시간을 소모하는데, 대부분의 노동자는 생계 부담으로 이를 지속하기 어렵다. 반면에 자본은 돈과 시간을 무한정 재판에 투입할 수 있다. 예를 들어 현대자동차 불법 파견 문제는 2004년 노동부의 불법 파견 판정 이후에도 법원의 최종 판결까지 6년 이상의 시간이 필요했음을 상기할 필요가 있다.

다섯째, 법적 판결의 결과를 이행하는 데서도 편향성이 작용한다. 노동자에 대한 처벌이나 행정 집행은 매우 신속하게 이루어지지만, 국가와 사용자에 불리한 판결은 그렇지 않다. 현대자동차 불법 파견 문제는 법원의 최종 판결 이후에도 거의 시정되거나 처벌받지 않았다. 노동부와 검찰, 행정부처는 수년간이나 '강 건너 불 보듯' 사태를 방치해 왔다. 이는 대법원의 통상 임금 판정에 대해서도 마찬가지다. 반면, 2013년 말 철도 노조 간부 체포를 이유로 한 민주노총 침탈에서 보듯이 노동자에 대한 사법적 처벌이나 손해배상 집행 등은 매우 신속하고 단호하게 진행된다.

여섯째, 대부분의 경우 국가는 법적 다툼 이전에 노동쟁의의 두 당사자를 불평등하게 대우한다. 경찰과 검찰 등 국가권력의 행사 자체가 근본적으로 자본 편향적으로 운용된다는 것이다. 2009년 쌍용차 파업 진압과 2013년 유성기업·JSM 등 용역 폭력 사례는 이런 부당한 법 집행이 극단적으로 나타난 것이다. 쌍용차 진압에서 나타났던 국가 폭력, 용역 폭력은 노동조합과 시민사회의 고발에도 불구하고 전혀 처벌받지 않았다. JSM의 경우 용역 업체 일부 사용자에 대해 솜방망이 처벌이 이루어졌고 폭력을 방관 묵인한 경찰, 정보기관은 전혀 처벌받지 않았다. 대체로 한국에서 경찰과 검찰, 그리고 행정기관은 사용자와 국가기관의 부당한 폭력은 묵인하는 반면 노동자는 사소한 폭력도 가혹하게 처벌했다.

마지막으로 당사자 이외의 사회적 환경도 자본에 매우 유리하게 구성되어 있어 법적 판결에 크게 영향을 미친다. 대표적으로 보수적인 제도 언론과 연구 기관 등이 그 과정에 개입한다. 보수 언론은 법원 판정 이전에 여론을 '조작하여' 먼저 판결한다. 그리고 재벌 연구소, 정부 연구소 등을 필두로 각종 연구 기관은 자본에 유리한 정책 자료들을 끊임없이 생산해 법적 판결에 상당한 영향을 미친다.

요컨대 법이 계급 편향적인 지배 수단이라는 점은 명백하다. 그러나 더 중요한 문제는 그렇다고 해서 법이 단순히 계급 지배의 도구만은 아니라는 점에 있다. 자본주의적 계급 지배에서 법의 보다 중요한 기능은 전체 사회질서 자체에 정당성과 안정성을 부여하는 일이다. 즉, 법은 노동을 규율하고 통제할 뿐만 아니라 자본 또한 통제하고 규율하는 이중적 성격을 가진다.

노동법의 노동 보호 장치들은 제한된 수준에서 노동을 보호하는 방식으로 자본 운동의 한계를 설정한다. 예컨대 근로기준법이 제시하는 근로기준은 자본이 넘을 수 없는 착취의 한계를 명료하게 표현하고 있다. 법이 제시하는 한계만큼 국가와 자본은 노동에 대해 물질적으로 양보하고 정치적으로 타협하는 것이다. 대부분의 노동법 조항들은 노동 통제에 이용되기도 하지만 그 자체가 과거 노동 운동의 요구 사항을 제도화한 것이며 노동 운동의 성과이기도 하다.[7] 반면, 법적 한계를 벗어나는 노동자와 노동 운동의 요구에 대해서 법은 합법적으로 정당한 처벌과 통제를 실행한다. 결국, 법치주의 노동 통제의 가장 큰 특징은 노동에 대한 통제 과정(또는 '보호 과정')에서 자본 지배의 합법적 정당성을 얻는 것에 있다.

민주 정부 이후 법치주의가 국가와 자본의 가장 중요한 통치 수단이 된 것은 이와 같은 자유민주주의 체제 법적 통제의 근본 성격 때문이었

---

7) 최근 사례 중 대표적인 것으로 '비정규노동자보호특별법'이나 '공무원노동조합특별법' 등을 생각해 볼 수 있다. 그것은 비정규 노동 운동과 공무원 노동 운동의 성과이자 한계를 표현한다. 동시에 국가와 자본의 양보, 타협 지점을 드러낸다.

다. 여기서 현재 수구적 보수 정권이 사용하는 법적 통제 수단의 성격은 과거 군부독재 시기나 1987년 체제의 법적 노동 억압과는 그 성격이 크게 다르다는 점을 강조해야 한다. 1987년 체제의 노동 통제에 동원된 법들은 그 정당성이 매우 취약했다. 그것은 대체로 군부독재로부터 연원한 것이기 때문이다. 그러나 이명박, 박근혜 정부가 사용하는 법적 수단들은 성격이 크게 다르다. 그 대부분이 민주 정부 10년의 기간 동안 노사정위원회에서 노동계의 동의 아래 노사가 합의하여 만든 민주적 법률이기 때문이다. 또 그 법을 행사하는 국가권력도 합법적으로 선출된 '민주' 정부이기 때문이다. 한국 사회에서 과거와 달리 법적 통제의 효력이 크게 강화된 것은 바로 이러한 사회적 환경의 변화 때문이라고 할 수 있다.

궁극적으로 법은 자본주의 사회에서 계급 세력 관계를 제도화한 것이다. 그것은 노동자계급이 가진 사회적 힘만큼 자본이 물질적으로 정치적으로 양보하고 있는 현실을 보여준다. 동시에 법은 자본의 계급 지배 수단이라는 성격을 가진다. 노자 간 세력 관계의 한도를 넘어서는 노동 대중의 요구에 대해서는 국가가 철저히 통제하고 억압한다는 선언인 것이다. 요컨대 근본적으로 '법은 양날의 칼'이다.

결론 : 민주 노조 운동의 대응과 반성

한국에서 신자유주의 법치주의는 20여 년 동안 무소불위의 힘을 발휘해 왔다. 그 결과 노동조합 조직률은 10%를 벗어나지 못하고 있으며 비정규직 노동자들에 대한 착취와 억압은 극에 달하고 있다. 또 한때 노동자들의 희망이었던 진보·노동 정당들은 정체성을 상실하고 시민들은 물론 노동자들의 지지마저 잃어버렸다. 이 모든 변화를 신자유주의 법치주의 탓으로 돌리는 것은 논리적으로 타당할지 모르나 실천적으로는 퇴행적 사고가 될 것이다.

문제는 법치주의에 대한 민주 노조 운동의 인식과 실천적 대응이다. 주지하듯이 민주 노조 운동은 악법 혹은 사악한 법 집행에 대해서는 '불법 투쟁을 불사하고 투쟁으로 법을 개정하는' 운동 전략을 오랫동안 실천해 왔다. 이는 1987년 체제의 이른바 '전투적 조합주의' 운동 노선의 핵심적 내용 중 하나로 정형화되기도 했다.

그런데 민주노총이 합법화되고 정치적 민주화와 노동 개혁이 진척된 민주 정부 이래 이런 운동의 기조는 크게 약화되었다. 많은 경우 민주 노조들은 '법에 의존하고 호소하는 방식'으로 노사 갈등을 해소하려는 방식으로 전환하고 있다. 총연맹과 주요 산별 노조에 법률원이 설립되고 그 활동의 중요성이 점점 더 커지고 있는 조직적 현실도 이를 반영한다. 또 법원의 판결 자체에 저항하고 투쟁하는 운동의 관행은 점차 약화되고 있다.

이런 변화는 우리 사회에서 정치적 민주화가 진전되고 법치주의 노동 통제가 강화됨에 따라 발생하는 피할 수 없는 적응 과정일 수도 있다. 그리고 그 변화만큼 법률적 대응도 중요하게 취급해야 할 것이다. 그러나 투쟁과 조직을 배제한 채 법원에서 소송에 치중하는 노동 운동은 필연적으로 패배하거나 체제에 포섭될 수밖에 없다. 앞서 본 바와 같이 자본주의 사회에서 법은 근본적으로 자본의 핵심 지배 수단이기 때문이다. 법원에서 승소하거나 개별 사안에서 유리한 판결을 받아낸다고 하더라도 투쟁과 조직의 결과가 아니라면 그것은 노동의 패배가 될 수밖에 없다. '전투에서 승리하고 전쟁에서 패배하는 어리석음'을 낳을 수 있는 것이다.

법은 노동 자본의 세력 관계가 물질화, 제도화된 것이다. 따라서 그것은 사태의 결과이지 원인일 수 없으며 행위의 수단일 뿐 목적이 아니다. 자본에게 법이 계급 지배의 수단인 것처럼 노동에게도 그것은 계급투쟁의 수단일 뿐이며 결코 목적이 될 수 없다.

지금 민주 노조 운동에서 법원의 판결이 조합원은 물론 간부에게 하나의 성역聖域이 되어 가고 있는가? 물론 아직은 아닐 것이다. 특히 2013년 철도 파업과 민주노총 침탈사태에서 나타난 바와 같이 민주 노조 운동은 여전히 법적 한계를 넘나들며 투쟁하고 있다. 또 수구적 보수 정권과 보수적 사법기관의 기만적 법 운용이 노동 운동의 체제 내 포섭을 당분간 어렵게 만들 것이다. 그렇지만 신자유주의 법치주의의 효력이 점점 더 거세지고 있는 것도 사실이다. 이 문제에 관한 명확한 비판적 인식을 공유하고 치밀한 전략적 대응을 서두르지 않으면 미래는 불투명해질 수밖에 없다.

참고 문헌

- 노중기, "한국 노동정치와 국가프로젝트: 이명박 정부 노동통제전략에 대한 해석", 〈산업노동연구〉 16권 2호, 한국산업노동학회, 2010.
- 노중기, 《한국의 노동체제와 사회적 합의》, 후마니타스, 2008.

- 노중기, "노무현 정부의 노동정책: 평가와 전망", 〈산업노동연구〉 12권 2호, 한국산업노동학회, 2006.
- 풀란차스, 박병영 옮김, 《국가, 권력, 사회주의》, 백의, 1994.
- 손호철, "민주주의와 신자유주의 사이에서", 〈기억과 전망〉 22호(여름호), 민주화운동기념사업회, 2010.
- 박주민, 〈공권력에 의한 탄압의 사례와 그 의미〉, 박근혜 정권의 공안탄압 대응방향 토론회(2013.10.11), 2013.
- 권영숙, 〈법질서와 노동통제〉, 법질서·안전사회 담론과 박근혜 정부: 학술단체협의회 연합심포지움(2013.10.25), 2013.
- 김태현, 〈OECD 특별감시과정 종료 이후 악화된 노동기본권〉, 노동기본권 보장이 민주주의다: 민주노총 노동기본권 탄압토론회(2010.4.16), 2010.
- 철도파업 진상조사단, 〈철도파업 노조탄압 인권탄압 진상조사 보고서(2010.2.9)〉, 2010.

'질서'라는 이름의 교육 통제

김달효(동아대 · 교육학)

질서라는 개념은 상대적, 역사적, 정치적, 사회적 맥락의 산물이다. 즉, 질서는 절대적인 것이 아니라 정치적 · 사회적 상황에 따라 변화했다. 구체적으로 질서는 지배 계층의 권한으로 규정됐고, 질서의 내용과 범위는 사회 구성원들의 의식 수준과 희생에 따라 다르게 결정됐다. 쉬운 예로, 조선 시대까지만 하더라도 모든 계층의 사람들에게 교육 기회를 보장해 주어야 한다는 의식은 넓게 형성되지 못했다. 그러한 제한된 의식이 당시의 질서였다. 또한, 질서라는 개념은 단지 침묵과 순응을 의미하는 것이 아니다. 만약 독재와 만행이 저질러지거나 사회정의가 없는 사회 속에서 사회 구성원들이 침묵하고 순응한다면, 그것은 죽은 질서이자 무질서한 것이다. 비록 질서라는 개념이 절대적인 것이 아닐지라도, 보편적인 준거 차원에서 볼 때, 인권, 민주주의, 평등, 협동, 다양성, 존엄성 등의 가치가 존중되는 것이 참다운 질서이고, 이러한 가치가 반영되도록 노력하는 것도 살아 있는 질서에 포함된다고 할 수 있다.

하지만 보수주의자들은 침묵과 순응의 죽은 질서를 지향해 왔고, 통제를 강화할수록 질서가 유지되는 것이라고 주장해 왔다. 그리고 국가는 질서를 유지한다는 명분으로 가장 대표적인 두 가지 통제 접근을 사용해 왔다. 하나는 '무력을 동원한 통제 접근'인데, 이 통제 접근은 즉각적이고 강력하며 직접적이고 강제적인 통제 방법을 사용하는 특성을 가진다. 예로는 군대, 경찰과 검찰, 국가정보기관 등이 해당된다. 다른 하나는 '교육을 이용한 통제 접근'인데, 이 통제 접근은 장기적이고 지적이며 간접적이고 자발적인 통제 방법을 사용하는 특성을 가진다. 대표적으로는 학교가 해당된다. 그런데 많은 사람은 학교 교육이 통제의 기능을 어떻게 담당하는지에 대해서는 잘 모르는 듯하다. 교육 통제는 학생, 교사, 학부모 등 교육 주체들이 외부의 압력이나 간섭 때문에 본연의 역할에 충실하지 못하도록 제한하는 것, 학생이 학교에서 단편적 지식과 암기 위주로만 학습 받도록 강요되어 합리적·창의적·비판적 사고를 하지 못하도록 제약하는 것, 그리고 넓게는 특정한 계층에 유리한 교육 정책(교육 제도)으로 인한 불공평한 교육 기회 때문에 활발한 사회계층 이동(신분 상승)을 막는 것까지 다양한 형태로 나타난다.

평가(시험)를 통한 교육 통제

● 일제고사(국가수준학업성취도평가)

보수주의자들은 흔히 '일제고사'라고도 불리는 국가수준학업성취도평가(이하 일제고사)를 통해 학생들의 학업 수준을 파악할 수 있고, 이를 통해 기초 학력이 부진한 학생들에게 도움을 줄 수 있다고 선전한다. 하지만 일제고사는 학생, 학부모, 그리고 교사를 교묘하고도 효율적으로 통제하는 대표적인 메커니즘이다. 왜냐하면, 일제고사를 통해 학생 및 학교의 성적 정보가 공시되고 서열화됨으로써 학교는 교사에게, 교사는 학생에게 압력을 가하며 여기에 학부모들 또한 자녀의 성적에 압력을 받게 되어 학생, 학부모, 교사 모두 일제고사 대비에 얽매이게 하기 때문이다. 지난 이명박 정부에 비해 박근혜 정부에서는 초등학교의 일제고사를 실시하지 않겠다고 했지만, 오히려 지방자치단체별로 다른 유형의 일제고사가 부활하도록 수수방관하고 있어 교육 주체들에 대한 통제의 문제가 심각하다(부산광역시의 경우 2013년 12월 10일에 초등학교 3~6학년 전원을 대상으로 '교과학습 부진학생 판별평가'라는 이름의 또 다른 일제고사를 실시했다).

일제고사를 실시하면 교사, 학생, 학부모를 상당한 기간 일제고사 성적에만 연연하도록 만들 수 있다. 오로지 시험 점수 올리기만을 위한 문제 풀이에 집중하게 하는 것이다. 보수주의자들은 이 같은 현상을 반길 것이다. 하지만 교사, 학생, 학부모는 시험을 위해서만 존재하는 것이 아니다. 교사는 지식인으로서 교육과 사회에 대해 고민하고 참여하며 진정성 있는 마음으로 학생과 함께하는 시간을 가질 수 있어야 한다. 또한, 학생들도 시험 대비 문제 풀이가 아니라 수업을 통해 민주주의, 인권, 평등의 가치를 배울 수 있어야 하고, 친구들과 여러 가지 경험과 활동을 자유롭게 하며 삶의 의미를 깨달을 수 있어야 한다. 그리고 공교육의 질을 높이려면, 일차적인 책임이 있는 국가가 장기적인 안목으로 책임지는 자세를 보여야 한다. 그런데 일제고사를 치르게 하고 성적을 공개해 서열화하면, 국가는 특별한 노력을 하지 않으면서도 교사, 학생, 학부모를 통제해 표면적인 성적을 높이도록 유도할 수 있게 된다. 또한, 국가는 낮은 성적과 공교육 실패의 책임을 자연스럽게 교사, 학생, 학부모의 무능력과 무관심 탓으로 돌릴 수 있다.

일제고사와 관련한 연구들[1]에 따르면, 많은 부작용이 발생하고 있다. 구체적으로 교육 과정 계획과 실제 운영의 차이, 창의적 체험 활동의 부실한 운영, 시험 과목 교과에만 주력해 예체능 교과의 지도 소홀, 다양한 수업 방법을 적용하지 못하고 문제 풀이식 주입 및 강요식 수업 진행, 교사의 신념이나 철학 발현의 어려움, 학생 지도와 관련한 교사의 전문성 침해, 불필요한 경쟁심과 이기주의 조장, 협동심 및 공동체 의식 조성의 어려움, 학습에 대한 흥미도 감소와 스트레스 증가, 창의적 사고 저해, 학습 부진아의 피해 증가, 해당 학년 담임 기피, 강압적인 보충 학습 시행, 교사의 업무 부담 증가, 학교 예산의 불필요한 낭비, 시험에서의 부정행

---

1) 목영해, "들뢰즈의 포획론에 입각한 학업성취도평가 교육정책 분석", 〈교육사상연구〉 24(2), 2010, p.23~39. / 한국교육연구네트워크, 《일제고사를 넘어서》, 살림터, 2011.

위 묵인 또는 조장 행위, 성적 부진아에 대한 비교육적 배척 등이다.

우리는 일제고사의 여러 가지 부작용에도 불구하고 교육 정책으로 계속 시행할 필요가 있는지 고민해야 한다. 핀란드는 일제고사나 교사 평가가 없으며, 우열반을 구분하지도 않는다. 등수를 매긴 성적표도 없고, 주당 교육 시간이 30시간(우리나라는 50시간)에 불과함에도 국제학업성취도평가PISA: Program for International Student Assessment에서 지속적으로 1위를 하는 것에서 시사점을 발견할 필요가 있다. 핀란드는 경쟁과 차등의 교육보다는 협동과 평등의 교육을 강조하고, 암기보다는 이해와 독서 교육을 강조한다. 우리도 강제적이고 과도한 시험만이 학생들의 학업 성취도를 향상시킬 수 있는 만병통치약이라는 발상에서 벗어나 진정한 교육과 시험의 가치에 대해 성찰할 필요가 있다. 그리고 일제식 전수조사 시험이 그 자체의 타당성보다는 학교 정보 공개에 종속된 정책 수단이라는 것, '시험+공시' 정책은 평가 결과와 학교선택제와의 연계를 위한 수단이라는 것, 평가 결과를 포함한 학교 정보의 공개는 교육의 시장화marketization를 위한 것[2]이라는 비판적 관점을 견지할 필요가 있다.

● 시·도 교육청 평가 및 학교 평가

교육청과 학교는 학교 교육이 정상적으로 원활하게 이루어질 수 있도록 지원하는 기능을 가져야 한다. 하지만 교육청과 학교가 상위 기관으로부

---

2) 한국교육연구네트워크,《일제고사를 넘어서》, 살림터, 2011.

터 무거운 압박의 평가를 받게 되고 그 결과에 따라 유·불리가 뒤따른 다면, 교육 본연의 기능에 충실하기보다는 평가만을 잘 받기 위한 수단으로 전락하게 된다. 결국, 상위 기관이 하위 기관을 통제하는 결과를 가져온다.

먼저, 시·도 교육청 평가는 시·도 교육청 간 선의의 경쟁을 통한 교육의 질적 수준 제고, 교육의 분권화·자율화에 따른 시·도 교육청의 책무성 확보를 목적으로 매년 실시한다. 2014년 시·도 교육청 평가 계획에 따르면, 평가 영역은 ①학교 교육 내실화, ②학교 폭력 및 학생 위험 제로 환경 조성, ③능력 중심 사회 기반 구축, ④교육비 부담 경감, ⑤교육 현장 지원 역량 강화, ⑥교육 수요자 만족도 제고, ⑦교육청 특색 사업으로 구성된다. 다음으로, 학교 평가는 학교 경영의 자율성 제고, 교육 전문성 증진, 교육 경쟁력 확보, 우수사례 발굴 및 일반화, 교육 수요자 만족도 향상 등 단위 학교의 교육 활동에 대한 진단을 통해 학교 교육의 질을 제고한다는 목적으로 시행하고 있다. 평가 영역으로는 ①교육 과정 및 교수-학습, ②교육 경영, ③교육 성과, ④만족도로 구성된다.

문제는 시·도 교육청 평가의 경우, 평가 지표 중에 기초학력 미달 비율, 학업 중단 비율, 교원 연수 활성화 비율, 방과후학교 활성화 비율 등 논란이 되고 있는 비교육적인 지표가 이명박 정부에 이어 박근혜 정부에서도 다수 구성되어 있다는 점이다. 학생 인권과 교육 본연의 가치를 중시하는 진보교육감이 있는 시·도 교육청의 경우 낮은 평가를 받게 되는 경향이 있어, 결과적으로 이들 교육청에 대한 통제의 효과가 있다. 또한, 교육청 평가 지표의 대부분을 상대평가로 시행하고, 교육청 평가 결과를 시·도 교육청 평가 정보 알리미 및 언론에 공개하며, 평가 결과에 따른 특별교부금 인센티브를 차등 지원하고, 법령 불이행 교육청의 경우 인센티브 지원 시 불이익 조치를 취하고 있다는 데 문제가 있다. 그리고 정부가 도입한 교육 정책을 시·도 교육청이 실행하는 정도에 대해 직접 평가를 수행하는 통제 위주의 평가로 이루어짐으로써, 오히려 시·도 교육청의 자율성과 특수성을 저해하고 획일화를 초래하는 측면도 나타난다.

다음으로 학교 평가의 경우, 최우수학교를 선정하고 교육감 표창을 수여하며, 학교 평가 결과에 따라 단위 학교 성과급을 달리 지급하기 때문에 평가를 잘 받으려 무리하는 학교 현장에서는 여러 가지 부작용이 나타난다. 예를 들면, 단위 학교 교육 과정 운영과는 다른 별개의 평가 준거로 인해 많은 자료를 평가 준거에 맞춰 재생산해야 하고, 이에 따라 내실 없는 교육 과정이 운영되며, 실제로는 하지 않은 행사(사업)를 실제 한 것처럼(실적 부풀리기) 보이기 위해 불필요한 노력을 하고, 실적 부풀리기로 인한 교사 업무 가중으로 수업 결손과 교육 과정 파행 운영을 하게 되며, 중등의 경우 보충 야간 자습 선택권을 주지 않으면서도 학생 희망서를 모두 만들어 첨부하는 등의 문제점이 나타나고 있다.

결국, 교육부→시·도 교육청→학교로 이어지는 현재의 평가는 참다운 공교육을 구현하려는 철학과 고민에서가 아니라 교육을 하나의 평가 도구로 보아 성과(결과) 위주로 얼마든지 측정 가능하다는 그릇된 관료적 발상에서 출발한 것이다. 과도한 평가로 인해 학교는 시·도 교육청이 요구하는 대로, 시·도 교육청은 교육부가 요구하는 대로 통제받고 있다. 또한, 그 과정에서 교원들은 참다운 공교육과는 상관없는 일로 에너지 소진, 스트레스, 불필요한 갈등, 교직 회의감 등을 경험한다.

● 대학 평가

정부는 '정부재정지원 제한대학 평가지표'라는 것을 만들어 매년 대학을 평가하고, 정부재정지원 제한대학을 발표한다. 정부에서는 대학 평가 시행 목적이 부실 대학 판별과 학생 수 감소에 따른 대학 구조 개혁에 있다고 한다. 그러나 그 이유만 있는 것이 아니다. 정치적인 차원에서 보면, 청년 실업 문제와 전체 취업률은 그 결과에 따라 정권의 유리한 선전 도구가 될 수도 있고 불리한 치부가 될 수도 있다. 그러나 정부 차원에서 청년 실업 문제를 해결하려면 많은 재정이 들어갈 뿐만 아니라 성과도 장담할 수 없다. 그런데 정부재정지원 제한대학 평가지표에 '취업률'을 포함해 그 책임을 대학에 떠넘긴다면, 청년 실업 문제의 책임을 벗어날 뿐만 아니라 대학을 통제할 수도 있어 일거양득이다. 이명박 정부에 이어 박근혜 정부도 이러한 효율적인 메커니즘을 버리지 않는다. 비록 박근혜 정부에서는 정부재정지원 제한대학 평가지표의 '취업률' 비중을 기존의 20%에서 15%로 낮췄다지만(전문대학은 20% 유지), 대학 입장에서는 학생 취업이 여전히 부담으로 작용한다.

　대학 입장에서는 만약 정부재정지원 제한대학이 될 경우, 대내외적으로 수치스러운 일일 뿐 아니라 학생 충원과 대학 경영에 어려움을 겪을 수 있기 때문에 '취업률'이라는 항목에 매우 민감한 반응을 보인다. 그리고 그것은 학과의 책임으로 고스란히 전가되어 취업률이 낮은 학과는 통폐합이나 폐과의 절차를 밟는 정당한 이유가 된다. 그 결과, 대학교수는 교수의 핵심 본분인 연구와 강의에 심혈을 기울이기보다는 학교의 강압에 따라 학생들의 취업에 더 신경쓰게 된다. 학생의 적성을 존중해 주기보다는 취업이 잘 되는 쪽으로 유도하여 교수로서의 양심을 파는 일도 허다하다. 심지어 일부 대학에서는 교수가 '취업 상무'가 되어 학교 밖에서 시간을 더 많이 보내기도 한다.

정부재정지원 제한대학이라는 통제 메커니즘을 활용한 결과, 단기적이고 편법적이더라도 대학은 취업률 수치를 높여주고 취업 압력을 넣어 교수들을 단속해 주며, 교수는 취업 조력이라는 명목으로 학생들을 단속해 주니 대학이 조용하기를 바라는 보수 정권에서는 이 제도를 계속 사용하려 할 것이다. 이 같은 압박감과 통제 속에서 최고 지성의 상아탑이라 불리는 대학은 이제 그 지위를 잃게 되었다. 국가가 대학생들의 취업 문제에 관심을 두는 것은 환영할 일이지만, 그 책임을 대학 차원으로 떠넘기는 것은 용납할 수 없는 일이다. 세계 어느 나라에서 대학생의 취업률을 이용해 강제 구조 개혁을 한단 말인가? 우리는 정부가 대학 평가라는 통제 메커니즘을 이용하여 원래는 국가 차원에서 많은 재정 지원을 통해 도모해야 할 공교육 여건 개선을 대학에 일방적으로 미룰 뿐 아니라 취업 문제를 포함한 사회문제에 대한 책임도 전적으로 대학에 물을 수 있는 '이중 효과'를 누리고 있음을 간파해야 한다.

교육 과정을 통한 교육 통제

가장 합법적이면서도 대중적인 교육 통제 기법은 교육 과정을 통한 것이다. 교사가 수업시간에 학생들에게 가르치는 교육 과정의 내용은 학생들의 가치관과 사고방식에 커다란 영향을 미친다. 따라서 교육 과정은 명백한 사실fact 중심으로 구성되어야 하고, 학생들의 합리적, 논리적, 창의적, 비판적 사고를 촉진할 수 있는 방식으로 구성되어야 한다. 하지만 허점이 많은 현재의 교육 과정은 교육 통제로 작용할 소지가 다분하다.

첫째, 교육 과정에 있는 내용만을 학생들에게 전달하게끔 강제함으로써 교사와 학생의 사상까지도 통제한다. 최근 박근혜 정부의 비호와 묵인 아래 뉴라이트 세력이 득세하여 만들어 낸 교학사의 왜곡된 고교 역사 교과서가 많은 논란을 낳고 있다. 이 논란은 세 가지로 정리할 수 있다.[3] 첫째, 정확성의 결여다. 역사학자들의 검증 결과, 3일이라는 짧은 기간 동안 무려 300여 건에 이르는 각종 오류가 확인됐다. 둘째, 공정성의 결여다. 이 교과서는 정부의 진상 조사를 통해 밝혀진 역사적 진실까지 무시하면서 낡은 주장을 되풀이했다. 예를 들면, 제주 4·3사건이 있다. 이미 〈제주 4·3 진상조사보고서〉에 의해 '1948년 제주도에서 국가공권력이 법을 어기면서 민간인을 살상하는 등 중대한 인권유린과 과오가 있었다'는 실체적 진실이 밝혀졌지만, 마치 공산 폭동에 의한 민간인 학살 사건인 양 서술했다. 셋째, 보편성의 결여다. 교과서는 보편의 도덕적 가

---

3) 뉴라이트 역사 교과서 검정 취소 촉구 지식인 서명 운동(2013) 내용 중 일부.

치와 인류에 대한 공동의 책임을 강조해야 함에도 교학사 고교 역사교과서는 대한민국의 정통성을 일제의 식민지 근대화, 남한 단독 정부 수립, 5·16 군사쿠데타와 유신 체제에서 찾음으로써, 헌법이 제시하는 역사적 규범 기준인 독립운동 정신, 반독재 민주화 운동 정신, 평화통일 정신마저 부정하고 있다.

그리고 우편향 논란에 휩싸인 교학사 고교 역사 교과서의 검정 취소 요구에 거부 의사를 밝힌 교육부가 과거 좌편향 교과서 논란과 관련해 검정 취소 권한을 법제화하는 입법예고를 4차례나 낸 사실이 드러났다. 교육부는 지난 2008년 금성교과서 좌편향 논란이 벌어졌을 때 '교과서가 좌편향됐다'며 교과서 수정을 요청한 뒤 입법예고를 통해 행정 제재 강화를 시도하며 교과서 검정과 내용 수정에 적극적으로 개입하는 모습을 보였다. 하지만 최근 우편향 논란이 있는 교학사 고교 역사 교과서에 대해서는 국사편찬위원회와 함께 심층 조사한 뒤 수정·보완하겠다는 소극적인 자세를 보이고 있다. 교육부의 이중 잣대 논란이 거세질 것으로 보인다.[4]

둘째, 교육 과정은 계층 간의 유·불리에 작용하여 사회계층 이동(신분 상승)을 통제하기도 한다. 그런데 많은 사람이 학교에서 가르치는 교과서의 내용이 공정하고 객관적이며 그 내용이 전부라고 생각하는 경향이 있다. 그러나 결론적으로 그렇지 않다. 학교에서 가르치는 교과서 내용은 공정하지도 객관적이지도 않으며 그것이 전부도 아니다. 교과서에는 특정 계층에게 유리하도록 작용하는 메커니즘이 있다. 교과서 내용은 엘리

---

4) "좌편향 교과서는 제재 강화, 우편향 교과서엔 '살살'", 〈오마이뉴스〉, 2013.10.8.

트로 대표되는 지배 계층이 선택하고 그러한 교과서 내용을 학교에서 가르쳤을 때 일반적으로 지배 계층의 자녀들이 혜택을 본다. 교과서에 모든 내용을 담을 수는 없으며, 따라서 한정된 내용을 선택할 수밖에 없다. 여기에 서민의 뜻은 반영되지 않는다. 지배 계층이 그들의 관점에서 볼 때 가르칠만한 가치가 있고 교양적이라고 판단되는 것을 선택한다. 이는 지배 계층의 자녀들에게 매우 친숙하고 익숙해 이해하는 데 유리하다. 반대로 피지배 계층의 자녀들은 학교에서 이를 처음 접하다 보니 이해가 쉽지 않다.

시험에 유리한 많은 양의 교재 요구, 중·상위층의 취향인 클래식과 가곡 위주의 음악 교과 과정, 왕조 중심으로 전개되는 역사 과목 등에서도 지배 계층 중심성이 드러난다. 삽화나 인물 묘사를 통한 고정적인 성별 역할의 암시도 문제다.

또 많은 사람은 오지선다형인 수능 시험이 대단히 객관적일 것이라 착각하기도 한다. 그러나 수능의 지문이나 내용이 도시 중·상위층 문화를 대변하는 내용으로 구성되어 있다면 농어촌 학생과 하위층의 학생은 불리할 수밖에 없다. 또한, 다섯 개의 보기에서만 정답을 찾아야 하는 수능은 애초에 다양성과 창의성을 측정하기에 매우 어려운 시험이다. 특히 학교에서 배운 교과서 내에서만 출제하지도 않기 때문에 지역으로 갈수록 불리하다. 가장 심각한 교과서는 사회·경제 교과서이다. 현행 교과서엔 사용자의 이익을 대변하고 노동을 경시하는 내용이 가득하다. 예를 들면, 노동조합 파업 부분에서 시민들의 불편을 부각하고 파업이 마치 전부 불법이거나 부당한 것처럼 서술하는 경우가 많다. 파업의 원인 등 실체적 사실을 제대로 전달하지 않고 노동자의 입장보다는 자본의 이익을 대변하고 있는 것이 대부분이다.

셋째, 교육 과정은 사회 구성원들의 비판적·창의적 사고를 통제한다. 교과서 내용은 대부분 지식 중심으로 구성된다. 그 결과 어떤 사회인이 육성되는지 생각해 보자. 우리는 학생이 학교 교육을 통해 창조적이고 비판적이며 깊은 사고력을 갖추기를 기대한다. 하지만 결과는 어떤가? 교과서 속의 단편적인 지식을 암기할 뿐 그 개념과 원리를 정확하게 이해하지는 못한다. 더 나아가 자본주의 사회에 어떤 모순과 문제점이 있고 그것을 해결하기 위해서는 어떤 대안이 있으며, 어떻게 참여해야 하는지에 대해서는 거의 무감각할 정도다. 우리 사회에는 불평등 및 양극화 문제, 환경오염 문제, 성차별 문제, 전쟁 문제, 청년 실업 문제, 등록금 문제, 정치 문제 등 사회의 발전을 위해 가르치고 해결해야 할 문제가 많다. 그러나 학교에서 그러한 문제들을 깊이 있게 가르치지도, 비판하지도, 대안을 모색하지도 않는다. 왜 그럴까? 그것은 지배 계층이 원하지 않는다는 이유로 교과서 내용에서 제외되었기 때문이다. 지배 계층은 현 체제가 그대로 유지되기를 바랄 뿐이어서 그들의 체제에 조금이라도 비판과 불만을 가질 수 있는 내용은 교과서에서 제외한다. 그래서 고등학교 때까지 단편적인 지식과 함께 법과 질서 준수, 예절과 복종, 시간 엄수 등을 중요하게 배울 뿐이다.

진정으로 자녀들이 학교 교육을 통해 지식뿐만 아니라 비판적 사고와 폭넓은 안목을 가질 수 있기를 바라고 모든 계층에게 평등한 기회가 주어지기를 바란다면, 현재의 교과서 내용은 대폭 수정돼야 한다. 그리고 그

것이 실현되기 위해서는 그 필요성에 대한 국민들의 연대 의식도 형성되어야 한다.

학교 자율화(학교 단위 책임 경영)를 통한 교육 통제

이명박 정부는 '교육 수요자 중심의 교육, 학교 교육의 다양성과 경쟁력 강화, 학교장의 책임 경영'이라는 명목 아래 학교 자율화 조치를 단행했다. 이 조치의 요지는 교육과정 및 교원 인사 등 핵심적인 권한을 단위 학교(학교장)에 직접 부여하여 교육 수요자 중심의 학교 교육을 유도하고 학교 교육의 경쟁력을 강화한다는 것이다. 구체적으로, 교육 과정 자율화에는 ①교과별 연간 수업 시수 20% 범위 내 증감, ②교과 이수 시기 전 학년 확대, ③전 교과 대상 선택과목 신설 허용, ④일반 선택과목과 심화 선택과목 구분 폐지, ⑤재량 활동과 특별 활동 통합 운영 등이 포함된다. 그리고 교원 인사의 자율화에는 ①모든 학교에 정원의 20%까지 교사 초빙권 부여, ②시·도 교육청 지침상의 전입 요청권, 전보유예 요청권을 학교장의 법령상 권한으로 강화, ③부적응 교원 등에 대한 학교장의 비정기 전보 요청권 법제화, ④소속 학교 행정직원의 전입 및 전보 유예 요청권, 기능직원 임용권 부여 추진 등이 포함된다.

이러한 조치로 학교 현장에서는 국영수 편중이 심해져 학교운영이 입시준비 학원화되는 현상으로 나타났다. 또한, 교사 초빙·선배정·유보 비율이 각각 늘어나 교장의 인사권이 강화되고 승진을 위한 선호 지역 경쟁에 따라 교원 인사 비리의 소지가 많아졌으며, 교칙 등 학생생활도 교장 독단으로 보수화되는 등 부작용이 심각하다. 특히, 국영수 편중과 한문 및 예체능 과목의 축소로 나타난 전인교육의 불균형과 교장의 인사권 강화로 늘어난 소위 교장파 부장교사의 관료적 교사 통제 심화는 학교 자율화 문제의 핵심이라 할 수 있다. 그래서 학교 자율화가 아니라 교장 자율화라는 조롱이 나올 정도다. 그럼에도 불구하고, 박근혜 정부는 학교 자율화(학교 단위 책임 경영) 조치를 그대로 유지한다.

보수주의자들은 학교 교육에서의 '힘의 카르텔'을 강화하는 것이 질서라고 판단하는 듯하다. 그래야만 교장이 리더십을 발휘할 수 있고 학교 경영을 잘할 수 있다는 착각과 망상에 사로잡혀 있다. 그렇지 않아도 현재의 교장 승진제가 가진 여러 가지 문제점[5](교사 때부터 필요 이상의 과도한 경쟁/교육 본연의 역할보다는 행정·사무에 두각을 나타내야 하고 인정받아야 함/교육청 및 인사 담당 관료들과의 친밀성이 있어야 하고, 그 과정에서 학연·지연·혈연·서열 등의 파벌과 갈등이 발생하며, 동시에 연줄을 찾고 결속력을 다지기 위한 부조리한 일들을 야기함/그렇게 해서 어렵게 교장이 되면 대부분 권위주의적·관료주의적 사고방식에 지배받게 되고, 학생·학부모·교사를 존중하려는 마음은 사라짐/교장이 되기 위한 실질적인 과정에서 교육자로서의 철학·도덕성·인성·민주적 리더십 등은 중요한 반영 요소가 아니었기에 교장이 된 이후 그러한 가치들을 기대하기 어려움) 때문에 승진이 아닌 '보직'의 개념으로써 교장이나 '내부형 교장공모제' 확대가 요

---

5)   김달효, 〈교장임용제도 개혁을 위한 제안: 교장보직공모제〉 한국교육연구네트워크, 《교장제도혁명》, 살림터, 2013.

구되는 시점에서 오히려 학교 자율화라는 그럴듯한 명분으로 교장의 독선적 권력 강화와 교사 통제를 꾀하려는 것은 민주적 학교 교육과 공교육 강화에 역행하는 것이다.

우리는 학교 자율화 조치가 강조하는 '교육 수요자', '교육 경쟁력', '학교단위 책임 경영', '자율과 책임' 등의 개념이 교육의 시장화marketization와 상품화commercialization를 위해 필요한 요소라는 점을 간파할 수 있어야 한다. 즉, 학교 자율화 조치는 국가가 공교육에 대한 책임을 회피하고 그 책임을 시·도 교육청과 학교 단위로 전가하며, 교육 공동체를 교육 수요자와 교육 공급자로 이분화한다. 또한, 학교 교육 본연의 가치 추구보다는 교육 수요자가 요구하는 바를 학교가 적극적으로 반영하도록 요구하고, 교육의 다양성과 경쟁력 강화라는 명목으로 학교 간의 차별화·서열화를 조장하며, 학교장의 권력 강화를 통한 학교 구성원들의 통제와 강요를 용인한다. 이는 시장의 원리인 수요와 공급에서 선택할 수(선택받을 수) 없는 자에 대해 책임을 묻도록 하기 위한 장치이다.

전교조 탄압을 통한 교육 통제

우리나라의 대표적인 교원 단체로 교총과 전교조가 있다. 그런데 이명박 정부에 이어 박근혜 정부도 오직 전교조만 탄압한다. 1989년 설립된 전교조는 10년간의 불법 노조 시기를 거쳐 지난 1999년 합법적 지위를 얻어 14년의 합법 노조로 성장해 왔다. 그런데 9명의 해직자가 있다는 이유로 6만여 명이 가입한 전교조 설립을 취소하겠다는 발상은 교원의 노동

기본권을 인정하지 않겠다는 반민주적 발상이다. 더구나 고용노동부가 문제 삼은 9명의 해고자는 지난 이명박 정부 5년간 시국 선언, 정당 후원, 사학 비리 제보 등의 이유로 해직된 교사들이었다. 이렇게 이명박 정부는 해직 교사들이 전교조 활동을 한다는 이유로 노조 설립 반려 협박을 해 왔었는데, 현재는 박근혜 정부(노동부)가 이를 실행에 옮김으로써 전교조를 무력화하고자 한 것이다. 노동부의 이 같은 입장에 대해 국제노동조합총연맹과 세계교원단체총연맹은 국제노동기구ILO의 긴급 개입을 요청했고, 국제노동기구는 해직자가 노조원이 될 수 있는 권리를 박탈하는 것은 '결사의 자유'에 모순되기 때문에 전교조 문제와 관련해 해직자도 노조원으로 인정하도록 관련법 개정을 촉구했다. 또한, 경제협력개발기구 OECD의 노동 관련 위원회까지 나서서 강하게 따지는 이례적인 상황이 벌어지고 있다.[6] 노동부가 트집을 잡는 이 조항은 이미 3년 전에 국가인권위원회가 '폐지'를 권고하기로 한 것이기도 하다.

그럼에도 불구하고 왜 박근혜 정부는 전교조를 강경하게 통제하려고 할까? 그 이유는 보수주의자들이 지향하는 교육 방식에 대해 전교조가 이의를 제기하고 저항하기 때문이다. 보수주의자들은 권위주의적 교육, 엘리트 지향 교육, 학교장 중심 교육, 시험 및 평가와 경쟁 위주 교육, 구분(배제) 중심 교육을 지향한다. 그리고 그러한 교육이 질서 있는 사회를 만드는 데 도움이 되며 국가 발전에도 도움이 된다고 믿고 있다. 하지만 이 같은 교육 방식은 비민주적이고 불평등하며 차별과 통제 중심의 교육

---

6) "'대통령님, 전교조를 왜?' OECD 기구까지 항의", 〈오마이뉴스〉, 2013.10.13.

이기에 전교조의 저항을 불렀다. 예를 들어 학생인권조례, 무상 급식, 혁신 학교, (내부형)교장공모제에 대해 전교조는 찬성했지만 교총은 반대했고, 일제고사(국가수준학업성취도평가), 수준별 수업, 교학사의 뉴라이트 역사관에 대해 전교조는 반대했지만 교총은 찬성했다. 이에서 확인할 수 있듯이, 보수주의자들의 교육 방식에 동조하는 것은 교총이다. 결국, 보수주의자들은 전교조가 이념 교육을 한다고 비판해 왔지만, 사실은 정권이 국민을 상대로 특정 이념을 강요하고 있는 것이다.

사실 지금까지 학교나 교육 현장에서는 전교조 탄압이 지속해서 진행됐다. 좀 더 구체적으로 살펴보면, 이명박 정부에서부터 전교조의 힘을 약화시키기 위해 아주 치졸한 방법으로 여러 가지 조치가 취해지고 있다. 대표적으로 합법화 이후 한번 가입하면 급여에서 자동으로 공제되던 조합비를 이명박 정부부터 매년 동의서를 받도록 강요한 것이 있다. 또한, 노조도 아닌 전문직 단체에 불과한 교총과의 차별 대우도 심각하다. 그리고 교원 노조이긴 하지만 가입률이 현저하게 미약하고 정권의 입맛에 맞는 교총 성향에 가까운 한교조, 자교조, 대교조 등은 전교조보다 상대적으로 우대해 왔다. 특히 교육부나 교육청은 그동안 전교조의 1%도 되지 않는 소수 교원 노조와의 단일 창구화를 핑계로 수년간 단체교섭을 미뤄온 전력이 있다. 그러다 전교조가 단일 창구가 된 순간 교육부는 단체협약을 일방적으로 폐기했다. 더 노골적인 탄압으로는 표현의 자유를 표방했던 교사 시국 선언을 핑계로 교사들을 해직하거나 정직 등 중징계를 내렸고, 양심의 자유로 일제고사를 거부한 교사들에 대해서도 가혹한 징계를 강행했다. 민주노동당 정치 후원금에 대해서도 교총 소속의 교원이 한

나라당에 준 후원금은 모르쇠하면서 유독 전교조 소속의 교사에게만 이를 핑계로 징계뿐만이 아닌 사법적 처벌, 강제 전보, 인사상 불이익을 주었다. 이 외에도 근무 평정, 교원 평가, 성과급, 인사, 전보 등 보이지 않는 곳에서 사소한 불이익을 당하는 것은 이루 말할 수 없다. 교육의 정치적 중립성은 헌법에서만 존재할 뿐 현실에서는 정권의 눈에 거슬리는 교원은 가혹한 탄압을 받고 있다.

만약, 전교조가 힘을 상실한다면 어떤 일이 벌어질까? 질서란 이름으로 교육이 더욱 통제되지 않을까 우려하지 않을 수 없다. 최근 교학사 고교 역사 교과서 왜곡 파동을 보면서 부쩍 그런 의심이 든다. 식민지 근대화론과 이승만 우상화, 새마을운동 재조명, 군 출신 사무관 특채 등 유신 시대의 유물들이 박물관에서 기어 나오는 역사 왜곡이 버젓이 행해지는데, 이 현실은 무엇을 의미하는 것인지 세심하게 분석해 보아야 한다. 이제 조합원 총투표로 노동부의 규약 시정 명령을 거부한 전교조는 법외 노조로서 지난 24년의 역사와는 다른 가혹한 시련의 세월을 견뎌야 할 것이다. 전교조의 법외 노조화는 역사의 교훈을 잊고 과거로 회귀하는 역사적 후퇴를 의미하는 것이고, 이로 인해 학교 현장의 교육 문제와 비교육적인 교육 정책이 더욱 성행할 것으로 우려된다.

엘리트 중심의 교육 정책을 통한 교육 통제

1980년대 영국과 미국에서 발달한 신자유주의는 무한 경쟁, 시장화, 민영화, 자율화, 소비자 주권 등의 가치가 강조되고, 사회적·공공적 책임에서의 국가 역할이 축소되는 특징이 있다. 우리나라도 이러한 신자유주의 패러다임에 영향을 받아 포용, 평등, 협동, 다수 중심적 가치보다는 배제, 차등, 경쟁, 소수 엘리트 중심적 가치가 사회 전반을 지배하게 되었다. 그리고 이런 가치는 보수주의적 관점과 상통하는 측면이 있어, 교육에서는 '수준별 수업'(능력별 집단 편성)과 '학교 선택'의 모습으로 등장했다. 결론적으로, 이것은 실질적으로는 학생들을 구분 짓고 차등하며, 엘리트 위주의 '잘하는 자'와 '가진 자'에게 더 많은 혜택을 주어 교육의 양극화 현상을 더 악화시키는 결과를 초래한다. 그런데 왜 대중들은 거부감을 느끼지 못할까? 그 이유는 수준별 수업과 학교 선택을 옹호하는 세력이 내세우는 논리, 즉 학생들의 능력에 맞는 맞춤형 교육이 가능하고 선택과 경쟁 강화를 통한 학력 향상 및 학교 만족도 증가를 가져오며 그 결과로 사교육비 경감과 국가 경쟁력을 강화할 수 있다는 거짓된 논리에 현혹되기 때문이다.

구체적으로 이러한 두 가지 교육 정책을 주장하는 사람들의 논리는 이렇다. "공부 잘하는 학생과 못하는 학생이 같은 반(또는 학교)에서 함께 수업하면 교사는 중간 수준에 맞춰서 수업하게 되고, 그렇게 되면 공부 잘하는 학생과 공부 못하는 학생 모두에게 수업이 무의미해진다. 이것이 얼마나 교육적 낭비인가. 그러므로 학생 수준에 맞춰 반(상위반, 중위반, 하위반) 또는 학교(일류, 이류, 삼류 학교)로 따로 배정하면, 학생 및 학교는 더 잘하려고 경쟁하게 될 것이고 해당 학생들의 수준에 맞는 수업으로 모든 학생이 혜택을 보게 될 것이다. 그 결과로 학력이 향상되고 학교만족도가 높아지며 사교육비도 경감될 것이다." 많은 사람이 이러한 말에 현혹된다.

그러나 진실은 그 반대에 가깝다. 실제로 주요 연구들[7]에 따르면, 수준별 수업과 학교선택제를 시행하면 학생들의 학업 성취도가 높아진다고 단정할 수 없는 것으로 나타난다. 또한, 학생들의 자아 존중감, 사회성, 공동체 의식에 역효과를 가져올 수 있으며 불공평한 교육 기회와 차등 대우를 더욱 조장할 수 있다. 그리고 사교육비는 과거보다 줄어들기는커녕 더 증가하기만 할 것이다. 왜냐하면, 차등·서열화된 교육 체제일수록 그 구분의 상위 그룹에 들기 위해 더 많은 사교육비 지출이 필요하기 때문이다. 그렇다면 이는 과연 누구를 위한 교육 정책인가? 아이러니하게도 학교에서는 학생들에게 오로지 성적만이 최고라는 비교육적 가치를 가르치는 데 열중이다. 여기에 상위반 또는 일류 고등학교에 들지 못한 학생들의 인권과 존엄성은 무시된다. 특히 학교선택제의 경우 학벌주의라는

7) 성기선·강태중, 〈평준화 정책과 지적 수월성 교육의 관계에 대한 실증적 검토〉, KEDI 교육정책포럼-한국교육의 현실과 대안(2), 2001.
정미경, "수준별 수업과 교육 기회의 평등화 문제", 한국교육개발원, 〈교육과정연구〉 18(1). pp.275~297, 2000.
중앙교육진흥연구소, 〈일반계 고등학교의 학교별 교육 효과 분석〉, 2001.
Boaler, J · William, D. & Brown, M, "Students' experiences of ability grouping: disaffection, polarization and the construction of failure", 〈British Educational Research Journal〉 26(5), 2000, pp.631~648.
Don P. Kauchak & Paul D. Eggen, 《Learning and Teaching: Research-Based Methods(4th Edition)》, Allyn & Bacon, 2003.
Jeannie Oakes, 《Keeping Track: How Schools Structure Inequality》, Yale University Press, 1985.
Geoff Whitty, 《Making Sense of Education Policy: Studies in the Sociology and Politics of Education》, Paul Chapman Publishing, 2002.
김달효 역, 《신자유주의 교육정책의 비판: 교육정치학과 교육사회학의 관점》, 학지사, 2012.
Slavin, Robert E. & Braddock, Jomills H. III, "Ability Grouping: On the Wrong Track", 〈The College Board Review〉, n168, 1993, pp.11~18.

우리 사회의 고질병을 만들어 낸다.

이명박 정부는 '고교 다양화 300 프로젝트'라는 거창한 명분 아래, 평준화를 유명무실하게 만들고 학교 간의 경쟁과 서열화를 더 강화하려고 했다. 그래서 강제적인 일제고사를 치고 그 결과를 공시함으로써 학교 간 서열화를 더욱 부채질했다. 또한, '자율'과 '선택'이라는 그럴듯한 말로 국민을 현혹해 학생들을 구분 짓고 차등 대우하며 특정한 계층과 학생들에게 유리한 특수목적고등학교(특목고)와 자율형사립고등학교(자사고)를 대폭 인가해 줌으로써 학교선택제를 정당화했다. 그 결과, 입학 전형 시기가 이른 특목고, 자사고로 상위권 학생들이 먼저 선택해 나가고 난 후, 나머지 학생들이 일반공립고등학교(일반고)로 진학함에 따라 평준화의 실질적 의미가 퇴색했다. 또한, 일반고는 선호하지 않는 학교로 전락했으며, 일반고의 슬럼화에 따라 학교 운영에 여러 가지 문제가 발생했다. 박근혜 정부 들어서는 자사고의 학생 선발 방식을 '모든 학생에게 지원 자격을 부여하되, 지원자의 1.5배를 추첨한 뒤 자사고가 2차 면접을 통해 선발하는 것'으로 결정함에 따라 오히려 학교 서열화와 일반고의 슬럼화를 더 강화하는 결과를 초래했다.

결국, 수준별 수업(능력별 집단 편성)과 학교선택제는 교사와 학생들이 단편적인 지식과 암기 위주의 입시 교육에 매몰되도록 하고 학생 및 학교 간의 차등과 서열화를 조장하며, 사교육비 및 학벌주의의 사회문제를 더욱 악화시킴으로써 오히려 공교육 체제를 약화하는 교육 통제를 가져온다. 이 같은 엘리트 중심의 교육 정책은 기득권의 입장이 반영된 것으로써 여기에 사회적 약자나 진정한 학생 배려는 존재하지 않는다. 건전한 사회 건설을 위해서는 사회적 약자를 위한 진정성 있는 배려와 지원이 뒷받침되어야 한다. 하지만 우리나라의 교육 현실은 철저히 엘리트 중심적이다. 학교 교육은 민주적·평등적·인간적·교육적이어야 한다.

진정한 공교육은 교사와 학생들이 서로 존중받고 과도한 경쟁보다는 협동의 가치를 중시하며, 단편적 지식과 암기 위주의 수업이 아닌 합리적·논리적·비판적 사고를 촉진하는 상호작용적 수업이 가능해야 한다. 학생들이 성적이나 빈부에 따라 구분(차등)되지 않고 함께하는 것을 격려받으며, 교사들은 성과 및 잡무 스트레스(에너지 소진)를 경험하는 것이 아닌 학생을 위하는 진정한 마음으로 교육 활동에 전념할 수 있어야 한다. 이는 학교 교육이 사회적 선발의 기능은 하되 공평한 교육 기회를 보장하는, 그래서 좀 더 활력 넘치는 학교의 모습이다. 그런데 수준별 수업과 학교선택제는 이러한 공교육의 모습과 반대되는 결과를 더욱 조장한다.

이 글을 마치며 몇 가지를 다시 강조한다.

첫째, 통제를 강화할수록 질서가 잡히고 공교육이 발전한다는 잘못된 보수주의적 관점에서 탈피해야 한다. 공교육public education의 '공public'의 의미에는 공적일 것official, 무상일 것free, 개방적일 것open, 공통적일 것common이라는 뜻[8]이 내포되어 있다. 따라서 공교육이 안정적으로 발전

---

8) 나병헌, 〈공교육의 의미〉, 황원철·김성열·고창규 편, 《공교육: 이념·제도·개혁》, 원미사, 2004.
Theodore R. Sizer, <The meaning of "public education">, John I. Goodlad & Timothy J. McMannon, 《The Public Purpose of Education and Schooling》, Jossey-Bass, 1997.

하기 위해서는 무엇보다 국가가 공교육에 책임감을 가져야 하고 교육이 무상으로 시행되어야 한다. 또한, 누구에게나 실질적인 교육 기회가 공평하게 제공되어야 하고 차등이 아닌 공통(평등)을 지향해야 한다.

둘째, 우리는 학교 교육이 민주적이고 공평하며 자유롭게 이루어지는 것만은 아니라는 점을 인식할 필요가 있다. 통제의 메커니즘으로 얼마든지 악용될 수 있는 것이다. 특히, 본문에서 살펴본 각종 평가가 진정한 공교육 발전에 어떤 역효과를 불러일으키는지, 그리고 충분히 역효과가 예상됨에도 불구하고 평가를 무리하게 강행하는 숨겨진 의도가 무엇인지에 대한 비판적 통찰이 필요하다. 더 많은 사람이 이런 관점을 지니고 각자의 위치에서 비판과 적극적인 참여와 실천을 할 수 있을 때 학교 교육을 좀 더 건전하고 민주적인 방식으로 이끌 수 있다.

셋째, 우리나라가 그동안 모델로 삼아 온 대표 국가인 미국과 일본은 강대국이지 복지국가는 아니라는 사실에 주목해야 한다. 우리는 힘센 국가보다는 행복한 국가를 더 바란다. 그렇다면 미국과 일본이 아닌 핀란드 등의 복지국가를 모델로 삼을 필요가 있다. 교육 분야에서도 마찬가지다. 엘리트 위주의 교육, 성적과 경쟁 위주의 교육, 차등과 평가 그리고 효율성과 통제 위주의 교육에서 벗어나 핀란드처럼 교사와 학생들에 대한 신뢰 · 배려 · 지원을 바탕으로 협동과 평등을 강조하는 진정한 공교육 강화 방향으로 나아가야 한다. 또한, 지금처럼 갈등과 불평등을 조장하는 교육정책이 아닌 20명 내외로 학급 규모(학급당 학생 수) 감축, 교사의 잡무 경감, 학교 시설의 현대화 · 친환경화, 입시 제도의 단순화 등과 같이 원만하면서도 모든 학생이 공평한 혜택과 교육 기회를 얻는 교육 정책을 지향해야 한다.

넷째, 우리나라의 사교육비 문제와 교육 불평등 문제의 주요 원인이 학벌주의에 있기 때문에 학교 간의 차등과 서열화를 없애는 '평준화'의 진정한 가치를 파급할 필요가 있다. 교육 제도가 가져오는 계층 간의 불공평한 통제를 완화하고, 사회계층 이동(신분 상승)의 교육 기회를 공평하게 보장하기 위해서는 평준화가 필수적이다. 어떤 이는 '평준화를 하든 하지 않든 어차피 1등과 꼴찌가 나오는 것은 똑같은데 무슨 차이가 있는가?'라고 말할지도 모른다. 그러나 평준화는 학교 교육 과정에서의 교육 기회를 좀 더 공평하게 보장해 주기 때문에 실제적인 측면에서는 매우 큰 차이가 있다.

다섯째, 지식인의 책무란 무엇인가에 대한 심오한 성찰도 요구된다. 노암 촘스키Noam Chomsky[9]는 "지식인의 책무는 진실을 말하는 것이다. '중요한' 문제에 대해서 '적합한 대중'에게 '가능한 범위 내에서' 진실을 찾아내 알리는 것이 지식인에게 주어진 도덕적 과제다"라고 강조했다. 따라서 지금처럼 많은 지식인이 교육 문제와 사회문제에 대해 무관심하고 그저 돈을 벌기 위한 수단으로, 자본주의 사회에서 즐기기 위한 수단으로 직업에 매몰될 때 그 사회의 참된 발전은 기대하기 어렵다. 특히, 교육자들은 교단에 서는 그 자체가 의미 있는 것이므로 참교육에 대해 더 깊이 반성하고 실천(참여)할 때 지식인의 본분을 다하는 것임을 깨달아야 한다.

---

9) 노암 촘스키 저, 강주헌 역, 《지식인의 책무》, 황소걸음, 2005.

법질서와 언론 통제:
언론 공론장의 현실과 과제

김은규(우석대 · 신문방송학)

언론의 자유와 사회적 책임

대한민국 헌법 제1장은 다음과 같이 시작한다. "대한민국은 민주공화국이다. 대한민국의 주권은 국민에게 있고, 모든 권력은 국민으로부터 나온다"(대한민국 헌법, 제1장). 이는 국민주권을 토대로 하는 민주주의 국가라는 대한민국의 주체와 정체성을 밝히는 것이다. 민주공화국의 구성원으로서 대한민국 국민은 자유로운 정보 유통을 통해 정치과정을 인지하고 그에 대한 의견과 이해관계를 표출할 수 있어야 한다. 자유로운 정보유통, 정치과정에 대한 인지, 그리고 그에 대한 의견의 표출을 가능토록하는 사회적 기구를 우리는 '언론'이라 부른다. 요컨대, 현대사회에서 언론은 정치과정에 대한 지식과 정보를 제공하고 의사를 표현하는 가장 핵심적인 공간으로써 정치적 권력 기구와 일반 국민을 연결하는 핵심 통로다. 언론은 또한 여론을 주도하는 사회적 장치다. 언론은 사회 내의 다양한 의견을 전달하고 반영하기도 하지만, 한편으로는 언론이 여론을 만들어 내기도 한다. 때문에, 언론은 정치적 과정의 전달자disseminator이자 해석자interpreter이고, 특정한 이념의 주창자advocator이자 반대자adversary이며, 정치적 토론의 장을 제공하는 중개자mediator이자 사회적 이슈를 결정하는 의제 설정자agender-setter의 역할을 수행하기도 한다.[1]

언론이 이와 같은 사회적 역할을 제대로 수행하기 위해서는 한편으로는 언론의 자유가 보장되어야 하며, 또 다른 한편으로는 언론 스스로 사회적 책임감을 가져야 한다. 언론의 자유와 책임은 서로 분리될 수 있는 것이 아니다. 사회적 공기로써 언론이 그 책임을 다하기 위해 언론의 자유가 보장돼야 하며, 언론의 사회적 책임이 실현되는 가운데 언론의 자유가 보장될 수 있다. 언론 역시 한 국가의 체제 속에 있기에 법질서의 규제를 받는다. 하지만 언론과 관련한 법질서는 언론 자유와 사회적 책임을 위한 것이지 언론을 통제하기 위한 것이어서는 안 된다. 언론의 통제는 곧 민주적 과정을 통제하는 것이기 때문이다.

하지만 한국 언론의 현실을 진단해 볼 때, 민주주의 실현을 위한 사회적 기구로써 언론 자유와 언론의 사회적 책임에 대한 평가는 암울하다. 정치권력에 의한 언론의 통제, 언론의 책임을 망각하고 스스로 정치권력의 충견이 되어 있는 상황, 이것이 한국 언론의 현실인 것이다.

---

1) 정성호, 〈미디어, 정치·사회〉, 임동욱 외 편, 《사람, 사회 그리고 미디어》 pp.265~277, 이진출판사, 2006.

정치권력과 국가—언론의 관계 변동

언론의 사회적 책임 중 하나는 정치권력에 대한 견제이다. 즉, 정치권력의 부정과 부패를 감시하는 한편 권력이 민주적 정치과정을 수행하도록 끊임없이 견제하는 것이다. 이에 언론을 감시견watch-dog이라 부르기도 한다. 하지만 한국의 현대사를 돌아보면 민주적 정당성을 갖지 못한 국가권력은 끊임없이 언론을 통제하고자 했다. 반면, 언론이 사회적 책임을 방기하고 권력화되면 개혁의 대상이 되기도 한다. 1960년대 이후 한국의 현대사 속에서 국가와 언론의 관계를 정리해 보면 다음과 같다.[2]

먼저, 군사 쿠데타로 정권을 장악한 박정희 정권은 갖가지 제도와 비공식적 장치를 통해 언론을 통제했다. 5·16쿠데타 직후 시설 기준을 적용한 언론사 정리, 유신 전후 언론 통폐합, 문화공보부를 통한 감시 감독, 프레스 카드제 시행, 기관원의 언론사 상주 및 검열, 유신헌법과 긴급조치 등의 법률 체계를 통한 언론 통제가 이루어졌다. 1980년 신군부를 배경으로 등장한 5공화국 전두환 정권은 더욱 철저하고 체계적으로 언론을 통제했다. 이들은 먼저 언론계 정화라는 명분으로 1980년 수백 명에 이르는 언론인 강제 해직 정책을 시행했다. 이어 1980년 말에는 언론 통폐합과 더불어 언론기본법을 제정함으로써 법질서 차원의 언론 통제 구조를 완성했다. 언론인 강제 해직과 언론 통폐합이 물리력을 바탕으로 이

---

2) 국가권력과 언론의 관계 변동에 대한 이하 내용은 김은규, 《미디어와 시민참여》(커뮤니케이션북스, 2003)의 내용 중 〈정치체제와 국가—언론 관계의 변동〉(pp.168~182)을 바탕으로 재정리한 것이다.

루어진 강압적 조치였다면, 언론기본법은 언론 통제를 법적, 제도적 차원에서 마무리 지은 것이었다. 언론기본법은 그 취지로 언론의 사회적 책임 강화를 표방했지만, 실제적으로는 족쇄로 작용했다. 물론 이들 군부 정권들은 강압적 통제 조치만 취한 것은 아니었다. 강압적 통제라는 '채찍'을 사용하는 한편, 순응하는 언론에 대해서는 특혜를 통한 지원이라는 '당근'도 제시했다. 이에 따라, 순응적인 언론사들은 국가권력의 지원 속에서 지배 연합의 일원으로 포섭되는 제도 언론이 되었으며, 물적 지원을 바탕으로 언론 자본을 축적하기도 했다.

1987년 시민 항쟁은 한국 사회에 커다란 변화를 가져왔다. 억압적 권력에 대한 전 국민적 항쟁에 굴복한 군부 정권은 '6·29 선언'을 통해 절차적 민주화 조치를 취했다. 이에 따라 언론 민주화 역시 법·제도적 측면에서 잇달아 나타났다. 1987년 말 대표적 악법으로 손꼽히던 언론기본법이 폐지되었고, 이를 대체하는 '정기간행물법'과 '방송법'이 제정됐다. 정보기관원의 언론사 상주나 보도 지침과 같은 직접적 통제 역시 완화되었으며, 언론 노조가 허용되기도 했다. 하지만 여전히 군부의 맥락을 이은 제6공화국의 노태우 정권은 언론 통제 방식을 변화시켰다. 시민사회의 확장과 견제가 확대됨에 따라 직접적 통제를 약화하는 대신 정보 통제 문건 등과 같은 간접적 통제를 지속했다. 또한, 언론 자율화 조치를 바탕으로 언론 시장이 확장되면서 자본을 통한 대리 통제 방식을 시행했다. 요컨대, 신규 매체가 급속히 설립되면서 언론 시장 내의 경쟁이 확산되고, 언론 사주와 언론 노동자들이 갈등이 심화됨에 따라 광고주로서의 자본, 언론사주로서의 자본을 원격조정하며 언론을 대리 통제하는 방식을 취한 것이다.

1993년 등장한 김영삼 정권은 문민정부에 의한 민주주의 시대가 도래했음을 강조하면서 국가권력에 의한 언론 통제를 일절 하지 않겠다고 선언했다. 이에 따라 기존의 국가 후견적 체제 속에서 물적 토대를 확보한 언론 재벌과 재벌의 언론 산업 진출에 따른 재벌 언론이 등장하면서 언론은 유사 권력 기구로 나아갔다. 김영삼 정부는 이처럼 유사 권력화된 언론과 조합주의를 시행하면서 동반자 관계를 유지했다. 즉, 군부 정권하에서 제도 언론으로서 국가 후견적 지배 연합이었던 언론이 조합주의적 지배 연합으로 재편된 것이다. 한편, 자본의 유입과 축적을 바탕으로 한 언론재벌과 재벌 언론의 언론 시장 독과점 및 지배 연합 일원으로서 이들의 보수적 성향은 언론 개혁에 대한 시민사회의 요구로 이어졌다. 1987년 이후 성장한 시민사회 진영이 한국 언론의 사회적 책임과 언론 시장의 민주화를 제기한 것이다. 1998년 취임한 김대중 정부는 이러한 시민사회 진영의 언론 개혁 요구를 수용했다. 김대중 정부는 출범 초기 '방송개혁위원회'를 구성해 방송 개혁의 방향성과 통합방송법을 이끌어 냈다. 또한, 후반기에는 신문 시장의 불공정 거래 행위 및 지위 남용을 규제하는 신문 고시 정책의 시행과 언론사 세무조사를 통해 신문 시장 정상화를 시도하기도 했다. 요컨대, 김영삼 정부 시기에는 국가와 언론의 조합주의 정책을 통해 언론이 스스로 권력화되었다면, 김대중 정부는 국가와 시민사회의 조합주의를 통해 권력화된 언론 개혁을 시도했던 것이다.

보수 정권의 재집권과 언론 공론장의 붕괴

 정부의 언론 정책은 해당 정부 최고 통치자와 그 수반들의 철학을 반영한다. 즉, 언론을 민주적 정치과정을 위한 사회적 장치로 활용할 것인지, 아니면 정치권력을 위한 도구로 이용할 것인지의 문제는 정치권력 행위자들의 언론관이 투영된 것이다. 이러한 관점에서 봤을 때, 2008년 취임한 이명박 정부는 언론을, 특히 공영방송을 국가기구state apparatus로 간주한 도구주의적 언론관을 가지고 있었다고 평가할 수 있다. 이명박 정부는 다음과 같은 측면에서 한국 언론 구조를 과거 군사정권과 같은 수준으로 퇴행시켰다. 첫째, 소통의 결핍과 절차적 민주주의를 파괴(규제 기구를 통한 일방적 독주, 법 형식주의적인 미디어 악법 강행 등)했다는 점이다. 둘째, 권위주의적 시장주의(시장 합리성이 결핍된 종합 편성 채널의 탄생)라는 점이다. 셋째, 정치성의 과잉으로 방송 공공성/독립성을 훼손시켰다는 점이다. 넷째, 심의 기구의 행정 기구화 및 검열 논란(수용자 정서와 동떨어진 탈 맥락적 심의와 자기 검열의 내면화 초래)을 불러일으켰다는 점이다.[3]

 이명박 정부의 공영방송 및 언론 장악은 다음과 같은 절차를 밟으며 진행됐다. 첫째, 낙하산 사장 투입, 둘째, 친정부 편파 방송을 함께 도모할 간부인사 단행, 셋째, 노조원 등 비판적인 사내 구성원들에 대한 탄압과 징계, 넷째, 정부를 비판할 가능성이 있는 프로그램 폐지 또는 축소, 다

---

3) 이남표, 〈방통위·방통심의위 해체와 대안, 공영방송 거버넌스 개선 방안〉, 민주언론시민연합 기획토론회, 2012.

섯째, 친정부 홍보 프로그램 편성과 실행의 일상화 순이다. 이명박 정부는 감사원·검찰·국세청·교육부·방통위·공영방송 이사회 등 공정하고 중립적이어야 하는 국가기구와 공공 기구를 동원해 KBS·MBC·연합뉴스·YTN 등 공영 미디어들을 불법 부당하게 장악했다. 이 때문에 민주적 여론 형성과 국민의 알 권리를 사명으로 하는 공영 미디어들은 정권 등 기득권층에 대한 감시와 비판을 더는 할 수 없게 되었고, 불공정한 정권의 홍보 도구로 변화했다. 이들 공영 미디어에서 언론 본연의 임무인 거대 권력 감시와 여론 다양성 구현에서 두각을 나타낸 사람들 및 사회 비판 프로그램은 모두 배제됐고, 그 자리는 정권 홍보와 호위에 협력하는 사람들과 비판을 빙자한 탈정치적이고 친정부여당적인 프로그램으로 채워졌다. 이들 공영 미디어들은 정권의 사리사욕을 위해 국민의 의식을 조작·동원하는 권력의 도구로 악용된 것이다.[4]

또한, 이명박 정부와 집권 여당은 미디어법 개악을 통해 민주주의적 법 개정을 유린했으며, 소수 보수 언론에 방송 진출을 허용함으로써 사회적 여론 다양성의 훼손과 방송 시장의 왜곡을 가져왔다. 2009년 날치기로 통과된 미디어법 개악은 관련법인 방송법과 신문법을 개정해 대기업과 신문사가 여론 형성과 관련된 뉴스 보도를 할 수 있는 종합 편성 방송에 진출토록 한 것이다. 이는 미디어 관련법 위법 통과라는 절차적 문제뿐만 아니라 개악된 법의 내용상에도 심각한 문제를 안고 있었다. 절차적

---

4) 신태섭, 〈이명박 정권의 언론장악 실상과 정상화 방안〉, 민주언론시민연합·민주당언론대책특별위원회 세미나, 2013, p.13.

문제는 관련법 통과 과정에서 위헌, 위법성을 띠었다는 것이다. 신문법 표결 과정에서는 여당 의원들의 대리투표가 발생했다. 방송법 표결 과정에는 투표 종료 선언을 해놓고도 과반수 투표가 이루어지지 않아 투표 재개를 강행하기도 했다. 이는 투표 종료 후 동일한 안건을 재상정하지 못하도록 하는 일사부재리의 원칙을 위반한 것이었다. 이에 절차적 위법성 문제는 헌법재판소로 넘어갔지만, 헌법재판소는 법 통과 과정의 위헌성을 인정하면서도 법을 무효화하지 않는 회피적 판단을 내림으로써 스스로의 권위를 추락시키기도 했다. 결과적으로 개악된 법에 따라 보수 언론들에 종합편성 방송이 허용됨으로써 여론 다양성의 심각한 훼손이라는 방송 시장의 재앙을 가져왔다.

이러한 한국 언론의 상황을 보면서 국제사회 역시 심각한 우려를 표현했으며, 한국의 언론 자유에 대한 평가 역시 하락했다. 매년 '세계언론자유지수'를 발표하며 각국의 언론 자유 증진 활동을 하는 '국경없는 기자회Reporters Without Borders'는 한국의 언론 자유 지수를 2009년 69위, 2010~2011년 42위로 발표했다. 이는 2004년 26위, 2005년 31위, 2007년 39위와 비교할 때 한국의 언론 자유 지수가 현격히 하락했음을 보여주는 것이다. 또한, 세계 최대의 인권 단체인 국제앰네스티Amnesty International는 연례 보고서를 통해 한국의 상황을 다음과 같이 연차적으로 평가하기도 했다. '헌법에 따르면 시위에 대한 허가가 필요하지 않은데도 불구하고, 정부는 허가를 받지 않았다는 이유로 시위자를 처벌하여 표현의 자유를 제한하고 있다'(2008년), 10년 만에 표현의 자유가 우려할 만한 수준으로 퇴행'(2009년), '표현의 자유가 없는 나라'(2010년), '한국 정부가 모호한 법 조항을 담은 국가보안법, 명예훼손 관련법 등을 이용해 비판의 목소리를 탄압하고 억누르는 사례가 늘어났다'(2011년), '2011년 한국 정부는 표현의 자유, 집회·시위의 자유, 사상과 양심의 자유를 보장하는 데 실패했다'(2012년).[5]

박근혜 정부의 언론 정책과 법질서

● 이명박 정부의 방송 장악을 물려받은 박근혜 정부

2008년 이후 이명박 정부에 의한 방송 장악과 미디어 통제에 따라 한국의 언론 공론장은 과거 군사독재 시절로 회귀했다. 한국의 민주주의와 국민의 표현의 자유는 퇴행했고, 언론은 사회적 공기라는 책임을 외면하고 권력의 도구로 다시 자리매김했다. 이에 이명박 정부의 뒤를 잇는 새로운 정부는 언론을 다시 건전한 공론장으로 되돌리는 책임을 과제로 안고 있었다. 하지만 박근혜 정부는 이명박 정부의 연장선에 있기에 정부 출범과 더불어 우려의 시각들이 제기되었다.

박근혜 정부의 언론 정책은 산업 논리를 동원한 권력과 자본의 이중적 통제와 언론 장악 체제의 고도화로 압축될 수 있다. 즉, 박근혜 정권이 MB 정권의 언론 장

---

5) 신태섭, 〈이명박 정권의 언론 장악 실상과 정상화 방안〉, 민주언론시민연합·민주당언론대책특별위원회 주최 세미나 자료집, 2013, p.14.

악 체제를 세습하고 정교화해 언론 장악 2기 체제를 활용한다는 것이다. MB 정권은 방송 장악에 성공했고, 박근혜 정권은 이 바탕 위에서 권력과 자본을 결합시킴으로써 제한된 범위의 완화와 세련된 통제를 구사할 수 있게 됐다.[6]

박근혜 정부는 MB 정부가 성공적으로 일구어 놓은 방송·미디어 장악과 통제라는 토양 속에서 출발했다. 이에 박근혜 정부의 미디어 정책은 '현상 유지와 관리'로 흐를 수밖에 없다. 방송과 미디어가 표출해 내는 사회적 의제의 방향과 범위, 표현의 자유와 그 책임의 관계(특히 인터넷상에서 이뤄지는)에 대한 접근 등에서 '개방과 자율'이 아닌 '제한과 통제'가 이뤄질 가능성이 높을 것으로 전망된다.

이러한 우려는 현실로 진행되고 있다. 박근혜 정부 대통령직인수위원회가 제시한 정부 조직 개편안은 초기부터 야당, 학계, 시민사회의 반발을 낳았다. 또한, 이명박 정부가 만들어 놓은 방송 장악 구조는 박근혜 정부에서도 똑같이 작동하고 있다.[7]

● 미래창조과학부로의 방송 정책 이관과 문제점

2012년 대통령선거 당시 박근혜 후보는 △콘텐츠, 플랫폼, 네트워크, 기

---

6) 강성남, "언론 장악 2기 체제에 맞서 정론직필의 전선을 구축하자", 〈시민과 언론〉 통권 100호, 2013, pp.123
7) 조준상, 〈정부 조직 개편 방향에 대한 진단과 제언〉, 커뮤니케이션 정보조직 개편방향의 진단과 제언 토론회, 2013.

기 등 정보 통신 생태계를 총괄하여 창조 경제의 기반을 마련할 전담 조직의 신설 검토, △사회문화적 규제를 담당하는 위원회 설치, △내용 심의를 담당하는 콘텐츠위원회 설치 등을 공약했다. 또한, △공영방송 지배 구조와 관련, 정치권의 영향력 행사로 인한 독립성, 중립성 논란 발생을 방지하기 위해 공영방송 지배 구조 개편 목적의 방송법 개정 추진, △케이블, 위성, IPTV 등 네트워크별로 분산된 유료 방송 체제의 일원화 등을 제시했다. 이러한 정책적 공약은 대통령직인수위에서 다듬어졌고, 인수위는 정보 통신 생태계를 포괄하는 전담 조직의 신설과 유료 방송 규제 체제를 정비하여 신규 미디어 시장의 창출이라는 국정 과제를 제시했다.[8]

　박근혜 정부가 국정 운영을 위한 기본 방침으로 제시한 것이 '창조 경제론'이다. 이에 따라 창조 경제를 관장할 정부 부처인 '미래창조과학부' 신설을 중심으로 정부 조직 개편안이 발표되었다. 핵심은 경제 부흥을 위한 성장 동력 발굴과 일자리 창출을 위해 과학기술, 연구 개발, 정보 통신 기술ICT 분야를 담당하는 미래창조과학부를 신설한다는 것이다. 그리고 미래창조과학부에 ICT 업무를 전담하는 차관을 두고, 기존에 방송통신위원회에서 담당하던 방송 통신 정책 기능을 옮기도록 했다. 이는 규제와 진흥이라는 이분법에 따라 통신 및 방송 정책은 모두 미래창조과학부가 담당하고, 기존의 방송통신위원회는 방송 관련 규제 정책만을 담당하도록 한다는 구상이다.

　이러한 정부 조직 개편안은 당장 야당, 학계, 시민단체의 반발을 가져

---

8)　이용성, "박근혜 정부의 언론 정책 점검", 〈시민과 언론〉 통권 100호, p.45, 2013.

왔다. 문제의 핵심은 첫째, 새 정부가 방송 통신과 관련한 일련의 정책을 미래창조과학부 장관이라는 독임제 시스템에 일임하는 데 따른 구조적 통제의 문제다. 통신 관련 정책과 진흥 육성 업무는 물론 대부분의 방송 관련 정책 기능을 미래창조과학부 장관에게 귀속시킴으로써 방송의 독립성과 다양성의 가치가 결정적으로 훼손될 것이라는 우려도 이와 연관된다. 둘째, 법령 제·개정권을 폐지하는 등 방송통신위원회를 극도로 축소함으로써 방송의 다양성과 독립성, 합의제 방송 정책 기구의 기능을 형해화하는 데 대한 문제 제기다. 방송 사업자의 승인과 허가·재허가, 방송 광고 정책 등 방송 정책의 핵심적인 기능을 미래창조과학부로 이관함으로써, 방송통신위원회는 대통령 직속의 독립위원회라는 거창한 푯말에도 불구하고 공영방송사의 임원 추천 권한 정도를 행사하는 초라한 일반 행정위원회로 전락했다. 이러한 비판들은 방송의 독립과 다양성, 민주주의 여론 형성의 위축에 대한 우려를 담고 있다.[9]

정부 조직 개편안에 대한 문제는 각계의 반대 속에서 재검토가 요청되었지만 결국 여야의 부분적 합의로 귀결됐다. 우선 미래창조과학부에 방송정책 권한의 많은 부분이 이관됐다. 지상파, 종편, 보도 채널에 대한 인허가 및 법령 제·개정 권한은 방송통신위원회에 남았지만, 방송 프로그램을 전달하는 종합유선방송SO, IPTV, 위성방송, 그리고 비보도 방송 사업자 및 유료 방송 관련 인허가권과 제·개정 권한이 미래창조과학부로

---

9) 이승선, 〈정부 조직 개편안의 특성과 쟁점〉, '정부 조직 개편 논의와 방송 정책의 방향' 언론3학회 긴급토론회, 2013.

합의제와 독임제의 차이와 방송 정책에서의 중요성

행정기관에서 합의제와 독임제의 차이는 매우 중요하다. 합의제 행정기관은 행정기관의 의사가 그 행정기관의 수장 1인의 의사가 아닌 다수 의사의 합치로 결정되는 것을 말한다. 반면, 독임제는 부처의 장관 등 행정기관의 장 1인의 의사에 따라 결정되는 것이다. 이에 2000년 통합방송법이 제정되면서 방송 정책을 담당하는 '방송위원회'가 합의제 기구로 설치되었고, 2008년 방송위원회와 정보통신부를 통합하여 방송통신 정책과 진흥 업무 모두를 담당했던 '방송통신위원회'도 합의제 기구로 운영되었다. 하지만 위원의 구성이 대통령 추천 2명, 여당 추천 1명, 야당 추천 2명 등 5명으로 구성되면서 정부 및 여당 3명, 야당 2명이라는 문제를 안고 있었다. 더구나 2008년 이후 이명박 정부 시절에는 이명박 전 대통령의 멘토이자 '방통대군'이라는 별칭을 가진 최시중 전 위원장이 독단적 전횡을 휘두르면서 합의제가 제 기능을 발휘하지 못했고, 방송통신위원회는 이명박 정부의 언론 장악을 위한 전위대 역할을 했다. 이러한 상황에서 방송 정책에 관한 업무가 독임제 행정기관인 미래창조과학부로 넘어간다면 정부의 언론 장악이 더 손쉬워질 수밖에 없다. 이에 방송 정책과 관련한 정부 조직 개편안에 대한 야당, 학계, 시민사회의 반대가 진행된 것이다.

이관됐다. 다만, 방송통신위원회가 합의제 중앙 기관으로 남아 종합 유선방송의 인허가 동의권을 가짐으로써 견제장치를 마련했다. 즉, 미래창조과학부가 종합유선방송의 인허가 및 법령 제·개정권을 갖지만, 이러한 행위를 할 경우 방송통신위원회의 동의를 거쳐야 한다는 것이다. 또한, 방송공정성특별위원회를 한시적으로 설치해 방송 공정성 확보를 위한 논의를 진행하도록 했다.

그러나 이러한 합의는 미완의 합의였다. 첫째, 비록 부분적으로 종합유선방송의 인허가와 관련해 방송통신위원회의 동의권을 확보했다고는 하지만, 통신 영역 전반에다 종합유선방송, IPTV 등 방송 통신 콘텐츠 전달 플랫폼에 대한 정책을 미래창조과학부가 전담한다는 것은 방송 통신 공공성의 측면에서 위험 소지를 안고 있다. 법질서의 강조 속에서 정권의 미디어 통제 가능성이 용이해진 것이다. 둘째, 방송통신위원회의 개선안에 대한 논의 역시 전혀 부재하다는 점이다. 이명박 정부 시기 방송통신위원회는 합의제 기구였음에도 불구하고, 위원구성의 한계(박스 내용 참고) 속에서 사실상 독임제 기구나 다름없는 역할을 수행했다. 방송 정책에 대한 많은 부분이 미래창조과학부로 이관된 상황에서 방송 공공성을 수호해야 할 역할은 방송통신위원회에 남아 있지만, 조직적 구조 개선 없이는 지난 정권에서 보였던 부작용이 되풀이될 수 있다는 것이다.

한편, 방송공정성특별위원회에 대한 기대 역시 무망하다. 박근혜 정부의 정부 조직 개편안을 여야 합의로 통과시키는 조건으로 등장한 것이 국회에 방송공정성특별위원회를 설치하고 한시적 활동을 통한 방송 공정성 확보 방안을 마련한다는 것이었다. 하지만 2013년 11월 말로 약정된 활동 기간이 종료될 때까지 아무런 성과가 나오지 않았다. 이 과정에서 여당인 새누리당은 자신들이 추천한 전문가들이 참여해서 만든 방송법 개정안 역시 거부했다. 애초 정부조직법 개편안을 통과시키기 위해 생색내기용으로 특위 구성을 합의하고 실질적 활동을 거부하는 방식으로 야당과 국민을 우롱한 것이다.[10]

---

10) 최진봉, 〈공정 방송 끝내 외면할 것인가〉, 국회 방송공정성특위 종료 임박 긴급 토론회, 2013.

방송 지배 구조 문제와 정치적 편향

정치권력의 방송 통제는 방송 지배 구조에 '자기 사람 심기' 방식의 인적 통제를 통해 이루어지고 있다. 즉, 방송 지배 구조가 정부 및 여당에 의한 정치적 편향이 가능하게 되어 있는 것이다. 박근혜 정부의 정부 조직 개편에 따라 통신 정책 전반과 방송 정책의 많은 부분이 독임제인 미래창조과학부에 이관되었지만, 개편 이전 국내 방송 통신 정책 전반은 방송통신위원회가 담당했다. 합의제 기구인 방송통신위원회의 위원은 총 5명이며, 위원은 대통령 지명 2명, 여당 추천 1명과 야당 추천 1명으로 구성된다. 요컨대, 정부 및 여당 측 인사가 3명으로, 합의 과정에서 우위를 점할 수 있는 구성이다. 그리고 방송통신위원회가 공영방송 KBS, EBS, MBC의 이사를 선임토록 하고 있다. 이에 따라 KBS(11명), EBS(9명), MBC(9명) 이사회의 구성 역시 정부 및 여당 측 인사들이 다수를 점하게 되며, 이렇게 구성된 각 방송사의 이사회에서는 해당 방송사의 사장을 선임한다. 그리고 이렇게 선임된 각 공영방송사의 사장은 방송사 경영진 구성의 권한을 가진다. 즉, 방송 정책에 관한 최고 행정 기구인 방송통신위원회 위원에서부터 공영방송 사장과 경영진 구성에 이르기까지 정치적 편향성이 투영되도록 사슬처럼 연결되어 있다. 이명박 정부는 이 같은 방송 지배 구조를 통해 '자기 사람'을 KBS와 MBC에 낙하산으로 내려보냄으로써 방송 장악을 실현했으며, 방송의 독립성과 공정성을 심각하게 훼손했다.

대통령 선거 과정에서 당시 박근혜 후보 진영은 정치권의 영향력 행사에 의한 방송의 공정성과 독립성에 우려를 표명한 바 있다. 하지만 정권 출범 1년이 지나가는 시점에서도 이에 대한 조치는 전혀 이루어지지 않고 있다. 불도저식으로 밀어붙이며 방송을 장악한 이명박 정부의 유산을 그대로 안으면서 향유하고 있는 것이다. 이에 따라 정치적 입김에서 자유롭지 못한 방송사 경영진들은 정권 눈치 보기에 급급한 상황이다. 이러한 현실은 공정성과 독립성을 상실한 방송 프로그램으로 이어지고 있다.

박근혜 정권하에서 공영방송 KBS와 MBC의 뉴스 보도는 언론의 아젠다 설정 기능을 왜곡한 편파 보도로 구체화한다. 박근혜 정권에 불리한 사회적 이슈는 축소 보도하거나 외면하고, 유리한 뉴스는 확대하는 방식이다. 언론으로서의 사회적 책임을 스스로 외면하고 있는 것이다. 이러한 공영방송의 편파 보도 행태와 관련해 288개의 시민단체로 구성된 '시민사회시국회의'에서는 "두 공영방송사는 검찰 수사 결과 국정원 대선개입이 사실로 확인되고 지난해 경찰의 중간 수사 결과 발표가 조작된 것이 입증되었지만, 이를 축소 보도하거나 은폐·누락해 국민의 눈과 귀를 가렸다. 심지어 정부 여당이 국면 전환을 위해 NLL 논란을 재점화시키자 충성경쟁을 하듯이 관제 보도를 쏟아내며 물타기에 앞장섰다"고 비판하는 기자회견을 열기도 했다.[11]

방송의 정권 눈치 보기는 편파 보도 수준을 넘어 찬양 보도로 이어지기도 했다. 찬양 보도는 특히 대통령의 외국 순방 보도에서 두드러졌다. 예컨대, 2013년 11월에 이루어진 대통령의 유럽 순방 보도는 해외 순방

---

11) "민주주의가 망했다, 공영방송이 망했다", 〈미디어오늘〉, 2013.8.16.

내용과 성과에 대한 분석과 검증보다는 '문화 외교-창조 경제'라는 수식어 속에서 성과 부풀리기에 치중했다. 또한, 성대한 환영, 외국어 실력, 국빈 방문 등의 수사를 통한 찬양 보도가 동정과 에피소드 전달이라는 명분 속에서 순방 보도의 절반을 차지하기도 했다.[12]

뉴스 프로그램뿐만 아니라 교양 및 예능 프로그램에서도 자기 검열을 통해 정권의 비위를 건드리지 않기 위해 노력하는 모습이 나타났다. 예컨대, MBC는 2013년 11월 방영될 예능 프로그램 '진짜 사나이'에서 이외수 작가의 강연을 내보낼 예정이었다. 하지만 정부 여당 의원들이 이외수 작가가 과거 천안함 사건에 의혹을 제기하는 트윗을 SNS에 올렸다며 방송 중지를 요청하자 해당 내용을 통째로 삭제했다. 공영방송 MBC가 여당 정치인들의 몇 마디에 바로 호응한 것이다. KBS의 경우, 2013년 10월 가을 개편을 통해 새롭게 선보인 교양 프로그램 '역사저널 그날'에서 진보 성향의 출연자를 문제 삼아 녹화까지 마친 방송 내용을 불방 처리하기도 했다. 이처럼 공영방송의 경영진은 정권 눈치 보기 속에서 스스로 방송의 자율성과 독립성을 훼손하는 자기모순과 파행을 보여 주었다.

이 같은 방송사들의 정권 편향적 모습에 대해 언론학자들의 비판은 신랄했다. 아래 〈표 1〉은 언론학자 129명이 응답한 KBS, MBC 보도에 대한 평가로, 박근혜 정부하의 한국 방송의 심각한 현실을 반영한다. 우선, 노무현 정부 시기보다 이명박 정부와 박근혜 정부 시기 공영방송사의 보도

---

12) 〈박 대통령에 홀딱 빠진 방송 3사 순방 보도〉, 민주언론시민연합 방송모니터 보고서, 2013.11.22.

〈표 1〉 공영방송 보도에 대한 언론학자들의 평가 (10점 만점)

평가 영역	방송사	노무현 정부 시기	이명박 정부 시기	박근혜 정부 시기
중립성	KBS	6.19	3.53	3.71
	MBC	6.22	3.24	3.16
사실성	KBS	6.67	4.09	4.59
	MBC	6.68	3.61	3.92
사회적 다양성	KBS	6.29	3.30	3.57
	MBC	6.20	2.98	3.10
사회적 약자 보호	KBS	6.53	3.60	3.92
	MBC	6.62	3.35	3.45
사회감시 및 권력 비판	KBS	6.36	3.17	3.24
	MBC	6.49	2.91	2.87

* 자료 출처: 심훈, 〈박근혜 정부 기간 KBS, MBC 뉴스에 대한 방송학자들의 평가 조사〉, 2013.

평가가 크게 하락했다. 중립성, 사실성, 사회적 다양성, 사회적 약자 보호에 대한 보도가 10점 만점에서 3점대로 매우 낮아졌으며, 특히 사회 감시 및 권력 비판 보도에 가장 문제가 있다는 평가를 보여 준다.

이에 따라 조사를 수행한 연구자는 한국 공영방송의 현재 위치가 공론公論과 정론正論에서 모두 취약성을 보이는 '나팔견' 모델에 가까우며, 중립성과 균형성, 형평성과 불편부당성에 상대적인 무게 중심을 두고 있기에 '곡예견' 모델의 특성을 띠고 있다고 평가한다.[13] 또한, 박근혜 정부하에서 공영방송의 보도는 정치권 눈치 보기 보도, 제왕적 대통령 보도를

---

13) 심훈, 〈박근혜 정부 기간 KBS, MBC 뉴스에 대한 방송학자들의 평가 조사〉, 한국언론학회 가을철 학술대회, 2013.

통한 정치 종속 현상의 극치를 보여 준다는 평가도 있다.[14]

한편, 방송의 공정성과 공공성 보장을 목적으로 설치된 방송통신심의위원회 역시 정치적 편향성이 두드러지면서 정치 심의, 표적 심의, 자판기 심의라는 비판을 받고 있다. 방송통신심의위원회는 2008년 방송통신위원회가 설립되면서 같이 설치된 기구다. 하지만 9명의 위원 구성이 대통령 3인, 여당 3인, 야당 3인의 추천으로 이루어지기에 정부 및 여당 인사의 절대적 우위가 형성된다. 이에 따라 본연의 목적을 수행하기보다는 정치권력의 도구로 기능하면서 권력 기구화 및 검열 기구화되었다는 문제를 안고 있다. 실제 이명박 정부 시기 방송통신위원회는 정권에 비판적인 시사·보도 프로그램들을 정치적 잣대로 심의하면서 축소하는 행보를 보여 주었다. 이러한 모습은 박근혜 정부하에서도 여전히 나타난다. 대표적으로 2013년 7월에는 MBC 라디오 '손에 잡히는 경제'와 KBS 라디오 '경제포커스'에 노조의 파업 경위를 전달했다는 이유로 '주의' 처분을 내렸으며, MBC 라디오 '박혜진이 만난 사람'에는 일제고사를 거부해 해직됐다가 복직된 교사를 출연시켰다는 이유로 '경고' 조치를 취했다. 또한, 2013년 11월에는 KBS '추적 60분-서울시 공무원 간첩단 사건 무죄 판결의 전말' 방송에 대해 '중징계' 판정을 내렸다. 박근혜 정권 출범 1년 차인 2013년도에는 국정원 등 국가기관의 대선 개입 의혹이 가장 큰 사회적 쟁점으로 부각되고 있었고, 정치권력은 이러한 상황을 타개하기 위해

---

14) 최영재, 〈공영방송 보도국은 하나가 아니다: 정치적 종속과 결과—내부 분열, 대외 눈치, 답습 보도〉, 한국언론학회 가을철 학술대회, 2013.

통합진보당 의원들의 내란 음모 수사 등을 통해 공안 정국을 만들어 가던 시기였다. 이러한 상황에서 국가정보원의 간첩 사건 조작 의혹을 심층 취재한 '추적 60분'에 '재판이 진행 중인 사건'이라는 이유로 법정 경고인 '경고'를 결정했다. 이에 시민사회단체는 이 같은 심의가 대표적인 정치 심의라며 방송통신심의위원회를 비판했다.

● 보수 정권과 보수 언론의 카르텔, 그리고 은밀한 관리

보수 정권과 보수 언론은 긴밀한 협조 체제를 구축하고 있다. 보수 언론은 보수 정권의 탄생을 위한 참모 역할을 하기도 하며, 보수 정권 유지를 위한 전위대 역할을 담당하기도 한다. 또한, 보수 정권은 보수 언론의 몸집을 키워 주기 위한 정책을 시행한다. 보수 언론은 집합적 보수 권력 유지를 위한 이데올로그이자 전위대로서의 역할을 수행하고, 보수 정권은 자신들의 권력 유지를 위한 협조자로서 보수 언론을 활용한다. 이렇게 보수 정권과 보수 언론은 공동의 이해관계 속에서 카르텔을 형성하고 있다.

조선일보, 중앙일보, 동아일보로 대표되는 국내 보수 언론은 박정희, 전두환 정권 시절 국가 후견적인 제도 언론으로 기능하면서 자본을 축적했고 시장 지배적 신문으로 성장했다. 그리고 이들은 마침내 방송 영역에까지 진출했다. 2008년 이명박 정부와 여당이 위헌적인 방법을 동원하면서까지 미디어법을 통과시킨 것은 조중동이라는 보수 신문에 방송 진출을 허용하기 위한 것이었다. 더구나 이명박 정부는 보수 언론의 종편 방송에 황금 채널 부여, 다른 방송과 차별화된 광고 규제, 편성 규제 완화,

의무 전송 채널 지정 등 각종 특혜를 베풀면서 초기 정착을 지원했다.

이명박 정부 시기 상호 협력 관계로 유지됐던 보수 언론과 보수 정권의 카르텔은 박근혜 정부에서도 이어진다. 국정원을 비롯한 정부기관의 대선 개입 의혹으로 수세에 몰린 박근혜 정부는 그 돌파구로 '종북 몰이'를 통한 공안 정국을 형성했다. 이 같은 공안 통치 메커니즘에서 보수 언론은 '분위기 조성과 지원' 역할을 수행한다. 요컨대, 조중동 보수 언론이 그들이 소유한 신문과 종편 방송을 통해 종북 몰이의 분위기를 조성하면 정부여당이 이를 인용해 정치적 문제로 대두시키고, 극우 보수 단체들이 고발에 나서면 검찰이 수사하고, 보수 언론은 다시 이를 지원하는 공안 통치 메커니즘이 작동하는 것이다.[15]

또한, 보수 언론은 정권에 밉보인 인사를 축출하기 위한 '바람잡이' 역할을 수행하기도 한다. 대표적인 사례가 2013년 9월에 진행된 조선일보의 '검찰총장 혼외 아들' 보도다. 당시 국정원의 대선 개입 수사를 지휘하던 검찰총장을 축출하기 위해 조선일보는 사실관계 확인이나 입증 과정도 없이 의혹 수준의 내용을 기사화했다. 이를 빌미로 민정수석, 법무장관 등 박근혜 정부의 참모들은 검찰 총장의 퇴진을 종용했다. 결국, 임기제 검찰총장이 조선일보 보도 이후 1주일 만에 사표를 냄으로써, 다시 정치 검찰의 시대로 돌아가게 됐다.

하지만 박근혜 정부는 은밀한 방식으로 보수 언론을 관리하기도 한다. 조중동 종편의 재허가와 관련 "재승인이 안 나올 가능성도 있다"는 언급

---

15) "공안통치 메커니즘 또 작동되나", 〈경향신문〉, 2013.11.26.

을 통해 보수 언론 간의 생존경쟁을 유발하는 한편, 이명박 정부가 출범 시킨 종편 방송을 압박하기도 한다. 이러한 언론 관리는 언론계 전반에서 진행되고 있다. 특히 언론사 및 기자에 대한 소송을 통한 압박이 박근혜 정권 1년 차에서 보이는 언론 관리 방식의 특징이다. 예컨대, 법무부 장관은 한국일보에 1억 원 손해배상을 청구했고, 청와대는 국민일보를 상대로 정정 보도 및 2억 원 손배소를 제기했다. 주간지 시사저널 기자들은 청와대 정무수석 비서관으로부터 명예훼손 혐의로 고소를 당하기도 했다.[16] 직접적인 통제는 아니지만, 압박을 통한 관리 방식이 언론 통제의 방법으로 적용되고 있는 것이다.

남겨진 과제들

보수 정권의 등장 이후 한국 언론의 사회적 책임과 공론장 기능은 심각한 수준으로 붕괴했다. 한편으로는 보수 정권과 보수 언론이 연합하는 가운데 기득권층과 보수 권력의 유지를 위한 철옹성을 구축하고 있다. 조중동 보수 언론의 종편 방송 진출은 이를 위한 두 보수 세력의 합작품이었다. 다른 한편으로는 방송 장악을 통해 국민의 눈과 귀를 호도하고 있다. 특히 방송 지배 구조의 연결고리 속에서 공영방송들은 친정부적 인사들이 장악하고 정치적 편향성과 자기 검열의 내면화를 심화시키고 있다. 이러한 현실은 이명박 정부가 국민의 반발을 강압적으로 억누르고 위헌적인

---

16) "소리 없이 통하는 박근혜 정부의 '은밀한' 언론관리 정책", 〈미디어오늘〉, 2013.10.23.

방식까지 동원하면서 완성한 것이다. 박근혜 정부는 이를 이어받아 향유하는 한편 관리한다.

언론이 사회적 공기로서 책임을 다하기 위해서는 이러한 악순환 고리들을 제도적으로 민주화하는 것이 필요하다. 이를 위해서는 무엇보다 방송 지배 구조에 대한 개선이 시급하다. 방송통신위원회, 방송통신심의위원회, 공영방송 이사진 구성, 공영방송 사장 선임 등의 방송 지배 구조 제도 속에서 정부 및 여당이 우위를 차지하는 현재의 시스템에서는 공영방송의 독립성과 공정성을 확보하기란 요원하다. 이는 진보 진영이 정권을 획득한다 해도 마찬가지다. 따라서 정치적 편향성이 깃들지 않고 다양한 사회계층이 참여할 수 있는 개선책을 모색해야 한다. 이는 대통령 선거 과정에서 박근혜 후보 스스로 공약했던 사안이다. 하지만 안타깝게도 박근혜 정부는 이를 방치하고 있다. 여야의 정치적 타협 속에서 이를 위한 논의의 장으로 대두되었던 방송공정성특별위원회조차도 아무런 성과 없이 활동이 만료되었다. 애초에 의지가 없었던 타협이었으며, 국민을 우롱하는 것이었다.

또 하나 중요한 과제는 종편 방송에 대한 보수 언론의 대처다. 종편 방송은 자신들의 보수적 성향을 노골적으로 드러내면서 심각한 사회적 갈등을 야기하고 있다. 역사 왜곡, 반대 진영에 대한 인신공격 등 언론의 사회적 책임과는 거리가 있는 편파·왜곡 방송이 종편 방송의 현재 모습이다. 더구나 방송 산업의 측면에서도 문제가 있다. 방송 시장의 규모에 맞지 않는 무리하고도 정치적인 결과가 종편 4개사이다. 먼저 종편 방송에 제공된 각종 특혜를 폐지해야 하며, 재심사를 통해 사회적 기구로서 방송의 역할을 수행하지 못한 종편을 퇴출하는 등 책임을 물어야 한다. 아울러, 보수 정권의 방송 장악 과정에서 징계 및 해직 등 피해를 당한 언론인들에게 제자리를 다시 찾아주는 것 역시 풀어야 할 과제다.

참고 문헌

- 강성남, "언론 장악 2기 체제에 맞서 정론직필의 전선을 구축하자". 〈시민과 언론〉 통권 100호, 2013, pp.12~15.
- "공안 통치 메커니즘 또 작동되나", 〈경향신문〉, 2013.11.26.
- 김은규, 《미디어와 시민 참여》, 커뮤니케이션북스, 2003.
- "소리 없이 통하는 박근혜 정부의 '은밀한' 언론 관리 정책", 〈미디어오늘〉, 2013.10.23.
- " 민주주의가 망했다, 공영방송이 망했다", 〈미디어오늘〉, 2013.8.16.
- 〈박 대통령에 홀딱 빠진 방송 3사 순방보도〉, 민주언론시민연합 방송모니터보고서, 2013.11.22.
- 신태섭, 〈이명박 정권의 언론 장악 실상과 정상화 방안〉, 민주언론시민연합 · 민주당언론대책특별위원회 세미나, 2013.
- 심훈, 〈박근혜 정부 기간 KBS, MBC 뉴스에 대한 방송학자들의 평가 조사〉, 한국언론학회 가을철 학술대회, 2013.
- 이남표, 〈방통위 · 방통심의위 해체와 대안, 공영방송 거버넌스 개선 방안〉 민주언론시민연합 기획토론회, 2012.
- 이승선, 〈정부 조직 개편안의 특성과 쟁점〉, '정부조직 개편 논의와 방송정책의 방향' 언론3학회 긴급토론회, 2013.
- 이용성, "박근혜 정부의 언론 정책 점검", 〈시민과 언론〉 통권 100호, 2013, pp.44~47.
- 정성호, 〈미디어, 정치 · 사회〉, 임동욱 외 편, 《사람, 사회 그리고 미디어》, 이진출판사, 2006, pp.265~288.
- 조준상, 〈정부 조직 개편 방향에 대한 진단과 제언〉, '커뮤니케이션 정보조직 개편방향의 진단과 제언' 토론회, 2013.

- 최영재, 〈공영방송 보도국은 하나가 아니다: 정치적 종속과 결과 −내부 분열, 대외 눈치, 답습 보도〉, 한국언론학회 가을철 학술대회, 2013.
- 최진봉, 〈공정 방송 끝내 외면할 것인가〉, 국회 방송공정성특위 종료 임박 긴급 토론회, 2013.

3부

안전 사회에 대하여

안보 이데올로기와 안전 사회

배성인(한신대 · 정치학)

"정치의 절반은 이미지를 만드는 것이고,
나머지 절반은 사람들이 그 이미지를 믿게 만드는 것" (한나 아렌트)

머리말

이명박 정부와 박근혜 정부의 등장은 한국 사회에 많은 것을 시사한다.
87년 민주화 운동을 통해, 아니 해방 이후 수십 년 동안 흘린 노동자 · 민
중의 피와 땀을 통해 이룩한 한국 민주주의가 백척간두에 놓여 있기 때문
이다. 이제 실질적 민주주의로 전진해야 하는 시점에서 정치적 민주주의
가 좌초될 위험을 맞고 있는 것이다.

이들 정권은, 우리에게 가장 큰 규정력이 역시 냉전과 반공이라는 것
을 다시 한 번 확인해 주었으며, 동시에 냉전 시대와 과거 독재 정권의 잔

재를 청산할 기회를 주기도 했다. 그런 의미에서 보수 정권의 등장은 어쩌면 우리에게 통과의례 같은 것이기도 하다. 하지만 통과의례라는 소극적 낙관성은 매우 두터워서 단순히 통과시키기에는 대단히 값비싼 비용을 지불해야 할 것이다. 그래서 박근혜 정권이 출범하자마자 등장한 수많은 사회적 의제와 쟁점들은 이들에게 전혀 문제가 안 된다. 필요할 때마다 사과하고 사법부를 흔들고 국가기구를 동원하고 법 제도를 개정하면 그만이기 때문이다.

박근혜 정권은 출범 이후 지금까지 '적대의 정치', '공포의 정치', '증오의 정치'를 지속하면서 헌법과 인권을 유린하고 노동자 민중에 대한 탄압을 강도 높게 구사해 왔다. 21세기형 '박근혜식 파시즘'[1]과 민주주의가 공존하는 체제가 된 것이다. 그래서 슬라보예 지젝이 한국의 어느 언론사와의 인터뷰에서 '자본주의와 민주주의의 결혼 생활이 끝났다'고 한 것이 새삼스럽지 않다. 언제는 자본주의가 민주주의에 친화력을 보인 적이 있었는가?

이러한 행태의 근원적인 힘은 근래에 보기 드물게 보수 세력과 국가기구가 강력한 일체감을 형성하고 있기 때문이다. 여당, 내각, 군, 국정원, 경찰, 검찰 등이 알아서 충성하거나 눈치 보거나 협력하는 방식으로 강고한 동맹 연합체를 만들어 진격하고 있는 것이다.[2] 이들은 또한 권력 장악

---

1) 박근혜 정권의 성격에 대해서는 '구조적 파시즘', '연성 파시즘', '디지털 파시즘', '권위주의적 인민주의', '훼손된 부르주아 민주주의' 등 다양한 분석이 가능하다.
2) 보수 언론의 박근혜에 대한 충성심은 자발적인 측면이 강하다. 이른바 잃어버린 10년 뒤 보수 세력의 응집력이 더욱 강해진 탓이다.

과 동시에 헤게모니적 권력을 행사하면서 자신들의 독점적인 프레임 속으로 시민사회를 흡수하는 역량을 발휘하고 있다.

그런데 이러한 박근혜 정권의 역량은 자신들의 이해관계가 매우 절박해서 나오는 것이며, 그 저변에는 안보 이데올로기가 깔려 있다. 민주적 절차를 무시하고 군사 쿠데타를 통해 정권을 획득한 박정희의 딸로서 대통령이 된 박근혜에게 가장 중요한 가치는 '안보'이다. 박정희의 딸이기 때문이 아니라 대통령 박근혜가 아버지 박정희의 철학, 사상, 가치, 방식을 그대로 답습하고 있기 때문이다. 아버지의 업적을 기리고 정당화만 된다면 아무것도 따지지 않고 묻지도 않을 것처럼 보인다.

분단의 현실 앞에 안보는 정권의 정당성이 매우 취약한 박정희 정권과 후계 체제인 박근혜 정권을 보수 세력의 득세를 통해 지켜주는 유일한 도구이다. 박근혜 정권이 출범하자마자 드러난 국정원 불법 선거 개입을 시작으로 NLL 문제와 통합진보당 이석기 사태를 거쳐 역사 교과서 문제와 전교조의 법외 노조에 이르기까지 거의 모든 문제의 근원에는 안보 이데올로기가 똬리를 틀고 있다는 것을 우리는 경험하고 확인했다. 이들 지배 세력은 그동안 이승만과 박정희를 자신들의 절대적인 우상으로 내세워 친일 부역과 친미적 행태를 감추기 위해 독재 권력을 미화하고 적극적으로 협력했다. 게다가 일반 대중에게도 경쟁과 차별을 통해 성공 신화를 내면화시키면서 자신들의 과거 역사를 교묘하게 감추었다.

그래서 박근혜 대통령이 대선 당시 내세운 주요 슬로건 중 하나가 '안전한 대한민국, 국민 행복의 시작'이다. 여기에 박근혜 정부의 안전 사회 논리가 단계적으로 전개되고 있다. 이 논리에서 성폭력, 가정 폭력, 학교 폭력, 불량 식품 등 4대악으로부터의 해방은 국민이 행복한 시대와 안전한 사회를 만드는 첩경이다. 이는 일반 대중들이 가장 민감하게 인식하고 있는 사회문제로써 대통령 선거의 공약으로서는 가장 평범하면서도 임팩트가 있기 때문에 쉽게 동의된다. 이러한 안전 사회는 비단 4대악뿐만 아니라 질병, 재난, 치안[3] 등 전 영역에 걸쳐 있는데, 그 정점이 바로 현 정부의 주적인 북으로부터의 안보가 진정한 안전 사회를 확보한다는 것이다.

결국, 한국 사회의 안전은 일차적으로 북으로부터의 안보를 통해 지키는 것이며, 이를 토대로 다른 영역에서의 안전이 이루어지면 사회 전체가 안전하게 된다는 공식이 성립된다. 이를 든든하게 지키는 주체가 바로 국가기구이기 때문에 국정원, 국가보훈처, 국군 사이버사령부까지 조직적으로 선거에 개입한다고 해도 전혀 이상하지 않다는 신념이 지배 세력에게 배어 있다. 따라서 지배 세력들은 안전 사회를 만들기 위해 사회에 대한 감시와 통제를 게을리해서는 안 되고 이데올로기를 유포시켜 대중을 내면화하는 작업을 지속하고 있다. 이들은 국정원 등 국가기구의 조직적 대선 개입이 박정희의 쿠데타와 다를 바가 없으며, 노동자·민중에 대한 전면적인 탄압과 배제는 박근혜식 파시즘이라고 주장해도 별 반응이 없다. 오히려 안보와 안전 사회를 명분으로 더욱 강도 높은 탄압을 구사할 뿐이다.

---

3) 경찰은 2013년 10월 21일 68주년 경찰의 날을 맞아 '안전한 나라 행복한 국민, 눈높이 치안으로 만들겠습니다'라는 슬로건을 제시하고 정부 주요 국정 과제 중 하나인 '4대 사회악 근절'에 앞장서겠다고 다짐했다.

그렇다면 우리 사회는 과연 북으로부터의 안보가 확보되어야만 안전 사회가 되는지, 아니면 사회 내 계급 갈등이나 차별에 의한 불안전한 요소는 없는지, 그리고 안보의 주체는 누구인지 되묻지 않을 수 없다. 왜냐하면, 안보가 단순한 억압의 논리라면 그 사회는 해체될 수밖에 없지만, 박정희 체제 방식으로 성장·발전·개발 이데올로기와 결합한다면 국가에 의해 시민사회가 통제되는 결과를 낳기 때문에 자율성을 회복하는 데 너무나 커다란 희생이 필요하기 때문이다.

안보 프레임과 새로운 식민지

한국 사회는 지난 반세기 이상 국가 안보와 냉전 사상의 희생양이 되어 왔다. 일부 지역은 해방 이후 70여 년이 지나도록 외국 군사 주둔지로 할당되었고, 현재도 미군이 점유하고 있다. 이와 같은 특성 속에서 거대한 구조적 힘이 만들어 낸 일방적인 정책에 굴복하는 것 외에 생존을 위해 선택할 것이 없었다. 문제는 안보와 분단이라는 거대한 배후가 우리에게 오랜 세월 가해 온 간섭, 통제의 수위와 방식이 지역공동체 내부의 인식, 소통, 관계의 차원까지 침투했다는 점이다. 집단적 소외, 망각과 비가시성의 장소로서 우리 눈앞에 맨몸으로 서 있을 수밖에 없었다는 사실이다. 안보라는 프레임에 의해 강요된 침묵과 희생, 그 안에서 자생한 권력 구조와 자본주의가 우리를 더욱 철저하게 '외면의 공동체'로 소비시켰다. 안보라는 명분 때문에 다양한 규제와 제약을 받았고 국가로부터도 버림받은 지역과 지역민들은 여전히 새로운 식민지의 이름으로 타자화되어 있다.

그래서 한국 사회의 안보는 다른 사회와 남다른 측면이 있다. 안보 이데올로기는 국가의 안전 보장을 최우선의 가치로 본다. 문제는 거기서 파생되는 원리들인데,[4] 그 첫째가 국가지상주의로, 이는 정부가 알고 행하는 것을 최고·최선의 가치로 여긴다. 국가는 현 정부 및 체제로 대변되며, 둘은 일치하는 것으로 간주된다. 모든 법적 권위는 정부에 의해서 결정되며, 이에 대한 어떤 도전도 인정되지 않는다. 둘째, 국민은 정부의 지시에 따라야 하는 수동적인 존재로 파악될 뿐, 능동적인 주체로서 그 정부에 참여할 수 있는 권리와 능력을 갖춘 존재로 인정되지 않는다. 또한, 종교나 교육 분야의 사회단체들은 정치나 사회, 특히 노동문제에 관심을 가져서는 안 되고 철두철미 그 본연의 순수한 직무에만 관여해야 한다. 셋째, 공산주의는 물론 정부에 비판적인 세력은 군사적 차원의 적대 세력과 같이 취급된다. 모든 과오는 오직 적에게 있으며, 어떤 이유로도 변명은 성립될 수 없다. 넷째, 공산주의를 막기 위해서는 군대 강화와 군비 확충이 국가정책의 기본이 되며, 군에 대한 어떤 비판도 공산주의에 찬동하여 국가 안보를 해치는 것으로 간주한다. 동시에 동맹국의 군대에 대한 비판도 공산주의에 동조하는 것이다. 다섯째, 공산주의는 자유 기업 창달을 적대시하는 것이므로, 기업의 경영 소유권에 대한 어떤 도전도 반체제적인 것으로써 허용되지 않는다. 현대의 국가 안보는 기업 중심의 경제성장으로 실질화되며, 기업이 발전하기 위한 자본주의 원리는 철저히 존중되어

---

4) 박홍규, 〈법은 무죄인가〉, 개마고원, 1997, pp.136~137.

야 한다는 것이다. 여섯째, 공산주의 적화 야욕에 가장 쉽게 동화될 수 있는 것은 노동자이며 노동자의 권리, 특히 노동조합의 권리를 보장하는 것은 공산주의를 허용하는 것과 다름없으므로 철저히 규제되어야 한다.

이상의 안보 이데올로기 원리는 국가의 주도하에 사상과 행위를 제한하는 형태로도 볼 수 있다. 이는 사상과 의견에 있어서 사회주의나 공산주의 등이 철저히 규제된다는 데서 확인된다. 게다가 민주 노조나 사회운동 단체뿐 아니라 정부가 사용자가 되는 공무원 및 공공 부문의 노조나 단체도 철저히 금지되어야 한다는 생각이 또 그렇다. 그리고 민주 노조운동이나 통일 운동 등 반정부적 행위도 철저히 금지하려고 한다. 물론 이러한 원리들은 87년 민주화 이후 시민사회가 자율성을 획득하여 법, 제도, 문화가 바뀌면서 퇴색된 부분도 있지만, 정권의 담당자가 누구냐에 따라서 얼마든지 역행할 수 있다. 박근혜 정부에 의한 공무원노조 설립 신고 반려와 전교조의 법외 노조화가 이를 증명한다. 박근혜 정부 출범과 함께 많은 사람이 유신 체제의 부활 또는 유신 체제로의 리셋을 우려했던 것이 결국 현실화된 것이다.

안보 이데올로기와 안전 사회

● 파시즘의 은밀한 매력과 유혹

일제 말기 파시즘 체제는 대중 동원과 사상 주입 목적으로 시각적 프로파간다의 창안에 주력했다. 파시스트 정부는 총동원 체제에 부합하는 신인

간형을 조형하기 위해 현대 인간을 개조하고 재창조하려는 혁신을 꾀했다. 그러한 혁신은 우선 조선 민중의 자본주의적·개인주의적 욕망을 통제·관리하는 것에서부터 시작되어야 했다. 일본 제국주의 파시즘은 조선 시대 유교적 전통에서 비롯된 가족주의와 농경주의를 그 지배 논리로 활용한 것으로 보인다. 가족 단위를 국가 단위로 확장하고 가족에 대한 사랑을 국가에 대한 충성으로 바꿨다. 자국의 영토에서 식량을 생산하는 농경 생활을 강조하며 자발적인 공출과 증산을 가능하게 했다.

박정희 군사정권은 이런 일제의 간교한 이미지 조작을 청산하지 않고 이를 적극적으로 재활용했다. 1953년 한일 국교 정상화를 위한 제3차 회담에서부터 식민지 시혜론이 시작되어, 5·16쿠데타 이후 박정희의 권력을 강화하고 친일 행적을 은폐하기 위해 식민화 사업을 정당화하는 방법을 사용했다. 때만 되면 나타나는 박정희의 그림자는 박정희식 논리가 한국 사회를 지배하고 있음을 여실히 보여준다. 이는 박정희 시기의 산업화가 현재의 경제적 형태를 결정지었다는 단순한 사실을 넘어 박정희식 발전 논리/사회 논리가 현재 우리 사회를 지배한다는 것을 의미한다. 죽은 박정희가 살아 있는 우리를 규율하고 있는 것이다. 그래서 박정희가 장기 집권을 위해 마련한 하나의 통치 수단인 유신 체제를 경험한 다수의 중장년층은 권위주의적 사회질서에 몸이 적응돼 있고 이들의 권위에 대한 익숙한 '복종'이 일상화돼 있다. 이러한 모습은 이성의 마비보다는 역사 인식의 빈약함과 같은 것이다. 어찌 보면 현재 이들의 보수화는 원인이 아니라 결과에 불과하다.

그런 점에서 박근혜의 전교조 공격과 탄압은 전략적이다. 전교조는 전국 학교 현장에서의 교육을 통해 아이들의 사고방식과 가치관 형성에 커다란 영향을 미치기 때문이다. 이는 박근혜의 굳건한 보수적 사회 기반의 와해와 직결되기 때문에 전교조를 굴복시키고 역사 교과서를 채택하게 만드는 판단을 한 것으로 보인다.

박근혜 정권에게도 낡은 제도의 모순들을 해결하고 날로 피폐해 가는 나라를 거듭나게 하겠다는 오랜 유신의 꿈이 있다. 강력한 권력의 출현, 그것만이 나라의 고질적인 병폐를 뿌리 뽑고 민생을 안정시킬 유일무이한 길이고, 만민은 대통령 앞에 평등하다는 것, 청명이니 공의니 하는 그럴듯한 명분으로 자신의 권력욕을 포장하고 붕당을 획책하여 백성들 위에 군림하려는 무리는 가차 없이 처단하겠다는 것이다.[5] 혹시 이들에게는 인간이 만든 나라는 하나밖에 없는 게 아닌지 모르겠다. 그것은 박정희식 개발 독재 체제에 도달하려는 꿈이었을 것이다. 중세의 영원한 꿈이었던 박정희 체제. 하지만 이는 환상의 제국이다. 그래서 이 사회에 늘 내재해 왔던 파시스트적 요소들을 보다 강화하고 가시화하고 심지어 절대화하려 하는 것 같다. 이른바 '유신 스타일'인데, 그렇다고 해서 박정희와 동일한 방식을 구사하지는 않는다. '법과 원칙'을 강조하면서 형식적 민주주의를 지키려고 한다. 영국의 대처 스타일처럼 '국민'과 '우리'를 호명한다. 대중은 자랑스러운 대한민국을 지키고 싶은 '국민'이며 대한민국이 자랑스럽기 때문이다.

---

5) 이인화, 〈영원한 제국〉, 세계사, 1994, p.179.

● 대중이 만든 내러티브

국가는 하나의 도구나 물질적 토대라는 측면이 있다. 대한민국이라고 말했을 때 누군가는 남한을, 누군가는 남북한을 합친 민족 공동체를 떠올린다. 남한의 정통성을 인정하면서 이를 북한과 대립되는 고정된 실체로 인식하는 이들도 있고, 분단의 내면화를 강요한 억압적 정권에 저항한 이들도 있다. 박근혜 정권의 키워드는 '민족, 반공, 자본주의 근대화, 국민'이다. 해방 이후 유관순이 민족의 아이콘으로 떠오르면서 반민특위가 와해되고 친일파 문제가 유야무야된 것처럼, 박근혜 정부에서도 유사한 일이 발생하고 있다.

안보는 '우리가 아닌 것은 누구인가'라는 질문에서부터 시작하고 그에 대한 답 자체다. 숱한 안보 담론들이 형성되면서 반공을 외치지만 결국 같은 민족을 껴안는 방향으로 흘러갈 것이다. 그것이 정치적인 전략이든 아니든 말이다. 하지만 안보 이데올로기를 재생산해야 한다는 국가의 의도와 무관하게 북한은 대중의 민족 감수성을 자극하곤 한다. 안보를 둘러싸고도 국가와 대중은 다른 심상을 만들었다. 국가가 근대적으로 재건된 공동체의 새로운 국민상을 요구하고 있을 때 정작 대중의 심성은 이러한 국가에 부적응하며 국가로부터 이탈하고 있었다. 반면에 대중은 정말로 북한의 대남 적화통일을 믿기도 하지만, 믿지 않더라도 북한의 존재 자체에 막연한 공포심을 느낀다. 이것이 박근혜 정부가 안보를 매개로 구사했던 '공포의 정치', '증오의 정치'의 효과이며, 일부 대중에게는 잘 먹힌다

대중은 이렇게 복잡하며 그 의식은 한 마디로 표현하기 어렵다. 그만

큰 자가당착적이고 자기모순적 요소가 많기 때문이다. 국가가 의도하는 대로 동원되지 않지만, 국가의 의도를 벗어나 완전한 자발성을 누리는 것도 아니다. 북한을 미워하면서도 끌어안는 복잡한 감정이 있다. 사상적으로 보면 모순이지만 감성적으로 보면 모순이 아니다. 어떤 대상에 대해 애증을 갖고 있다는 것은 우리 삶에서 너무나 자연스러운 표현 아닌가. 조금 단순화시켜 표현하자면, 대한민국 국민의 다수는 신자유주의에 피로를 느끼고 탈신자유주의를 지향하지만, 자본주의 그 자체를 여전히 굳건히 믿으며 일종의 공기처럼 당연시하고 있다. 이것이 박근혜 정권을 유지하는 힘이 되기도 하며, 불안전한 사회를 안전 사회로 믿게 하기도 한다.

● 마녀사냥 방식의 안보 프레임

북방한계선NLL 사수를 신앙 수준으로 끌어올리고 한미 동맹을 또 다른 신앙으로 떠받드는 이른바 보수들은 NLL 문제가 나올 때마다 CIA가 1974년 1월 내놓은 〈서해의 한국 섬들〉이라는 보고서를 애써 외면한다. 미국 행정부가 NLL 문제에 대해 단 한 번도 공식 입장을 내놓지 않고 있다는 사실도 덮어 두고 있다. 진정한 진실은, NLL은 영토선(해상경계선)이 아니라는 것이다. 미국 국무부조차 인정하는 사실이다. 그런데도 한국 지배 세력들은 NLL이 영토선이라면서 대북 정책을 펼치고, 이에 북한이 맞대응하면서 서해가 죄 없는 젊은이들의 무덤이 돼 왔다. 2012년 대선에서부터 2013년에 이르기까지의 NLL 대화록 공방은 '진실 게임'이 아니라 안보·종북 프레임으로 불리한 국면을 전환하려고 활용해 온 마녀사냥 무기였다는 것이 드러난 사건이다. 특정한 적만 제거하면 된다는 주장이 안보 이데올로기에 들어 있다. 그것이 '이석기 사태'로 나타난 것인데, 문제는 특정한 적을 '종북 세력'으로 호명하면서 사회운동 전체를 그 대상으로 하고 있다는 것이다.

이 땅의 보수 세력에게 가장 친숙한 정치 문법 또는 통치술이 바로 안보 프레임이다. 북과 대치하고 있는 분단 체제이고, 그 북이 전쟁을 일으킨 데다 최근엔 핵무장까지 하겠다고 하니 안보 프레임이 작동하기 유리한 환경이다. 남남 갈등이라는 측면에서 남한 내의 보수 세력은 어떠한 변화의 움직임도 찾아볼 수가 없다. 국정원이 '이석기 사태'를 33년 만에 내란 음모로 사건화하는 안보 대응 방식과 마녀재판식의 언론 보도는 이를 잘 드러낸다. 신매카시즘이다. 특히 이석기의 자택에 있던 '以民爲天(이민위천)'이라는 액자를 둘러싸고 이것이 마치 '종북주의자 빨갱이'임을 입증한다는 식의 언론 보도는 한국 사회의 지적 빈곤과 황폐화를 다시 한번 확인시켜 주었다. 사마천의 《사기》에도 나오고 국내 진보·보수 모두가 즐겨 쓰는 '以民爲天'이 김일성과 김정일의 좌우명이라고 해서 '빨갱이'임이 입증됐다며 맹목적으로 보도하는 행태야말로 언론인 스스로 자신의 천박하고 무식한 지적 수준을 드러내는 짓이다. 사회운동 전체가 자칫 본인의 선택이나 의지와 상관없이 매카시즘이라는 광기에 의해 희생될 수 있으며, 일부 보수 세력들이 언론 매체의 잘못된 보도에 휩쓸려 진보 세력을 사냥하고 있는 점은 정말 우려스럽다.

한반도의 특수한 성격상 북한과의 적대적 관계가 엄존하는 상황에서 국가 안보와 정권 안보(국정원)는 사실 종이 한 장 차이일 수 있다. 문제는 대중의 안보 인식과 국제 정세 그리고 시대 상황이 변화했다는 점이다. 권력 운영이라는 관점에서의 2013년 NLL 공방, 이석기 사태 등은 지배 세력이 국가 안보를 과거식으로 안이하게 대응한 것이라는 점을 간과해서는 안 된다. 따라서 종북주의에 대한 새누리당 일각의 주장은 민주주의의 근본을 부정한다는 점에서 종북 못지않게 위험하다. 떠도는 사회의 정당이란 언제든 괴물이 될 수 있기 때문이다. 반면 민주당은 정치 공학적 측면에서 자충수를 두었는데, '국정원'에 대한 정치 공세에만 몰두하다 '국가 안보'라는 역린을 건드려 '국가 안보 결여 집단'이라는 함정에 빠지고 말았다. 이번 마녀사냥에서는 우리 사회가 근현대부터 민주당과 진보 진영에 이르기까지 여전히 레드 컴플렉스에서 벗어나지 못하고 있다는 것을 다시 확인했다. 종북이라고 말할 때 북에는 무엇이 포함되는가? 김정은 국방위원회 제1위원장, 군부, 관료, 평양시민, 북한 내 모든 주민. 그렇다면 북한의 인권을 말하는 이들은 친북하는 것인가? 결국, 루이 알튀세가 '개인의 정체성과 생각이 집단적인 호명을 통해서 사회적으로 만들어진다'고 주장했듯이, 자크 데리다가 '사람들의 생각은 언어와 언어 행위로 이루어진 담론의 산물'이라고 주장했듯이, 우리의 생각은 우리 스스로 만들어 낸 것이 아니라 사회적으로 만들어진 구성물에 불과하다. 자기 생각의 주인이 자기 자신이 아닐 수도 있다는 것이다.

참고로 이명박 정부의 최대 역점 사업이 4대강이었고, 이를 틈타 국고 지원을 받은 신생 환경 단체가 급증했다면, 박근혜 정부에선 그 수혜를 안보 단체들이 누리고 있다. 안전행정부 비영리 민간단체 국고 지원 내역을 보면, 2010년 처음으로 '국가 안보'라는 지원 항목이 등장한 데 이어 2011년 49건, 2012년 58건, 2013년 76건으로 안보 단체에 지원하는 보조금이 매년 늘어나고 있다. 2013년에는 처음으로 안보 단체에 지원하는 보조금 건수가 취약 계층(71건)에 지원하는 보조금 건수를 앞질렀다. 복지를 최우선 공약으로 내걸었던 박근혜 대통령의 관심이 실제로는 어느 쪽에 쏠려 있는지 짐작할 수 있는 대목이다.

● 북풍과 국정원

각기 잣대와 기준이 다르지만, 남북한은 '생존 논리'가 사회의 제반적인 것들을 무조건 압도하는 사회가 되었다. 남한의 생존 논리 중 하나인 북풍은 선거 때마다 등장하는 단골 메뉴로 어제오늘의 문제가 아니다. 하지만 2012년 총선 이전부터 국정원에 의해 북한 정보가 활용돼 온 곳은 대단한 효과를 발휘했다. 국정원은 조직 위기 국면이나 선거 등 정치적으로 민감한 시기마다 북한 정보를 활용해 효과를 봤는데, 이명박 정권에서도 예외는 아니었다. 물론 그중에는 신뢰도가 낮거나 영영 확인할 수 없는 정보가 수두룩하다. 즉, 국정원이 북한 정보를 공개해 '정보 정치'를 벌이고 있는 것이다. 국정원은 정보 정치를 벌이면서 불확실한 정보이거나 정치 공작임이 드러나면 물타기를 하곤 한다.

지난 2011년 2월 국정원 산업보안단 소속팀이 인도네시아 대통령 특사팀 숙소에 침입했다가 적발된 사건을 무마하기 위해 3월 4일 김정은의 방중 초청이라는 기밀 정보를 언급했던 사례가 있다. 2008년 8월에 국정원이 공개한 '뇌졸중을 앓던 김정일이 왼손으로 칫솔질이 가능해졌다'는 정보는 김정일에게 접근해 있는 인적 정보(휴민트) 라인을 통하지 않고서는 알 수 없는 내용이어서 북한 핵심부에 있는 '휴민트' 안전에 치명적인 위험을 안길 무책임한 정보 공개였다. 물론 당시 그 진위는 끝내 확인되지 않았다. 이렇게 국정원은 북한에 대한 미확인 정보와 해석을 양산하면서 북한 정보를 국내 정치에 활용하려 한다. 국정원의 존재감을 부각하기 위한 국내 정치용에 불과한 것이다.

'북풍'은 새삼 사례를 거론하지 않아도 한국 정치에 깊은 영향을 끼쳐 왔다. 선거의 흐름을 바꾸고 정치사회적 이슈를 한숨에 빨아들이는 '블랙홀'의 원조다. 좌와 우로 갈라진 대립 구도는 경제사회적 측면보다 정치이념적으로 강한 영향력을 행사해 왔고, 이는 삶의 질에 관련한 이슈 집단보다는 안보적 관점에서 날카롭게 대치했다.

● 국정원이 꿈꾸는 세상

프랑스나 독일, 일본 등의 나라에는 별도의 정보기관이 존재하지 않는다. 경찰, 헌법수호청, 군 등 기존 법 집행기관에서 정보 수집, 분석, 배포 기능 등 안보 업무를 분담하기 때문이다. 반면, 미국, 영국, 러시아, 중국, 이스라엘 등 많은 나라에서 정보기관을 운영하면서 온라인과 오프라인에 걸쳐 안보 업무를 통합적·전방위적으로 수행하고 있다. 하지만 정보기관의 유무를 떠나 정보 통신 기술의 발달과 지식정보사회의 등장으로 각 국가에 정보기관의 역할과 범위에 대한 변화가 요구되고 있는데, 특히 사이버공간에서 정보기관의 전방위적 활동과 개입은 커다란 사회문제가 되고 있다. 즉, 정보기관의 안보에 대한 개념이 재해석되면서 해외 정보 수집은 물론 자국 인터넷과 휴대폰 등 정보 통신에 대한 도청·감청 등 감시와 통제가 일상화되어 항상 사회적 문제가 되는 것이다.

미국의 중앙정보국CIA과 국가정보국NSA이 9·11사태 이후 미국민을 도청, 감청했고, 외교정책에 영향을 미치기 위해 미국 의회 의원들을 상대로 심리전을 전개한 것이 폭로되기도 했다. 미국 내외를 막론하고 사이버 공간에서의 도청, 감청을 비밀리에 실시해 수많은 개인의 사생활을 침해하고 외국의 주권을 유린해 온 것은 새삼스러운 일이 아니다. 미국 정보기관의 이러한 전략 전술을 이명박 정권 또한 당연히 도입한 것으로 추정된다. 게다가 SNS의 등장으로 인한 인터넷 공간과 스마트폰의 확장은 정보기관으로 하여금 사이버공간에서의 첩보전과 심리전이 매우 긴요하다는 인식을 심어 주었다. 이는 세계화와 정보화의 심화로 근대 자본주의 국가로 특징되는 주권, 영토, 국민의 개념이 새롭게 재규정되어 탈국가화 현상이 널리 확산되었기 때문이다. 이에 근대 자본주의국가의 지배계급들은 이윤 창출과 권력 유지를 위해 SNS의 특징인 휘발성과 폭발성을 활용하여 이용자들의 심리를 조작하고 왜곡한다.

세계적 정보기관인 CIA가 항상 전 세계적 수준의 공격 대상이 된 것은 제국주의 정책을 통한 미국의 세계 패권 유지의 첨병 역할을 하기 때문이다. 그래서 CIA에게서 인권, 생명, 평화, 평등, 박애, 배려, 관용 등의 가치는 찾아보기 어려우며, 오히려 국익이라는 명분으로 인명을 경시하고 상대방을 억압·탄압·파괴하는 야만성만 남아 있을 뿐이다. 국제사회가 갈등과 경쟁의 사회에서 상호 호혜와 평등의 사회로 전환되려면 정보기관은 불필요할 것이다. 종교, 빈부, 인종, 성별, 나이, 언어 등 어떠한 요소도 차별의 요인으로 작용해서는 안 되기 때문이다. 그런데 이러한 생각은 한갓 상상에 불과하며, 현실은 냉정하고 잔혹할 따름이다. 특히 분단 구조의 한반도 남쪽 땅에서 국정원의 목적은 '국가 안보 수호와 국익을 증진'하고 '북한과 체제 위협 세력으로부터 자유 민주 체제를 수호'하기 위해 헌신적으로 종북 세력을 척결하는 것이다.

현재의 국정원은 과거의 중정, 안기부 시절의 전통을 그대로 계승하는데, 그것은 억압적 국가기구와 가진 자들의 이익을 지키는 것이다. 여전히 부정선거를 기획하고 여론을 조작하고 민중의 일상을 감시하고 간첩을 조작하는 등 민주주의를 억압하고, 민주적 정통성과 정당성이 취약한 집권 세력의 권력을 보위하는 데 앞장서고 있다. 특히 이명박 정권 이래 지속해서 북한의 부정적인 이미지를 강화하고 있으며, 반정부적이거나 반자본적인 세력은 '종북 세력'으로 낙인찍어 정치적 불이익을 당하도록 공작하고 있다. 그래서 국정원 직원들이 '일간베스트'나 '오늘의 유머' 같은 사이트에 댓글을 다는 것은 대북 심리전이 아니라 반정부 세력을 종북 세력이라 믿는 대중의 숫자를 실제보다 부풀리기 위한 매우 중요한 정치적 행위다. 이것이 국정원의 국가 안보에 대한 욕망과 판타지다.

국정원은 인간보다는 이윤을 중시하고 민중보다는 국가를 더 사랑하는 사고 체계를 가지고 있다. 그들은 도청, 감청, 조작, 공작 등 매우 은밀하게 활동하지만, 그 결과에 대해서는 국가주의를 내세워 자신들의 위대함을 온 천하에 알리곤 한다. 그들은 자랑스러운 태극기 앞에 민족중흥의 역사적 사명을 띠고 이 땅에 태어난 것을 운명이나 신념처럼 여기고 살아 간다. 그래서 이들은 김대중 정부나 노무현 정부에서도 안보 국가를 유지 하기 위해 반공 이데올로기를 바탕으로 충성을 다했다. 1998년 12월 31 일 김대중 정권 당시 한나라당의 국회 본청 529호실 난입 사건을 되돌아 보면 쉽게 이해할 수 있다. 그러니 어제의 이명박과 오늘 박근혜의 미래 를 누구도 예단할 수가 없다. 그래서 2013년 국정원 사태는 역사의 뒤안 길로 쓸쓸히 사라져 버릴 사안이 아니다. 권력은 비루한 것이다.

안전 사회 담론의 문제

박근혜 정부가 표방한 '법질서'와 '안전 사회' 담론에는 다음과 같은 매우 심각한 문제가 있다.

첫째, 대한민국처럼 다원화된 사회에서는 어떤 특수한 가치관이나 세 계관을 가지고 공동체 구성원의 삶을 규율할 수 없다. 이 때문에 서로 다 른 가치관과 세계관을 가진 사람들이 민주적 방식으로 의견과 의지를 모 아 법을 만들고 그 법을 통해 공동의 삶을 조율해야만 한다. 더구나 법은 도덕이나 종교보다는 약하지만, 사회 구성원 모두의 기본적인 권리를 지 킬 수 있는 유일한 사회적 연대의 원천이다. 따라서 민주주의 실현의 핵 심 가치 중의 하나가 법치인 것이다.

법치에는 두 가지가 있다. 법에 의한 민주적 협치가 올바른 법치이지 만, 법을 이용한 권력자의 억압적 통치도 법치라 한다. 그릇된 법치에선 권력자만이 법을 만드는 주체이고 국민은 단지 법의 수신자나 수혜자일 뿐이다. 반면 민주적 법치에서 시민은 법의 수신자이면서 동시에 주체다. 그래서 법은 공동의 삶을 조율하려는 시민의 뜻이자 권리의 다른 이름이다. 그러니 입법부는 시민의 뜻에 부합하는 법을 만들어야 하고, 행정부는 법에 새겨진 시민의 뜻을 실현해야 한다. 그런데 근대국가 등장 이후 입헌주의를 도입함에 따라 각 국가의 법치에 대한 끊임없는 비판과 회의가 제기되고 있다. 그것은 권위주의 체제는 말할 것도 없고 민주화로 이행한 국가들에서도 지도자의 정치철학과 스타일에 따라 정당한 저항과 문제 제기를 불법이라는 이름으로 탄압하고 있기 때문이다. 최근 우리 사회에도 제주 해군기지 건설, 4대강 개발, 용산 참사 등에서 적나라하게 나타났는데, 이는 민주적인 의사 결정 과정이 결여된 국가 정책의 일방적인 집행에 반대하면 이를 법질서라는 이름의 국가 폭력으로 탄압한 것에 지나지 않는 것이다.

둘째, 안전 사회 담론의 과잉은 오히려 민간 자본과 업체의 권력화를 생산하게 된다. 고도성장의 이면에 안전은 늘 도외시되었고, 그 결과 1990년대 이후로 들어서며 하늘과 땅, 바다와 지하에서 갖가지 대형 사고가 분출했다. 정말 원하지 않지만 이대로 가면 사고가 반복될 것이라고 누구나 예상할 수 있다. 그래서 대중은 늘 불안하다. 출퇴근길이 불안하고 일터도 불안하다. 기차도 비행기도 불안하다. 안전지대라 믿었던 지하철도 이제는 더 이상 마음 편히 탈 수 없다. 게다가 급증하는 묻지마 범죄, 성폭력 등에 대해서도 대중은 불안해한다. 그래서 국민과 나 자신을 위해 안전을 확보하는 것이 나라를 지키는 것이라는 논리가 성립된다. 여기서 국가주의가 개입하면서 공권력의 증강을 요구하게 된다. 하지만 경찰력 증강은 다른 정부 조직과의 형평성과 국가 예산 조정 등의 재정 문제로 단기간에 해결할 수 있는 문제가 아니다. 그래서 '민간 경비'의 필요성을 제기하면서 경찰력과 협력 시스템을 구축하는 대안으로까지 발전하는 것이다. 특히 최근에 '컨택터스'라는 민간 용역 업체의 노조 파괴 행위를 경험한 우리 입장에서는 '안전 사회' 담론의 위험성에 대해 우려하지 않을 수 없다.

셋째, 우리는 일상화된 감시 통제 사회로부터 규정을 받게 된다. 안전 사회 담론은 우리 사회를 위험 지역과 안전 지역, 위험 인물과 안전 인물, 위험 단체와 안전 단체 등으로 구획하여 우리 사회를 적대적으로 양분할 것이다. 그럼으로써 대중의 일상을 늘 감시하고 통제하는 사회가 만들어진다. 이미 진행 중인 감시 통제 사회가 더욱 구조화되면서 대중의 민주적인 생활이 붕괴되는 것이다.

감시 사회는 벌써 우리의 일상이 돼 버렸다. 정부 비판 동영상을 개인 블로그에 올렸다는 이유로 사찰 대상이 되고, 파업에서 복귀한 노조원들의 사무실엔 초정밀 CCTV 카메라가 설치된다. 직원들의 이메일은 동의 없이 수집되고 문제 직원으로 낙인찍히면 회사 내 관계, 애인, 읽는 책까지 감시당한다. 회사에 대한 개인적인 소회를 인터넷에 밝혔다는 이유로 해고되는 사람도 있다. 신용카드로 컴퓨터를 한 대 사면 그때부터 주변 기기 구매 권유 메일이 오고, 인터넷을 개통하면 휴대전화 회사로부터 결합 상품을 안내하는 전화가 온다. 수도권에 거주할 경우 CCTV에 하루 평균 80여 차례나 노출된다. CCTV가 아니더라도 스마트폰에 저장된 GPS는 실시간으로 내 위치를 검색하고 매일같이 사용하는 교통카드는 내 위치 정보를 빠짐없이 기록한다. 감시 기술의 촘촘한 그물망에서 자유로운 현대인은 없다. 특히 인터넷과 스마트폰 보급률이 세계 1위를 다투고, 전 국민에게 일련번호를 붙여 지문 정보를 수집하는 나라에 사는 우리는 더 취약할 수밖에 없다.

개인 정보와 사생활을 보호받을 권리는 국가 권리와 개인 권리 사이의 균형을 잡아 주는 민주 사회의 중요한 권리다. 각국 헌법과 세계인권선언은 모두 사생활 침해 금지를 명문화하고 있다. 그러나 하루가 멀다 하고 강력 범죄가 발생하고 테러 위협에 시달리며 페이스북 등 SNS에 중독된 세상에서 사생활의 권리는 무시당하기 일쑤다. 결국, 우리가 안전하고 편리하다고 생각해 받아들인 일상의 통제 기술이 과연 누구를 위한 것인지 되묻지 않을 수 없다. 국가는 통제하고 시장은 이윤을 얻는 감시 통제 사회가 과연 안전 사회인가?

넷째, 대중을 보호한다는 명분으로 국가 폭력이 정당화되고 일상화될 것이다. 많은 사람은 '국가 폭력'을 그저 옛날 일로 여긴다. 간첩 조작 사건이나 사법 살인이 유신 치하에서나 벌어졌던 것처럼 인식한다. 사실 학살이나 고문 같은 직접적·물리적 폭력을 자행하는 식의 국가 폭력은 민주화 이후 드물어졌다. 하지만 시민들이나 정치적 반대자들을 미디어나 교육을 통해, 혹은 수사나 사법이라는 절차를 거쳐 차별화하고 배제하는 방식의 국가 폭력은 여전히 이뤄지고 있다. 계급 모순과 분단 모순의 이중적인 구조하에 놓여 있는 한국 사회는 '상시적인 계엄 체제'가 지속되는 곳이다. 다만 지금의 계엄은 긴급조치나 국가보안법에 근거한 체제는 아니지만, 옛날보다 완화된 형태나 다른 방식으로 유지된다. 제주 강정

마을, 용산 참사 현장 같은 곳은 계엄 상태였다. 국가권력의 치부를 건드리거나 위협하는 '세력'과 '장소'는 늘 계엄인 것이다.

노동 현장도 대표적 계엄 상태다. 노동자는 탄압받지만, 사용자는 부당노동행위를 해도 제대로 처벌받지 않는다. 법이 통하지 않는 곳이다. 이명박 정부 들어와서는 사적 폭력의 적극적인 행사를 묵인하거나 공정한 법 집행을 하지 않으면서 사적 폭력을 후원하는 역할을 했다. 과거의 국가 폭력이 신자유주의 시장 논리와 결합한 것이다. 이렇게 국가 폭력과 자본의 사적 폭력의 강고한 동맹 앞에 민주 노조 운동이 제대로 저항하지 못하면서 개별 노동자들이 송전탑이나 망루에 올라가는 것이다. 인간답게 살겠다는 노동자의 저항을 불법 행위로 규정하여 진압하고 손해배상을 청구하는 등의 합법적인 조치가 과연 법질서와 안전 사회를 위하는 것인지 되묻지 않을 수 없다.

무엇을 할 것인가

모든 일에는 양면성이 있듯이 2013년 국정원 사태는 어처구니없지만, 반면 새로운 역사를 만들고 있다. 원래 국가기관은 존재 자체가 대중에게 공포심을 주지만, 국정원은 미지의 세계나 안개에 싸여 있는 것처럼 불투명하기 때문에 더욱 공포스럽다. 그래서 국정원이 공포정치의 대명사가 된 것이다.

그런데 국정원 사태를 통해 대중의 정치의식은 더욱 성숙해지고 있으며, 새로운 인식이 싹트고 있다. 국가 안보를 위해 불가피하다는 말은 군부독재 정권에서나 통하는 관용어가 되었다. 민주주의와 사회운동 세력에 대한 참을 수 없는 저항심을 4박자로 트렌디하게 샤우팅 하는 모습을 보면서 오히려 측은지심이 느껴지기도 한다. 그럼에도 2013년 촛불은 어딘가 허전하고 밋밋하다. 그것은 2008년 쇠고기 광우병 이슈만큼 대중들에게는 절박함이 느껴지지 않기 때문이다. 또한, 이명박 정부 5년 동안의 거짓말에 너무나 익숙해져서 박근혜 정부의 거짓말에도 놀랍지가 않다. 게다가 삶이 고달프고 피곤하다 보니 촛불 집회에 나갈 필요성을 느낄 수가 없다. 그것은 지난 10년간의 민주당 정권이나 이명박/박근혜 정권이나 별반 다르지 않기 때문이다. 무능한 민주당은 역시 지배 세력의 일 분파임을 스스로 증명한 셈이다. 그래서 대중은 항상 가슴에 상처를 새기면서 소소한 일상에서 스스로 돌파하려고 노력하는 것이다.

그렇다고 조급하게 굴 필요는 없다. 대중은 항상 모순적이면서 가변적인데, 자신들의 이해관계에 따라 움직이기 때문이다. 따라서 대중은 항상 동원 대상인 것은 아니며 자발성을 발휘하기도 한다. 박근혜 정부의 지지율이 꾸준히 50%를 웃도는 것은 단순한 여론 조작이 아니라는 것이다. 그럼에도 체제의 억압성은 대중의 역동성 속에서 분해될 것이다. 민주주의는 국정원을 해체하거나 대통령의 사과를 통해서 회복되는 것이 아니다. 중요한 것은 대중을 움직일 사회적 언어를 가지고 일상에서 무엇을 할 것인가이다.

참고 문헌

- 김종대, 《시크릿파일, 서해전쟁》, 메디치, 2013.
- 박홍규, 《법은 무죄인가》, 개마고원, 1997.
- 배성인, "국정원 사태와 실종된 한국 민주주의", 〈생협평론〉, (재)iCOOP협동조합연구소, 2013.
- 이인화, 《영원한 제국》, 세계사, 1994.
- 이하나, 《'대한민국', 재건의 시대》, 푸른역사, 2013.
- 한민주, 《권력의 도상학》, 소명출판, 2013.

에너지 정책과 안전 문제[1]

강윤재(동국대 · 과학사회학)

서론

에너지란 흔히 일할 수 있는 능력으로 정의된다. 에너지 사용량을 사회 발전 및 번영의 척도로 삼는 것은 이런 까닭이다. 경제 발전을 최우선 과제로 여기는 사회일수록 에너지 확보에 열을 올리기 마련인데, 에너지를 물질적 풍요를 보장하는 강력한 수단으로 인식하기 때문이다. 이런 인식이 과도한 화석연료의 사용을 가져왔고, 그에 따라 기후변화의 위기감이 전 세계를 빠르게 휩쓸고 있다. 그와 동시에, 화석연료 고갈은 인류 문명의 지속성에 의문을 제기하고 있다. 화석연료 고갈과 기후변화 초래를 핵

1) 이 논문은 2013년 정부(교육부)의 재원으로 한국연구재단의 지원을 받아 수행된 연구임 (NRF-2013-S1A3A2054849).

심으로 하는 에너지 위기는 화석연료 위주의 에너지 정책을 전면 재검토할 것을 요구하고 있다. 이에 발맞춰 많은 국가는 에너지 전환을 진지하게 준비하기 시작했다.

한국 사회의 경우, 에너지 위기에 대한 우려는 커지고 있지만, 근본적 차원의 에너지 전환에 대한 논의와 준비는 매우 미흡한 실정이다. 그 중심에는 화석연료를 원자력 에너지로 대체하면 된다는 안일한 인식이 자리하고 있다. 그 결과, 3 · 11 대재앙(후쿠시마 원전 사고)에도 불구하고, 한국의 에너지 정책은 원자력을 중심에 두는 기조를 더욱 강화하고 있다. 즉, 에너지원과 수입원을 다변화하면서 화석연료 비중을 줄이고 원자력 비중을 급격히 늘리는 것을 기본 축으로 삼고, 재생 가능 에너지는 일종의 보험으로 비중을 조금씩 늘려나가는 정책을 고수하고 있다. 이명박 전 대통령은 2011년 유엔 원자력안전 고위급 회의 기조연설에서 "이번 사고가 원자력을 포기할 이유가 되어서는 안 된다. 오히려 과학적 근거를 바탕으로 보다 안전하게 원자력을 이용하기 위한 방법을 모색할 때다"라고 하면서 원전의 불가피성을 강조한 바 있고, 박근혜 대통령은 빌 게이츠와 만난 자리에서 기술 개발을 통한 원전의 안전 문제 해결을 강조했다. 이런 가운데, 박근혜 정부는 '창조 경제'와 함께 안전을 화두로 들고 나왔지만, 안전은 현실적 목표라기보다는 당위적 구호로 굳어져 가고 있다. 가령, 세부 추진 전략으로 '원자력 안전 관리 체계 구축'이 제시되었지만, 녹색당의 논평처럼 그 핵심인 원자력안전위원회의 독립성을 크게 약화시킴으로써 원자력 안전은 뒷전에 머무를 수밖에 없게 되었다.

한국 정부는 부존 국가의 운명, 원전 수출의 기회, 에너지 안보(주로 핵연료인 우라늄을 선진국으로부터 안정적으로 공급받을 수 있기 때문에) 등의 이유로 원전 확대 정책을 피할 수 없는 선택으로 치부하곤 한다. 그러면서 원전의 위험이 발목을 잡지 않도록 원전의 철저한 안전 관리를 강조한다. 그러나 원전 부품 비리와 고장 및 사고 늑장 보고가 일상화되어 있는 등 안전 관리의 부실함이 여실히 드러나고 있어 정부의 주장은 무색해지고 말았다. 3·11 대재앙이 발생한 이후에도 이 정도의 관리 역량이라면 향후에도 크게 개선을 기대하기 어려운 실정이다.

에너지 정책과 안전(위험)은 어떤 관계를 맺고 있을까? 한국 에너지 정책의 특징은 무엇이며, 그런 정책적 특징은 '안전한 사회' 건설이라는 국정 과제에 어떤 영향을 미치는가? 당면한 사회적 과제들과 안전 문제를 동시에 고려할 수 있는 에너지 정책의 수립은 불가능한 것일까? 만약, 불가능하지 않다면 어디에서 돌파구를 찾을 수 있을까? 이런 물음에 답을 찾고자, 이 글에서는 먼저 한국 에너지 정책의 특징과 문제점을 살펴보고, 그에 따른 위험 문제에는 어떤 것들이 있으며, 문제를 해결하는 방안은 무엇인지 살펴보도록 한다.

한국 에너지 정책의 특징과 문제점

3·11 대재앙 이후, 세계의 원전 정책은 크게 양분되었다(①원전 위험의 사회적 증폭과 그에 따른 원전 지원 정책의 중단, ②안전 평가를 통한 원전 위험의 감소와 그에 따른 원전 지원 정책의 유지[2]). 한국은 후자에 속하는데, 일본과 지리적으로 가장 가까운 나라라는 점에서 당혹스러운 일이다. 반

면, 독일은 전자에 속하는 대표적 국가다. 독일은 25년 전에 발생한 체르노빌 원전 사고에 경각심을 갖고 에너지 정책의 변화를 추진해 오던 중 3·11 대재앙에 커다란 충격을 받았다. 원전 찬성론자였던 메르켈 총리는 국민 여론에 떠밀려 정치적·사회적 타협책을 찾지 않을 수 없었고, '안전한 에너지 공급을 위한 윤리위원회The Ethics Commission for a Safety Energy Supply'를 통해 2022년 원전 완전 폐쇄라는 정책적 합의를 도출해 냈다. 윤리위원회는 최종 보고서에서 에너지 정책에서 고려해야 할 핵심 요소로 공급 보장security of supply, 경제적 안정성economic stability, 환경보호environmental protection를 꼽았다. 한편, 한국은 국가 에너지 기본 계획(2008-2030: 이후 기본 계획)을 통해 에너지 정책의 핵심 요소로 에너지 안보energy security, 에너지 효율energy efficiency, 친환경environmental protection을 들고 있다. 여기서 우리는 흥미로운 사실을 발견할 수 있는데, 한국과 독일은 원전 확대와 원전 폐지라는 정반대의 '에너지 길'을 가고 있지만, 핵심이 되는 에너지 정책의 요소로 꼽고 있는 것이 매우 유사하다는 점이다.

이는 각국의 목표가 유사한 측면을 지니고 있기 때문이라고 해석할 수 있다. 비록 에너지 환경과 사회문화적 환경의 차이로 각국의 에너지 정책은 그 구체성에서는 차이를 보이지만, 에너지의 사회적 역할을 고려했을 때 정책적으로 고려해야 하는 것에는 큰 차이가 없는 것이다. 이런 점을

---

2) Butler, C., Parkhill, K. & Pidgeon, N. "Nuclear Power After Japan: The Social Dimensions", 〈Environment〉(11/12), 2011.

고려하여 한국 에너지 정책의 특징을 크게 경제적 측면, 공급적 측면, 환경적 측면에서 살펴보고자 한다.

● 경제적 측면: 에너지 효율

경제적 욕구와 갈망이 큰 한국 사회에서 경제성장 담론은 여전히 지배 담론으로 자리 잡고 있다. 에너지가 주로 성장의 동력으로 여겨지는 까닭에 에너지 정책에서도 경제성장 담론의 지배는 견고하다. 가령, 기본 계획은 경제성장률GDP과 총에너지 소비증가율을 연동하고 있으며, 2030년까지 GDP 연평균 3.7%의 성장에 따라 총에너지 소비 증가율은 1.6% 늘어날 것으로 예측하고 있다. 또한, 전기 요금 인상을 둘러싼 사회적 논쟁에서 전경련이 산업 경쟁력 약화를 이유로 산업용 전기 요금 인상을 반대하는 입장을 표명할 수 있었던 것이나, 밀양의 고압 송전탑 공사 강행을 둘러싼 사회적 갈등에서 한전이 '님비'를 내세우고 공익성을 앞세울 수 있었던 것도 전력망이 국가 기간산업으로써 경제성장의 토대라는 사회적 인식이 강하게 뿌리내리고 있기 때문으로 볼 수 있다.

경제성장 담론은 경제적 효율성 향상을 최우선 가치로 삼을 것을 강요한다. 기본 계획에 따르면, 에너지 저소비·고효율 사회로의 전환을 중요한 정책적 목표로 삼고 있다. 이를 위해 산업구조 재편과 에너지 효율 개선(특히, 에너지 원단위 개선)을 위한 정책적 방안들을 제시한다. 이는 전형적 수요관리 정책으로 볼 수 있다. 그러나 소비 증가를 당연시하면서 저소비·고효율을 목표로 내세우는 것은 기술혁신을 통한 경쟁력 강화 논리에서 벗어나지 못한 것으로 역설적으로 에너지 정책에서 경제적 가치만이 고려 대상임을 잘 보여준다. 가령, 냉장고의 전기 효율 향상을 강조하면서 대용량 냉장고를 판매하는 경우를 생각해볼 수 있다. 냉장고의 전기 효율이 향상되었다고 해도 냉장고의 용량이 커지면 감소분이 상쇄되거나 심한 경우에는 더 많은 소비가 발생할 수 있다. 3·11 대재앙 이후 이명박 정부가 원전 확대 정책을 지속할 수 있었던 것은 한국 사회가 여전히 안전이나 생태적 가치보다는 경제적 효율성을 최우선시하고 있기 때문으로 해석할 수 있다.

경제적 측면에서 한국의 에너지 정책은 '국가 발전주의 이데올로기'에 기초한 '수출 주도 및 산업 경쟁력 강화'에 정책적 우선성을 두고 있다고 평가할 수 있다.

국가 발전주의 이데올로기의 역사적 뿌리는 뒤처진 서구화(근대화)의 도입을 열망했던 개화기로 거슬러 올라가지만, 그 직접적 기원은 '중단 없는 전진'을 슬로건으로 내세웠던 박정희 시대에서 찾을 수 있다. '한강의 기적'으로 표현되는 고속 성장의 자신감은 소위 IMF 사태 이후 한풀 꺾였지만, 여전히 한국 사회에서는 국가 주도의 발전 전략이 위력을 발휘하고 있다. 이런 국가 발전주의 이데올로기는 에너지 인식을 특정한 형태로 고정하는 효과를 발휘해 왔다. 가령, 아직도 전기 요금이 '전기세'로 잘못 알려져 있는 것처럼, 에너지란 국가가 책임지고 값싸게 공급해 줘야 하는 공공재로 인식되고 있다. 이에 따라 국민의 관심은 국가 전체의 에너지 체계 및 구조가 아니라 에너지의 안정적 공급 및 가격으로 쏠리고 있다. 값싼 에너지에 대한 요구는 정치적 압박으로 작용하고, 에너지 분야에서도 규모의 경제를 추구할 수밖에 없게 되고, 이는 다시 경성 에너지 체계hard energy regime를 강화하는 악순환을 초래해 왔다.[3] 현재 한전 중심의 전력 체계는 이를 잘 보여주는데, 이런 체계에서는 에너지 다변화를 추구한다고 해도 값싼(?) 에너지의 생산·유통·소비에만 관심이 쏠릴 뿐 생태 친화적이고 지속 가능한 에너지 정책으로 나아가기는 매우 어렵다. 결국, 가장 값싸다고 알려진 원전 위주의 정책으로 귀착될 가능성은 그만큼 커질 수밖에 없다.

흔히 한국은 국내에 에너지원이 없기 때문에 외국에서 수입할 수밖에 없다고 전제한다. 과연 그럴까? 이 논리는 한국은 부존자원이 없으므로 수출만이 살길이라는 경제정책의 기본 논리와 맥을 같이 한다. 이는 우연의 일치일까? 혹시 에너지 정책을 경제정책의 하부 영역으로 보는 인식과 관련이 크지 않을까? 한국은 에너지원의 안정적 확보 및 공급 방안으로 주로 에너지 다변화 정책(에너지원의 다변화와 수입처의 다변화)과 해외 에너지 개발 정책을 구사하고 있다. 이런 정책이 현실적으로 효과를 내고 있느냐는 질문과는 별도로[4], 왜 이런 정책을 구사하는지에 대한 질문이 필요하다. 전제를 바꿔서 굳이 에너지를 해외에서 수입하지 않고 국내에서 조달할 방법을 물어야 한다. 물론, 시간과 노력이 필요한 만큼 '경제적 효율성이 있는가', '경쟁력이 있는가'라는 질문도 던져야만 할 것이다. 그러나 진지하게 묻고 방법을 찾기보다 불가능하다는 쐐기를 박으려

---

3) 윤순진, "'저탄소 녹색 성장'의 이념적 기초와 실재", 〈환경사회학연구 ECO〉 13/1, 2009, pp.219~266.
4) 이재승, "한국 에너지 정책 패러다임의 재고찰", 〈국제관계연구〉 14/1, 2009, pp.5~31.

는 목적으로 그런 질문들이 제기돼서는 곤란하다. 앞에서 살펴본, 이명박 전 대통령의 유엔 연설이 이를 잘 보여준다. 독일의 경우는 우리와 달랐다. 에너지원을 주로 해외에서 조달해야 하는 조건은 비슷했지만, 전제를 바꿔 '과연 가능할까'에서 '어떻게 가능할까'로 질문을 바꿈으로써 탈원전 정책으로 나아갈 수 있었다. 독일의 경우에 비춰 보면, 한국적 상황은 보편적인 것이 아니라 매우 특수한 것이며, 여전히 협소한 경제적 질문에 사로잡혀 있음을 알 수 있다.

● 공급적 측면: 에너지 안보

여름과 겨울이면 반복되는 대정전의 공포는 전력 공급의 중요성을 각인시키면서 원전 확대 정책을 정당화하는 정치적 효과를 낳고 있다. 여름과 겨울이라는 계절적 수요에 따른 대정전의 위험은 첨단 부하와 관계된 것으로, 급속한 전력 수요 증가에 대응력이 큰 천연가스 열병합발전이 더 효과적이다. 그럼에도, 정부가 원전을 통한 해결책을 추진하는 것은 대정전의 현실적 해결보다는 정치적 목적에 활용하려 한다는 의심을 낳을 만하다. 대정전의 문제는 얼핏 보면 늘어난 전력 수요를 공급이 미처 따라잡지 못해서 발생한 것으로 비칠 수 있다. 하지만 1980년대로 거슬러 올라가 보면 이와는 전혀 다른 그림이 그려진다.

고리 1호기가 운전을 시작한 것은 1978년이었다. 그리고 1983년에 월성 1호기를 필두로 1989년의 울진 2호기까지 모두 8기의 원전이 한꺼번에 세워졌다. 그 결과, 일시에 공급된 막대한 전력으로 1986~87년의 전력 공급 예비율은 55%로 치솟았다. 전력 수요 예측을 제대로 하지 않았거나 실패한 것이다. 남는 전기를 처리하기 위해 양수 발전과 함께 심야 전기 요금 제도를 도입했을 뿐만 아니라 수요 촉진을 위해 1980년대에만 모두 9차례에 걸쳐 전기 요금 인하를 단행했다.[5] 양수 발전과 심야 전기 요금 제도는 예산 낭비와 '전기 먹는 하마'로 전락했고, 전기 요금 인하는 전력 과소비를 부추겼다. 한국의 전력 역사에서 이런 현상은 주기적으로 반복하고 있는데, 여기에는 무엇보다 원전의 리드 타임lead time이 크게 작용했다. 즉, 원전은 설계에서 건설, 개통까지 오랜 시간이 걸리기 때문에 전력의 수요 예측이 쉽지 않고, 따라서 수요와 공급의 불균형이 반복되는 것이다. 향후 원전의 대형화 추세를 고려하면, 이런 불균형은 더욱 커질 것으로 예상할 수 있다. 공급 위주의 정책으로 초래된 공급 과잉은 소비 촉진 정책을 낳고, 이는 다시 역으로 공급 과잉을 부추겼다. 그 결과, 공급 과잉-과소비의 악순환 구조가 정착되었던 것이다.

공급적 측면에서 한국 에너지 정책의 특징은 에너지 다변화 및 해외 자원 개발 정책과 원전 확대 정책으로 정리할 수 있다. 에너지 다변화 정책은 급변하는 국제 정세 속에 보다 안정적인 에너지 확보를 위해 필수적인 것으로 비치지만, 얼마나 효과적으로 진행되는가에 대해서는 의문이 제기된다. 또한, 해외 자원 개발 정책은 '자원의 안정적 수입'을 넘어 해외의 자원(에너지원)을 직접 개발·수입하는 것을 목표로 삼는데, 원대한 꿈에 비해 현실적 장애물이 너무 많고 실적도 의문시되고 있다.

---

5) 이유진, 〈원자력 함정에 빠진 기후변화 정책〉, 《기후변화의 유혹, 원자력》, 도요새, 2011.

또한, 공급 위주의 정책은 원전 확대를 필요악인 것처럼 보이게 한다. 많은 원전 관계자는 당분간 재생 가능 에너지를 주력 에너지원으로 사용할 수 없기 때문에 과도기적으로 원전에 의존할 수밖에 없다고 말한다. 재생 가능 에너지 산업이 충분히 발전하면 당연히 원자력 산업의 자리를 대체하게 될 것이라는 말을 덧붙인다. 하지만 여기에는 커다란 함정이 놓여 있다. 에너지 체계의 관점에서 보면, 원전과 재생 가능 에너지는 상호 보완관계가 아니라 경쟁 관계다. 따라서 원전 산업의 지속·확대는 곧 재생 가능 에너지 산업의 정체·축소를 의미할 뿐이다. 이렇듯, 공급 위주의 관점에서 보면 재생 가능 에너지의 공급 안정성은 영원히 뒤로 미뤄질 수밖에 없고, 따라서 결코 현실적 대안으로 자리 잡을 수 없게 된다. 우리는 여기서 원전의 경우에도 시장 원리가 아니라 (국제)정치 논리에 따라 육성되었으며, 현재에도 그 명맥을 유지하고 있음을 명심할 필요가 있다. 미국이 1979년 TMI 원전 사고 이후에 단 한 기의 원전도 건설하지 않았던 데는 안전에 대한 요구가 강화되면서 원전 산업의 이익을 보장할 수 없었기 때문이었다.

최근 들어 한국 정부가 수요관리 정책으로의 전환을 검토하고 있다는 소식이 들려온다. 이는 바람직한 일이지만 기존의 공급 위주 에너지 정책에 대한 철저한 성찰이 뒤따르지 않는다면 실현 가능성은 없다고 봐도 무방하다. 지금까지의 관성을 되돌려야 하는 만큼 '패러다임 전환'에 준하는 노력이 없다면 실효성을 발휘하기 어렵기 때문이다. 그 핵심은 에너지 절약과 효율성 향상을 통해 전체 에너지 사용량을 줄이고, 그렇게 줄어든 에너지 소비량을 안정적으로 공급해 줄 수 있는 에너지 체계를 구축하는 것이다. 독일이 추진하고 있는 '에너지 전환Energiewende'은 바로 이런 '패러다임 전환'의 일례를 제공해 준다. [6]

● 환경적 측면: 친환경

이명박 정부는 '지속 가능한 발전'이라는 개념 대신에 '저탄소 녹색 성장'을 내세웠는데, 그 핵심은 기후변화의 대응력을 높이기 위해 화석연료의 사용을 줄이고 원전을 확대하는 것이었다. 환경을 의미하는 것 같지만, 그 의미가 분명치 않은 '녹색'과 기후변화의 대응을 의미하는 '저탄소'에 방점이 찍혀 있었던 셈이다. [7] 이런 기조는 창조 경제를 전면에 내세운 박근혜 정부에서 다소 변화가 예상되기도 하지만 큰 변화는 없을 것 같다.

독일의 경우, 환경보호의 핵심에는 기후변화의 대응 못지않게 방사능 피해 방지가 놓여 있지만, 한국의 경우에는 전자만을 주로 포함하고 있다. 환경보호에 대한 양국의 차이는 결국 원전에 대한 상반된 에너지 정책을 초래한다. 여기에는 원자력 에너지가 이산화탄소의 발생량 감소 정책에서 화석연료의 대안으로 여겨질 수 있다는 점이 크게 작용한다. 3·11 대재앙 이전에 세계를 휩쓸던 '원전 르네상스'도 원자력이 기후변화의 대안으로 부상한 것에 힘입은 바 컸다. 가령, 독립 과학자로 유명한 러브록J. Lovelock과 '제3의 길'로 유명한 사회학자 기든스A. Giddens는 각

---

6) 염광희, 《잘가라, 원자력: 독일 탈핵 이야기》, 한울아카데미, 2012.
7) 윤순진, "'저탄소 녹색 성장'의 이념적 기초와 실재", 〈환경사회학연구 ECO〉 13/1, 2009.

각 《가이아의 복수The Revenge of Gaia》와 《기후변화의 정치학The Politics of Climate Change》에서 기후변화가 선결 과제이기 때문에 차악으로 원자력 확대를 추진하자고 주장한 바 있다. 그러나 3·11 대재앙은 원전 사고에 의해 얼마나 심각한 환경 파괴가 일어날 수 있는지 다시 한 번 생생하게 보여주었다.

　한국의 에너지 정책이 원전 확대를 핵심으로 삼고 있음은 기본 계획을 통해 확인할 수 있다. 5차 에너지 수급 계획에 따르면, 2024년까지 11기의 원전(원전당 설비 용량 약 1.4GW)을 추가로 건설하여 설비 비중을 2010년의 31%보다 17% 증가한 48%로 높일 예정이다. 최근에 2차 에너지 기본 계획이 마련되면서 원전의 비중이 많이 줄어들 수 있다는 이야기들이 언론을 통해 흘러나오고 있지만 두고 볼 일이다. 원래 계획대로라면 에너지 체계의 관성에 따라 한국은 대표적 원전 국가인 프랑스의 길을 가게 될 것으로 예상해 볼 수 있다. 프랑스는 전체 전력의 75%를 원자력에서 얻고 있는데, 올랑드 대통령은 2030년까지 원자력의 비중을 45%로 줄이겠다고 약속했지만, 에너지 체계의 관점에서 보면 결코 쉽지 않을 것이다. 이런 에너지 환경에서 에너지 정책과 안전의 관계는 주로 원전을 매개로 이루어질 것이다. 따라서 이 글에서는 원전을 둘러싼 위험 문제를 중심으로 살펴보도록 하겠다.

원전 위주의 에너지 정책에 따른 안전 문제

개념적으로 안전 문제와 위험 문제는 정확히 일치하지 않는다. 일반적으로 위험과 안전은 서로 대립하는 개념으로, 즉 위험은 안전하지 않은 상태로 이해하기 쉽지만, 위험 연구risk studies는 위험-안전 패러다임risk-safety paradigm이 현실을 제대로 반영하지 못한다는 사실을 밝혔다. 따라서 '얼마나 안전해야 충분히 안전한가How safe is safe enough'라는 위험-안전 패러다임의 질문은 '얼마나 공평해야 충분히 안전한가How fair is safe enough'로 바꿔야 한다. [8] 위험의 심리학적, 문화적(인류학적), 사회학적 접근은 주로 과학과 공학, 경제학 접근에 기초한 전통적 위험 인식—보험통계적 접근, 독성학/역학, 확률적 위험 평가—과는 다른 새로운 인식론을 제시한다. 새로운 인식론은 증거-가치의 이원론에 기초한 전통적 위험 관리 모델이 더 이상 현실을 제대로 반영하지 못한다고 본다. 증거-가치 이원론은 위험 평가risk assessment—보통 위해 파악, 반응/용량 평가, 노출 평가, 위험 특성 파악 등의 네 단계—와 위험관리risk management를 두 축으로 삼고, 전자의 과정에서는 객관적 증거를, 후자의 과정에서는 사회적 가치를 반영하는 것을 목표로 한다. [9] 그러나 이 이원론은 위험 문제를 둘러싼 불확실성으로 현실에서는 잘 작동하지 않는다. 우리는 2008년 미국산 소고기 수입에 따른 광우병 파동에서 그 사실을 확인할 수 있었다. 또한, 적지 않은 경우에 위험의 실재가 아니라 '위험의 사회적 구성'과 '위

---

8) Rayner, S., <Cultural Theory and Risk Analysis>, Krimsky, S. & Golding, D., 《Social Theories of Risk》, Praeger Publishers, 1992.

9) NRC(National Research Council), 《Risk Assessment in the Federal Government: Managing the Process》, National Academy Press, 1983.

험의 사회적 증폭social amplification of risk'이 문제시될 수도 있다. [10] 더욱이, 안전을 책임져 왔던 기존의 사회적 제도(과학, 보험 등)가 더 이상 신뢰를 확보하기 어려워지고 있을 뿐만 아니라 위험관리의 책임 기관이 오히려 위험의 근원지로 작용하는 경우도 적지 않다. 따라서 위험을 비정상적이거나 외부 효과적인 것이 아니라 체계-내재적인 것이라는 인식이 강화되고 있다. 세계화와 개인화는 위험에 대한 사회학적 관심을 새로운 차원으로 이끌고 있다. [11]

한국은 원전 위주의 에너지 정책을 특징으로 하는 관계로 원전 사고의 발생 가능성을 둘러싼 사회적 논쟁은 필연적이다. 3·11 대재앙 이후 반원전의 목소리가 점차 높아지고 있는 가운데, 원전의 안전 문제는 초미의 관심사로 자리 잡고 있다. 그렇지만 원전과 관련된 피해 및 안전 문제는 원전의 운영 및 생애 주기, 고압 송배전 등에 걸쳐 폭넓게 퍼져 있다. 예를 들면, 고압선 주변 지역 주민들의 건강 피해 문제, 원전 주변의 방사능 누출 문제, 방사능 폐기물 처분장의 안전 문제, 폐로에 따른 환경오염 문제 등이 이에 속한다. 더 나아가 원전과 고압 송배전 시설, 방폐장 등은 모두 혐오 시설로 낙인찍혀 있기 때문에 관련 시설의 유치 및 건설을 둘러싼 사회적 갈등을 발생시켜 막대한 사회적 비용을 초래할 뿐 아니라 사회적

---

10) 메리 더글라스·아론 윌다브스키, 김귀곤·김명진 옮김, 《환경위험과 문화》, 명보문화사, 1992.
　　Kasperson, R. & Kasperson, J., ‹The Social Amplification and Attenuation of Risk›, 《Annals of the American Academy of Political and Social Science》 545, 1996.
11) 울리히 벡, 홍성태 옮김, 《위험사회: 새로운 근대(성)을 향하여》, 한울, 1997.
　　울리히 벡, 박미애·이진우 옮김, 《글로벌 위험사회》, 길, 2010.

안정을 해칠 수 있는 위험 요소로 작용하고 있다. 여기서는 거론하지 않겠지만, 북핵 문제와 한미원자력협정 등에서 드러나듯, 원전은 핵폐기물의 재처리를 매개로 외교 안보 및 정치적 영역으로 확장될 수 있다.

여기서는 원전과 관련된 안전 문제를 크게 기술적, 환경적, 사회적 차원에서 살펴보고 있다. 원전 사고는 기술적 차원에, 원전과 방폐장의 방사능 누출은 환경적 차원에, 원전 관련 시설을 둘러싼 사회적 갈등은 사회적 차원에 포함하고 있다.

● 기술적 안전 문제

원전은 고위험 기술 시스템이다. 방사능이 외부로 유출되면 심각한 위험을 초래할 수 있기 때문에 최첨단 안전장치를 갖추고 있고, 안전 관리도 매우 엄격하게 이루어진다. 원전 전문가들은 심층 방호 시스템과 확률적 위험 평가PRA를 내세워 원전의 안전을 확실하게 보장할 수 있다고 주장한다. 한편, 3·11 대재앙은 자신감에 차 있던 전문가들을 당혹케 했으며, 그들은 일본의 비등수로는 한국의 가압형 경수로와 다르다고 변명하기 바빴다. 한편, 3·11 대재앙 이후 국내에서도 유럽연합의 '스트레스 테스트'를 받아들여 원전의 안전도를 체계적으로 점검하려고 했다. 스트레스 테스트란 시스템의 안정성을 검토하기 위한 것으로, 원전의 경우에는 주요 중대 사고의 요소들에 대한 준비 정도를 파악하여 전체적 안정성을 평가하기 위한 것이다. 스트레스 테스트는 보다 엄격한 검사를 의미하는 것처럼 보인다. 실제로, 독일은 이 테스트를 통해 8기의 원전을 즉각적으로 폐쇄하기로 결정하기도 했다. 하지만 유럽 내에서도 테스트 항목에 무엇을 넣을 것인지를 두고 논쟁이 벌어졌고, 영국과 프랑스는 독일보다 훨씬 적은 항목에 대해서만 테스트를 진행했다. 한국의 경우에도, 원전 안전점검단은 3·11 대재앙의 원인으로 작용했던 지진과 쓰나미만 테스트 항목으로 집어넣었을 뿐이다. 따라서 스트레스 테스트는 포장만 바꿨을 뿐 본질적으로 달라진 것은 없다는 비판에 직면할 수밖에 없다.

원전 사고에 따른 안전 문제와 관련한 근본적 질문은 다음의 두 가지라 할 수 있다. 원전 사고를 원천적으로 막을 수 있을까? 만약 원전 사고가 났을 때, 방사능의 외부 유출을 철저히 차단할 수 있을까?

첫 번째 질문과 관련하여, 정상 사고normal accidents와 고신뢰 조직HROs: high reliability organizations은 상반된 주장을 대변한다. 전자는 원전과 같이 구성요소 간에 복잡한 상호작용complex interaction과 팽팽한 결합tight coupling이 존재하는 고위험 기술 시스템에서는 사소한 실수나 오류가 시스템 사고로 이어질 수 있기 때문에 완전한 사고 예방은 불가능하다고 주장한다.[12] 반면에, 후자는 안전을 조직의 우선순위로 놓고, 조직 설계와 관리 체계를 드높이고(중복을 통한 백업 시스템), 위기 관리에 대한 조직적 유연성을 높인다면 사고를 거의 0에 가깝게 막아낼 수 있다고 본다.[13] 흥미로운 점은 두 이론이 제기된 계기가 1979년에 있었던 미국의 스리마일

---

12) Perrow, C., "The Limits of Safety: The Enhancement of a Theory of Accidents", 〈Journal of Contingencies and Crisis Management〉 2/4, 1994.
13) La Porte, T., "A Strawman Speaks Up: Comments on the The Limits of Safety", 〈Journal of Contingencies and Crisis Management〉 2/4, 1994.

섬TMI 원전 사고였다는 것이다.[14] 동일한 원전 사고를 두고 전자는 사고의 필연성을, 후자는 사고 예방의 가능성을 주장한 셈이다. 한편, 원전 전문가들은 PRA의 기법을 통해 원전 사고의 가능성을 진단해 낼 수 있고, 그에 맞는 적절한 조치를 취할 수 있다고 주장한다. 가령, 1975년에 발표된 라스무센 보고서Rasmussen Reports, WASH-1400는 '원자로 안전에 대한 연구The Reactor Safety Study'로 PRA를 통해 노심 용해가 발생할 확률이 양키스타디움에 유성이 떨어질 확률일 정도로 안전하다고 보고했다. 그러나 4년 후, 스리마일섬TMI 원전에서 부분적 노심 용해가 발생하자 보고서의 신뢰성은 크게 떨어지고 말았다. 또한, 2002년 〈아사히신문〉의 보도 자료에 따르면, 일본원자력안전위원회는 PRA 기법을 적용한 결과 대형 쓰나미의 가능성이 매우 낮기 때문에 경제적 이유를 들어 후쿠시마 원전의 내진 설계 기준을 강화할 필요가 없다는 결론을 내렸다. 해일이 5만 년에 한 번 찾아올 것이라는 확률(PRA의 결과)이 언제 찾아올 것인지까지 말해줄 수 없다는 사실은 간과된 것이다. 어쨌든, 인류는 상업 원전이 시작된 이래 원자력사고등급INES 5 이상인 대형 사고만 이미 세 차례 —미국의 TMI 원전 사고(1979), 구소련의 체르노빌 원전 사고(1986), 일본의 후쿠시마 원전 사고(2011)—를 겪었다. 또한, 우리가 명심해야 할 것

---

14) La Porte, T., <On the Design and Management of Nearly Error-Free Organizational Control Systems>, David L. Sills & C. P. Wolf, 《Accident at Three Mile Island: The Human Dimensions》, Westview Press, 1982. ; Perrow, C., <The President's Commission and the Normal Accident>, David L. Sills & C. P. Wolf, 《Accident at Three Mile Island: The Human Dimensions》, Westview Press, 1982.

은 INES 1~2등급의 사고와 5~7등급의 사고는 근본적으로 다른 것이 아니라는 점이다. 1~2등급의 사고는 언제든 5~7등급의 사고로 악화될 수 있다. 3·11 대재앙도 처음에는 4등급이었다가 결국 7등급으로 악화되었다. 원전 사고의 유형은 매우 다양하고 수시로 발생하고 있기 때문에 앞으로도 대형 원전 사고를 원천적으로 막는 것은 불가능할 것이다.

두 번째 질문과 관련해서는 심층 방호 시스템이 핵심이다. 원전은 금속관, 압력 용기, 격납 용기 등의 차폐 장치 및 시설을 통해 만약 사고가 나더라도 방사능이 외부에 유출되는 것을 막을 수 있도록 설계되어 있다. 전문가들은 이런 시스템이 최악의 상황에도 방사능의 외부 유출을 차단할 수 있다고 주장해 왔다. 3·11 대재앙의 경우도 유출이 확인되는 순간까지 국내의 전문가들이 유출은 불가능하다고 강변하기까지 했다. 그러나 현실은 달랐다. 1979년의 TMI 원전 사고와 1986년의 체르노빌 원전 사고는 격납 용기로 희비가 엇갈렸다는 진단이 있었다. TMI 원전은 격납 용기가 있었기 때문에 방사능의 대량 유출을 막을 수 있었지만, 체르노빌 원전에는 격납 용기가 없었기 때문에 폭발과 함께 막대한 양의 방사능이 유출되었다는 것이다. 이는 구소련의 원전 기술 낙후론으로 이어졌고, 서방의 원전은 괜찮다는 변명거리를 제공해 주었다. 하지만 3·11 대재앙으로 그런 변명조차 더 이상 통할 수 없게 되었다. 심층 방호 시스템은 원자력 안전 신화를 보장해 주는 척도로 여겨졌지만, 그 허점은 이미 일본의 반핵 운동가 다카기 진자부로에 의해 철저하게 해부된 바 있다.[15]

---

15) 다카기 진자부로, 김원식 옮김, 《원자력 신화로부터의 해방》, 녹색평론, 2011.

정리하면, 원전 사고는 원천적으로 예방할 수 없으며, 일단 사고가 나면 방사능의 외부 유출을 철저하게 차단할 수 없다. 이런 사실은 국내와 주변국에 원전의 수가 늘어날수록, 그리고 특정 지역에 원전의 밀집도가 커질수록 원전 사고의 위협을 더욱 크게 안고 살아갈 수밖에 없음을 뜻한다. 참고로, 최근에 한국을 방문한 빌 게이츠는 '테러 파워'라는 원자력 벤처기업을 통해 차세대 신형 원자로 건설을 추진하고 있다. 하지만 차세대 신형 원자로의 다른 이름은 소듐 냉각 고속로인데, 이것은 플루토늄을 핵연료로 쓰고 액체 나트륨을 냉각제로 쓴다는 점에서 현재 일본의 고속 증식로 '몬주'와 본질적으로 다른 것이 아니다. 일본 '몬주'는 성공하기도 힘들고, 만약 성공하더라도 상업성이 없다는 것이 일반적 평가다.

● 환경적 안전 문제

에너지 정책에서 환경은 필수 요소다. 한국도 화석연료의 사용을 줄이고 비화석연료의 비중을 늘리는 것을 중요한 정책적 지표로 삼고 있다. 문제는 비화석연료 중 어떤 에너지원의 비중을 늘릴 것이냐 하는 것인데, 한국에서는 원자력의 비중을 늘리고 있다. 원자력문화재단을 주축으로 한 원자력 옹호 집단은 원자력이 이산화탄소를 배출하지 않는 '청정에너지'라는 이미지를 창출하고 적극적으로 활용해 왔다. 이에 대해, 반핵 진영은 핵연료의 전주기를 고려했을 때, 원전의 이산화탄소 배출량이 결코 적지 않음을 지적해 왔다. 가령, 독일 생태연구소Öko-Institut는 해외에서 수입한 우라늄을 농축하는 독일의 경우 원전 1기당 배출하는 온실 기체의 양은 발전소 건설 시 발생하는 이산화탄소의 양을 포함하여 킬로와트시 KWh당 28그램이라고 보고했다.[16] 따라서 한국의 경우도 이 정도의 온실기체가 발생한다고 볼 수 있다. 한편, 향후 우라늄 채굴에 더 많은 화석연료가 투입될 것으로 예상하고 있고, 가스 열병합발전의 효율성 향상 등을 고려할 때 원전의 이점은 크지 않을 것이다.

환경적 차원의 위험 문제와 관련하여 원자력의 치명적인 악영향은 방사능 물질의 외부 유출이다. 이는 기후변화의 대안으로서의 원자력을 무색하게 할 수 있을 정도로 치명적이다. 가령, 체르노빌과 후쿠시마 원전 사고로 반경 20~30킬로미터에 해당하는 주변 지역이 폐쇄되었으며, 유출된 엄청난 방사능 물질은 생태계를 오염시키면서 인류의 건강과 생명을 위협하고 있다.

생태계로 유입된 방사능 물질은 우리의 식품 체계를 근본적으로 위협할 수 있다. 최근 들어 문제가 불거진 후쿠시마 수산물 수입 금지 조처는 그 빙산의 일각이다. 내폭이 외폭에 비해 치명적이라는 사실을 고려할 때 식품의 방사능 오염은 심각성이 더욱 클 수밖에 없다. 더욱이 방사능 물질이 체내에 농축되는 것으로 드러남에 따라 먹이사슬은 농축 메커니즘으로 작용할 가능성이 매우 크다. 원전 사고에서 누출되는 세슘, 스트론튬, 플루토늄 등은 반감기가 매우 길기 때문에 환경에 유출될 경우 먹이사슬을 통해 지속적이고 잠재적인 위험 요소로 남게 될 것이다. 이는 체

---

16) 루츠 메츠, "후쿠시마 사고 이후 원자력의 미래 −'원자력 르네상스'가 도래하지 않을 이유", 〈FES Information Series〉, 2011.

르노빌이나 후쿠시마 참사가 환경과 식품을 매개로 현재는 물론 앞으로도 계속 위험 요소로 남아 있음을 의미한다.

더욱이 저선량 방사능의 경우 그 피해 정도를 제대로 파악하기 어려워 확실한 안전기준을 마련하기 쉽지 않고, 많은 경우 무시되어 버리는 문제가 있다. 현재 연간 허용 피폭량은 1밀리시버트^{mSv}로 정해져 있는데, 이 기준을 뒷받침하는 정확한 과학적 근거는 없다. 방사능 관련 지식은 고선량 방사능 피폭의 경험(히로시마와 나가사키 원폭 투하, 과거 지상 핵실험에 따른 피해 사례, 체르노빌 피폭 사례 등)에서 얻은 것이다. 이렇게 얻은 값을 외삽하여 저선량 피폭의 피해 여부를 예측하기 때문에 불확실성이 매우 클 수밖에 없다. 역치(문턱값)를 둘러싼 논쟁이 대표적이다. 현실적으로, 저선량 피폭에 따른 피해를 실험과 관찰을 통해 직접 밝혀내기에는 비용과 시간의 측면에서 불가능에 가깝다. 따라서 안전 규제와 관련된 과학의 불확실성이 존재하는 상황에서 현재의 기준은 확실하지 않고 그 피해조차 제대로 포착하기 힘들기 때문에 최악의 경우에는 상상을 초월한 피해를 낳을 수 있다. 따라서 식품에 포함된 방사능 물질이 기준치 이하여서 괜찮다는 주장은 매우 위험할 수 있다. 이렇게 불확실성이 큰 위험의 경우에는 과학이나 전문가에게 의존할 것이 아니라 적극적인 시민 참여를 통해 해결해야 한다는 주장인 탈정상 과학post-normal science에 주목할 필요가 있다.[17]

---

17) Funtowicz, S. & Ravetz, J., <Post-Normal Science: an insight now maturing>, Futures. 31, 1999.

환경 단체		관리 공단
• 하루 1000~4000t 유출 • 해수 유입	지하수 유출	• 완공 뒤 유출 멈출 것 • 수위 원상 회복해 해수 유입 안될 것
• 사일로 물속에 잠긴 상태에서 방사능 유출 가능성 커	방사능 유출	• 사일로 1400년 이상 차단 • 완공 뒤 연간 0.0037mSv로 안정성 평가
• 암반 4~5등급이 70% 이상이어서 방사능 차폐에 한계	암반 등급	• 사일로 콘크리트, 방수 시트, 집수정 등 보강해 해결 가능
• 현 공사 속도로 공기 맞추기 어려워 • 강행 땐 부실 공사 우려	공기 (2012년 12월)	• 안전성 최우선으로 고려하지만 촉진 공정으로 공기를 맞출 것

출처: 〈한겨레신문〉, 2011.04.12

더욱 큰 문제는 인류는 핵폐기물을 처리할 수 있는 충분한 기술과 경험을 보유하고 있지 못하다는 것이다. 중저준위도 문제지만 고준위 핵폐기물은 발전에 사용된 핵연료로써 플루토늄을 비롯한 독성이 강한 방사능 물질들을 다수 포함하고 있어서 외부로 유출될 경우 상상을 초월하는 환경 피해를 가져올 수 있다. 따라서 핵폐기물은 외부 환경과 철저하게 분리된 채 장기간 봉인되어 있어야만 한다. 이런 까닭에 관련 분야의 연구가 이루어지곤 있지만 충분치 않은 실정이고, 피할 수 없는 과학적 불확실성(가령, 핵폐기물의 봉인에 필요한 물리적 시간의 장구함에 따른 예측의 부정확성)으로 정책의 정당성은 쉽게 흔들리고 입지 선정을 둘러싼 사회적 갈등도 그만큼 더 격화될 수밖에 없다. 현재, 고준위 핵폐기물 처분장 건설을 위한 공론화의 필요성이 제기되고 있다. 만약, 정부가 이를 일종의 통과의례로 생각하고 밀어붙인다면 엄청난 사회적 저항에 부딪힐 수밖에 없을 것이다. 고준위 핵폐기물은 중저준위 핵폐기물과 정서적 반감의 정도가 근본적으로 다를 것이기 때문이다. 2005년 경주의 경우, 방폐장 건설에 대한 주민 투표에서 월성에 예정되었던 고준위 핵폐기물을 외부로 돌리는 것을 전제로 중저준위를 받아들이자는 제안이 있었다는 점에서도 이런 사실을 확인할 수 있다.[18] 이런 점은 화장실 없는 호화주택이라는 원전의 현실을 적나라하게 보여준다.

독일 연방방사능보호청BfS은 아세 중저준위 방폐장에 수용되어 있던 12만 6천 드럼의 폐기물을 옮기기로 결정했다. 동굴 처분장에 금이 가면서 지하수가 새어 들어와 방사능 물질의 외부 유출이 우려되었기 때문이다.[19] 한국의 경주 방폐장도 비슷한 운명에 처할 것이라 예상해 볼 수 있다. 실제로 2005년 경주 방폐장 건설이 결정된 이후, 경주 방폐장의 안전 문제를 둘러싸고 한수원(한국방사성폐기물관리공단)과 환경 단체의 공방이 계속되었다. 여기서 한 가지 주목할 점은, 이 논쟁에서 관리 공단은 기술적 해결technological fix을 통해 안전 문제를 해결할 수 있다는 입장을 취하고 있다는 것이다. 이런 태도는 소위 원자력 전문가들에게 공통적으로 발견되는데, 기술적 해결이란 완전한 해결보다는 임시방편을 의미하는 것으로 장차 더 큰 재앙의 원인으로 작용할 수 있음을 상기할 필요가 있다.

후쿠시마 제1원전 4호기의 경우, 원전 자체가 아니라 고준위 핵폐기물 저장 수조에서 방사능 물질이 유출되었다는 사실은 고준위 핵폐기장

---

18) 경주환경운동연합 간담회, 2012.
19) 〈한겨레〉, 2011.04.11.

과 관련하여 시사하는 바가 크다. 고준위 핵폐기물 자체가 중저준위와는 비교할 수 없을 정도로 현재 인류의 기술 수준으로는 다루기 힘든 대상이고, 관리가 잘못되었을 때는 엄청난 피해를 초래할 수 있으므로 고준위 핵폐기장 건설에는 예상을 뛰어넘는 갈등과 비용이 발생할 것이라는 점을 말해 주기 때문이다. 한편, 〈로이터〉는 〈마이니치신문〉을 인용하여 미국과 일본이 몽골의 사막지대에 국제 핵폐기장을 건설하여 각국의 핵폐기물을 수용하려는 계획을 하고 있다고 보도했다.[20] 이는 핵폐기물의 위험을 경제적 이익과 맞교환하려는 시도로 국제적 차원의 환경 정의 문제로 규정할 수 있다. 울리히 벡의 '세계 위험사회world risk society'에 대한 문제의식을 다시 돌아보게 한다.[21]

● 사회적 안전 문제

원전 위주의 에너지 정책은 원전의 건설과 송배전은 물론 방폐장 건설을 둘러싸고 사회적 갈등과 분쟁을 초래해 왔다. 대표적으로 방폐장 입지 선정을 둘러싼 부안 사태, 원전 건설을 둘러싼 삼척 사태, 송전선 건설을 둘러싼 밀양 사태 등을 들 수 있다. 세 사태 모두에서 지역 내 갈등은 물론 지역 간 갈등이 크게 부각되었다. 이에 대한 학술 연구와 언론 보도에 따르면, 세 지역 모두에서 정부 정책의 찬반을 두고 주민들 간에 극심한

---

20) 〈Reuter〉, 2011.05.08.
21) 울리히 벡, 박미애 · 이진우 옮김, 《글로벌 위험사회》, 길, 2010.

갈등과 분열이 발생함으로써 지역공동체가 와해되는 현상을 보이고 있다.[22] 또한, 지역 간 갈등은 님비NIMBY와 환경 정의라는 상반된 개념으로 외화되는데, 전자가 혜택을 받는 중심 지역의 논리를 대변한다면, 후자는 대가를 치러야 하는 주변 지역의 논리를 대변한다고 할 수 있다. 이런 지역 내·외간 갈등 및 차별의 심화는 민주주의의 풀뿌리가 여전히 부실한 우리의 현실에서 절차적 정당성과 합리적 의사결정을 무력화시킴으로써 심각한 민주주의의 위기를 초래할 수 있다.

국가 주도의 에너지 정책은 한전과 한수원의 독점 구조를 낳았다. 원전 품질검증서 및 시험성적서 위조 등으로 대표되는 원전 산업의 부패 현상과 원전 사고(고장)에 대한 늑장 보고 및 보고 누락 등으로 대표되는 원전관리의 도덕적 불감증은 이런 독점 구조로 말미암은 것이라 해도 과언이 아니다. 더욱이, 원자력 학계-관료-산업계로 연결되는 인맥과 그를 바탕으로 한 회전문 인사에 기반을 둔 '원전 마피아'는 이런 독점 구조를 강화하는 동시에 그로부터 이득을 얻고 있다. 이런 독점 구조는 일본의 도쿄전력과 원전 야쿠자의 경우에서도 잘 드러나듯, 치명적 사고를 초래할 개연성을 높일 뿐만 아니라 사후 대책에서도 책임 회피에 급급해 하는 등 심각한 사회적 위협으로 작용할 수 있다.

더불어, 이런 독점 구조는 공급 위주의 에너지 정책과 결합하여 대정

---

22) 노진철, "위험시설 입지 정책결정과 위험갈등—부안 방사성폐기물처분장 입지선정을 중심으로", 〈환경사회학 ECO〉 6, 2004. ; 김철규·조성익, "핵폐기장 갈등의 구조와 동학—부안 사례를 중심으로", 〈경제와 사회〉 63, 2004. ; 한상진, "삼척시 원전 유치 도시 레짐을 둘러싼 반핵운동의 대응과 환경정의", 〈경제와 사회〉 98, 2013.

전의 위협을 주기적으로 반복할 뿐 아니라 에너지 전환을 지체시키는 부작용을 낳고 있다. 대정전의 위협은 근본적으로 중앙 집중화된 전력 체계에서 비롯되는데, 원전 중심의 전력 체계로 말미암아 위협은 더욱 가중된다. 가령, 올여름 대정전의 위협은 원전 부품 비리 사건으로 원전 3기가 동시에 가동 중단되면서 발생했다. 또한, 프랑스는 현재 전력에서 원전이 차지하는 비중이 75%에 달할 정도인데, 여름과 겨울마다 전력이 부족하여 유럽 전력 시장에서 수입해야만 하는 형편이다. 따라서 올여름 대정전의 위협은 당장은 원전의 비리 때문이지만, 근본적으로는 원전 중심의 중앙 집중식 전력 체계의 구조적 취약성 때문으로 봐야 한다. 만약 한국의 전력 체계가 지역 분산형으로 이루어져 있다면 일부의 정전은 있을 수 있지만, 대정전의 위협은 없다는 점을 생각해 보면 잘 알 수 있다. 이런 점에서 경성 에너지의 길을 가고 있는 한국의 경우, 근본적 차원의 에너지 전환에 대한 고민이 없다면 대정전의 위험은 계속될 수밖에 없을 것이다.

결론

박근혜 정부는 사회 안전망 확충을 주요한 정책적 목표로 제시했다. 에너지 분야에서 이런 정책적 목표가 제대로 실현되기 위해서는 무엇이 필요할까? 무엇보다도 안전 문제를 기술적이거나 기능적, 관리적 측면에서 보려는 시각을 바꿀 필요가 있다. 특히, 에너지 정책과 관련하여 안전 문제는 에너지 체계 자체와 밀접하게 관련되어 있다. 현재의 에너지 체계를 그대로 두고 안전 방안을 마련하는 것은 미봉책이나 보완책은 될 수 있을 지언정 근본적 대책이 될 수는 없다. 이는 마치 대형 사고의 위험은 방치하면서 소형 사고의 위험을 막는 것에 만족하는 것과 같은 이치다.

에너지 정책에서 어떤 에너지원을 중심에 두느냐는 핵심이 아니다. 오히려, 에너지 정책에서 추구해야 할 목표가 무엇이며, 그것을 위해서 어떤 에너지원이 적절한가를 판단하는 것이 중요하다. 국가 에너지의 기본 목표는 경제적, 공급적, 환경적 측면에서 현재의 국가적 요구 조건을 충족하면서도 미래의 국가 비전을 충분히 고려해서 세울 필요가 있다. 또한, 에너지 체계의 관성을 고려하여 단기적 목표 못지않게 장기적 목표를 분명히 할 필요가 있다. 여기에 안전 문제를 중요한 정책적 요소로 고려한다면, 원자력은 그 한계가 너무나 분명하다. 최근에 발표된 제2차 에너지 기본 계획의 초안에서 원전의 비중을 줄이려는 의도가 비친 것은 일단 긍정적 신호로 볼 수 있을 것이다. 그렇지만 원자력의 현상 유지보다 더욱 중요한 것은 장기적 차원의 에너지 전환 청사진을 확실하게 그려 내는 일이다. 독일을 비롯한 많은 나라가 이미 재생가능 에너지에 기반을 둔 미래 에너지 계획을 수립하고 있고, 일본도 3 · 11 대재앙 이후 사회적 분위기가 안전한 자연에너지로 방향을 급선회하고 있다. 우리라고 망설일 이유는 없을 것이다.

참고 문헌

- 김철규 · 조성익, "핵폐기장 갈등의 구조와 동학 –부안 사례를 중심으로", 〈경제와 사회〉 63, 2004, pp.12~39.
- 노진철, "위험시설 입지 정책결정과 위험갈등 –부안 방사성폐기물처분장 입지선정을 중심으로", 〈환경사회학 ECO〉 6, 2004, pp.188~223.
- 다카기 진자부로, 김원식 옮김, 《원자력 신화로부터의 해방》, 녹색평론, 2011.
- 루츠 메츠, 〈후쿠시마 사고 이후 원자력의 미래 –'원자력 르네상스'가 도래하지 않을 이유〉, FES Information Series(http://library.fes.de/pdf-files/bueros/seoul/08345.pdf), 2011.
- 메리 더글라스 · 아론 윌다브스키, 김귀곤 · 김명진 옮김, 《환경위험과 문화》, 명보문화사, 1992.
- 박진희, "독일 탈핵정책의 역사적 전개와 그 시사점", 〈역사비평〉 89, 2012, pp.214~246.
- 울리히 벡, 홍성태 옮김, 《위험사회: 새로운 근대(성)을 향하여》, 한울, 1997.
- 울리히 벡, 박미애 · 이진우 옮김, 《글로벌 위험사회》, 길, 2010.
- 염광희, 《잘가라, 원자력: 독일 탈핵 이야기》, 한울아카데미, 2012.
- 윤순진, "'저탄소 녹색성장'의 이념적 기초와 실재", 〈환경사회학연구 ECO〉 13/1, 2009, pp.219~266.
- 이유진, 〈원자력 함정에 빠진 기후 변화 정책〉, 《기후 변화의 유혹, 원자력》, 도요새, 2011, pp.244~274.
- 이재승, "한국 에너지 정책 패러다임의 재고찰", 〈국제관계연구〉 14/1, 2009, pp.5~31.
- 한상진, "삼척시 원전 유치 도시 레짐을 둘러싼 반핵운동의 대응과 환경정의", 〈경제와 사회〉 98, 2013, pp.77~105.
- 한재각 · 이영희, "한국의 에너지 시나리오와 전문성의 정치", 〈과학기술학연구〉 12/1, 2012, pp.107~144.
- Butler, C., Parkhill, K. & Pidgeon, N. "Nuclear Power After Japan: The Social Dimensions", 〈Environment〉(11/12), 2011. (http://www.environmentmagazine.org/Archives/Back%20Issues/2011/November-December%202011/Nuclear-full.html)
- EWG(energy watch group), 〈Uranium Resources and Nuclear Energy〉, EWG-Series No 1/2006, 2006.
- Funtowicz, S. & Ravetz, J , "Post-Normal Science: an insight now maturing", 〈Futures〉, 31, 1999, pp.641~646.
- Kasperson, R. & Kasperson, J., 〈The Social Amplification and Attenuation of Risk〉, 《Annals of the American Academy of Political and Social Science》 545, 1996, pp.95~105.

- La Porte, T., 〈On the Design and Management of Nearly Error-Free Organizational Control Systems〉, David L. Sills & C. P. Wolf, 《Accident at Three Mile Island: The Human Dimensions》, Westview Press, 1982, pp.185~200.
- La Porte, T., "A Strawman Speaks Up: Comments on the The Limits of Safety", 〈Journal of Contingencies and Crisis Management〉 2/4, 1994, pp.207~211.
- NRC(National Research Council), 《Risk Assessment in the Federal Government: Managing the Process》, National Academy Press, 1983.
- Perrow, C., 〈The President's Commission and the Normal Accident〉, David L. Sills & C. P. Wolf, 《Accident at Three Mile Island: The Human Dimensions》, Westview Press, 1982, pp.173~184.
- Perrow, C., "The Limits of Safety: The Enhancement of a Theory of Accidents", 〈Journal of Contingencies and Crisis Management〉 2/4, 1994, pp.212~220.
- Rayner, S., 〈Cultural Theory and Risk Analysis〉, Krimsky, S. & Golding, D., 《Social Theories of Risk》, Praeger Publishers, 1992, pp.83~115.
- Weinberg, A., "Reflections on Risk Assessment", 〈Risk Analysis〉 1/1, 1981, pp.5~7.

보건 의료 정책과 안전 사회

이진석(서울대 · 의료관리학)

보건 의료 정책에서의 '안전'의 의미

흔히 보건 의료 정책 분야에서 거론되는 '안전'은 산업재해를 포함한 각
종 안전사고 예방과 이에 대한 의학적 처치 및 보상 체계로 국한해 이해
된다. 물론, 이들 주제가 보건 의료 정책 분야의 중요한 안전 이슈임에는
분명하다. 그러나 보건 의료가 국민의 안전한 삶에 미치는 영향은 이보다
훨씬 광범위하다. 건강 문제를 가진 국민이 이를 해결할 수 있는 양질의
의료 서비스를 제공받지 못하는 것 역시 국민의 안전한 삶을 위협하는 중
요한 요인이다. 개인의 능력으로는 회피할 수 없는 각종 건강 위해 요인
으로부터 건강을 보호할 수 있는 건강 친화적 사회 환경을 조성하는 것도
국민의 안전한 삶을 보장하기 위한 중요한 과제다. 또한, 의료의 계층 격
차, 지역 격차를 해소하는 것도 모든 국민이 평등하게 안전한 삶을 영위

하도록 보장하는 과제에 속한다. 보건 의료가 국민의 삶을 보장하기 위한 사회적 구성 요소 중의 하나라는 점을 고려한다면, 보건 의료 정책의 모든 주제가 국민의 안전과 관련이 있다고 봐도 과언이 아니다.

안전사고와 보건 의료 정책

우리나라는 '사고 공화국'이라 불릴 정도로 각종 안전사고가 빈발한다. 경제협력개발기구 보건 통계에 따르면, 우리나라의 단위 인구당 안전사고 사망자 수는 경제협력개발기구 평균의 약 1.5배에 이르며, 에스토니아에 이어 두 번째로 안전사고 사망자가 많은 것으로 나타났다(그림 1).

통계청 사망 원인 통계에 따르면, 운수 사고, 추락, 중독, 자·타살 등 각종 안전사고로 인한 2012년 사망자 수는 3만 1천 여 명으로 전체 사망 원인의 약 12%를 차지하고 있다. 안전사고에 의한 사망은 주로 고연령대에서 집중적으로 발생한다. 그러나 전체 사망 원인에서 안전사고 사망이 차지하는 비중을 보면, 5~14세 연령대 사망 원인의 약 45%, 15~34세 연령대 사망 원인의 60~70%를 차지하고 있어 안전사고 사망이 젊은 연령대 사망 원인의 대부분을 차지하고 있다(그림 2).

국민건강영양조사 결과에 따르면, 우리나라 성인 중 지난 1년 사이에 안전사고를 경험한 적이 있는 비율은 남자 8.9%, 여자 5.2%인 것으로 나타났다. 그리고 국민건강보험공단의 연구 결과에 따르면, 연간 안전사고로 인한 의료이용 총 건수는 1,300만 건을 넘는다. 같은 연구에서 안전사고 영역을 생활 안전, 교통안전, 직업 안전으로 구분해서 파악한 결과, 생

〈그림1〉 각종 안전사고에 인한 인구 10만 명당 사망자 수 (자료: OECD Health Data, 2013)

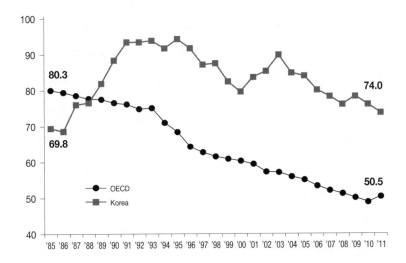

〈그림2〉 우리나라 연령대별 안전사고 사망 현황 (자료: 2012년 통계청 사망원인 통계)

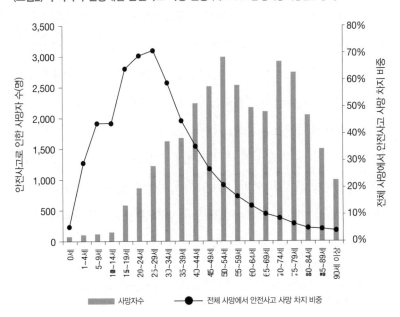

활 안전 영역이 전체 안전사고의 약 64%, 교통안전 영역이 약 14%, 직업 안전 영역의 산업재해가 약 22%를 차지하는 것으로 나타났다.[1]

이상과 같이 각종 안전사고는 국민의 삶 속에 일상화된 건강 위험 요인이다. 그러나 국민의 삶에 미치는 영향의 크기와 심각성에 상응하는 사회적 관심과 정책 우선순위를 부여받지 못하고 있다. 안전사고 영역 중에서 비교적 지속적인 개선이 이루어진 것은 교통안전 영역이다. 1985년 인구 10만 명당 17명 수준이던 교통사고 사망자 수가 1990년대 중반 39명까지 급증했다가 지속적인 감소 추세를 보이며 2012년에는 13명 수준까지 하락했다.

산업재해는 지속적인 감소 추세를 보이고 있기는 하지만, 여전히 경제협력개발기구 회원국 중 세 번째로 산업재해 사망자 수가 많은 국가라는 오명을 벗지 못하고 있다. 우리나라의 산업재해 사망률은 일본의 3배, 영국의 14배이며, 선진국 중 산업재해 사망률이 가장 높은 미국보다도 2.5배나 더 높다.[2] 한편, 정부의 공식적인 산업재해 통계상의 산업재해 감소 추세에 대해서도 의문을 제기하는 목소리가 크다. 정부의 공식적인 산업재해 통계에 포함되는 노동자는 전체 노동자 중 극히 일부에 불과하기 때문이다. 이진석 등의 분석에 따르면, 의료 이용을 한 직업성 안전사고가 2006년 한 해 동안 약 285만 건이 발생했지만, 이 중에서 산업재해 적용을 받은 건수는 8만 건에 불과했다.[3] 즉, 전체 직업성 안전사고의 약 3%

---

1) 이진석 등, 〈안전사고 통계 DB 구축 및 현황 분석〉, 국민건강보험공단, 2007.
2) "산업재해 스톱... '건설 현장에선 하루 5명씩 사망한다'", 〈뉴시스〉, 2013.10.11.

만이 산재보험으로 비용 처리를 하면서 정부의 공식적인 산업재해 통계에 집계된다. 나머지 97%의 직업성 안전사고는 산재보험이 아닌 건강보험을 통해 의료 이용이 이루어지고 있다. 소규모 영세 사업장, 비정규직, 건설업 · 일차산업 종사자의 안전사고 발생 위험이 월등히 큰데도 불구하고, 현행의 산재보험은 이들을 적용 대상으로 포괄하지 못한다. 이로 인해 이들 집단은 '높은 안전사고 발생'과 '사고 발생 이후의 적절한 대처 부재'라는 이중적 위험에 노출된 상태다. 정부는 그간 사회보험 사각지대를 완화하기 위한 보험료 지원 사업을 시행해 왔으며, 박근혜 정부도 이런 정책 기조를 유지하고 있다. 그러나 이 같은 접근 방식만으로는 광범위한 사각지대를 해소하기에 역부족이란 사실이 자명하다. 한편, 기업 활동 관련 규제와 산업재해 발생 간의 관련성을 주목할 필요가 있다. 박근혜 정부는 대선 시기에 강조했던 경제민주화 정책 기조에서 대거 후퇴하여 지난 이명박 정부의 기업 친화적인 정책 기조로 돌아서고 있다. 만약, 기업 친화적인 정책 기조가 본격화된다면, 이는 노동자의 안전을 보장하는 각종 규제 완화를 야기할 가능성이 크다. 실제로 1998년 IMF 경제위기 전후의 산업 보건 제도 규제 완화가 직업병 증가와 가장 밀접한 관련이 있는 것으로 분석되었다.[4] 따라서 노동자의 안전이라는 측면에서도 기업

---

3) 이진석, 〈국내 안전사고 총량 규모와 안전사고 취약 영역 · 집단의 특성〉, 산업안전보건 연구원 정책 토론회 발표자료, 2008.

4) Kyoung-Bok Min & Jin-Young Min & Jae-Beom Park & Shin-Goo Park & Kyung-Jong Lee, "Changes in Occupational Safety and Health Indices After the Korean Economic Crisis :Analysis of a National Sample", 〈American Journal of Public Health〉, 2010;100(11):2165-2167, 1991–2007.

친화적인 정책 기조와 이에 따른 규제 완화에 대한 대응이 필요하다.

주택 내, 주택 인접 공간, 보육 및 학교 시설, 기타 다중 이용 시설 등에서 발생하는 안전사고는 생활 안전 영역으로 포괄된다. 생활 안전은 전체 안전사고 발생의 약 64%를 차지하며, 국민의 일상적인 불안과 직결되어 있으나 그간 정책적 노력이 가장 미진했던 영역이다. 특히, 생활안전 영역 안전사고의 약 38%를 차지하는 주택 내, 주택 인접 공간은 중증도가 높은 안전사고가 빈발하고 있음에도 불구하고, 안전사고 예방과 관리를 위한 정책적 개입이 매우 제한적이었다. 안전관리는 크게 공급 단계, 예방 관리 단계, 사후 조치 단계로 구분할 수 있다(그림 3). 그런데 생활 안전 영역에서 발생하는 안전사고의 상당수는 공급 단계에서 적절한 개입이 이루어져야 예방할 수 있다. 그러나 현행의 생활 안전 영역 관리는 사후 조치 단계와 일부 예방 관리 단계에 국한되어 있다. 예를 들면, 주택 내 안

〈그림3〉 안전 영역 구분과 안전 관리 단계

(자료: 박두용, 〈국가안전관리 체계의 선진화 방안〉, 산업안전보건연구원 정책 토론회, 2008.)

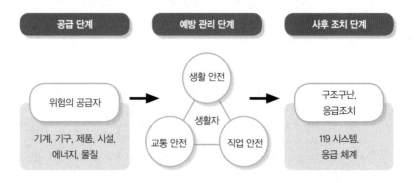

전사고의 약 43%는 바닥에 미끄러지거나 걸려 넘어져 발생한 것이다. 이런 안전사고는 애초 주택이라는 제품을 공급하는 단계에서의 개입(문턱 없는 설계, 미끄럼 방지 바닥재 사용 등)을 통해 예방할 수 있는 것들이다. 이미 주택이 다 만들어져 입주한 '사적 공간'에 대한 사후적인 개입은 매우 제한적일 수밖에 없다. 그러나 주택 공급 단계에서 사전 예방 조치가 이루어지지 않음으로 인해, 안전사고의 위험이 방치되거나 입주민의 개별적인 자구책에 전적으로 의존하게 된다. 이 같은 실태는 박근혜 정부에서도 개선될 여지가 보이지 않는다. 오히려 악화될 가능성도 있다. 제품 공급 단계에서의 개입을 위해서는 제품의 생산, 수입, 유통, 보급, 설치 단계에서 일정 수준의 안전 관리가 선행되어야 하는데, 규제적 성격을 가질 수밖에 없는 이 같은 조치는 기업 친화적인 정책 기조와 충돌이 불가피하기 때문이다.

이명박 정부는 기존의 행정자치부 명칭을 행정안전부로 변경했다. 그리고 뒤이은 박근혜 정부는 안전행정부로 다시 변경했다. 그러나 명칭만 변경되었을 뿐, 안전사고 예방과 관리 정책의 기조 변화는 없었다. 오히려 근본적인 구조와 절차의 개선이 아니라, 안전사고에 대한 대중의 관심과 개인의 주의를 촉구하는 대중 캠페인에 치중하는 후진적 모습을 보이고 있다.

공중 보건 분야에서는 '사고accident'보다는 '손상injury'이라는 용어를 선호한다. 세계보건기구에서도 '사고'라는 용어는 불가항력적인 일종의 운명이리는 뉘앙스를 가지기 때문에, '손상'이라는 용어를 사용하도록 권고하고 있다. 손상은 해당 사건 발생의 의도성 여부에 따라 비의도적 손상과 의도적 손상으로 구분한다. 지금까지 검토한 생활 안전, 교통안전, 직업 안전은 주로 비의도적 손상에 해당하는 사건이다. 그러나 최근 우리나라에서 가장 심각한 손상 문제는 바로 의도적 손상 영역에서 발생하고 있다. 바로 '자살' 문제다.

우리나라는 경제협력개발기구 회원국 중 자살률이 가장 높은 국가로, 매년 1만 5천여 명이 자살로 사망한다. 우리나라의 자살률은 경제협력개발기구 평균의 2배 이상이다(그림 4). 세계보건기구는 자살로 사망한 사람의 최소 20배 이상이 자살을 시도하는 것으로 추정하는데, 이에 따르면 우리나라에서는 매년 약 30만 명이 자살을 시도하고 있는 셈이다. 국민건강영양조사 결과에 따르면, 19세 이상 성인의 약 14%, 65세 이상 노인 인구의 약 23%가 지난 한 해 동안 죽고 싶다는 생각을 해 본 적이 있는 것으로 나타났다. 특히, 심각한 것은 노인 자살 문제다. 우리나라의 노인 인구 10만 명당 자살 사망자 수는 1985년 18명에서 2012년 70명으로 급증했다. 미국, 일본, 프랑스 등 선진국의 4~14배에 이르는 수준이다. 노인 인구 중에서도 초고령층으로 갈수록 자살 사망자 수가 증가하는 것도 선진국에서는 찾아볼 수 없는 현상이다(그림 5). 대다수의 선진국에서는 연령대에 따른 자살 사망자 수의 차이가 거의 없거나, 오히려 초고령층으로 갈수록 줄어드는 경향을 보인다.

심각한 자살 문제를 완화하기 위한 정부의 노력이 없었던 것은 아니다. 우울증을 조기에 발견해 치료하는데 치중된 몇 차례의 자살 예방 종합 대책이 발표되기도 했다. 그러나 이런 접근으로 해결할 수 있는 자살 문제는 전체 문제의 일부에 불과하다. 질병관리본부가 자살 시도자를 대

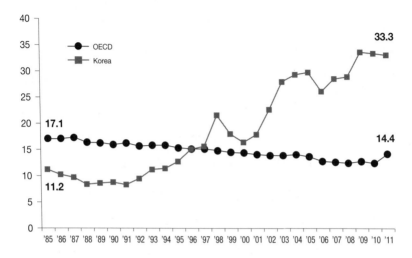

〈그림4〉 인구 10만 명당 자살 사망자 수 (자료: OECD Health Data, 2013.)

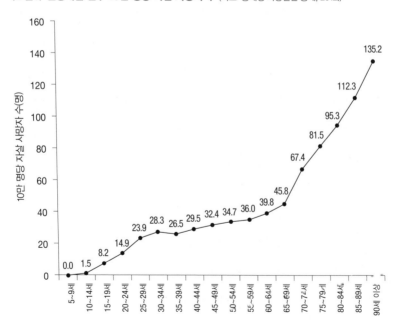

〈그림5〉 연령대별 인구 10만 명당 자살 사망자 수 (자료: 통계청 사망원인 통계, 2012.)

상으로 실시한 응급실 기반의 조사 결과에 따르면, 자살 시도자 중에서 기저 질환으로 정신과적 문제를 가지고 있었던 사람은 전체 자살 시도자의 20~30% 수준이었다. 자살 문제를 정신질환 문제로 몰아가는 것은 문제의 실체를 보기를 원하지 않는 우리 사회의 집단적 야합의 결과물이다. 현재 우리 사회에 만연한 자살 문제의 가장 중요한 원인은 빈곤, 고독과 상대적 박탈감, 무한 경쟁 체제에서 비롯된 스트레스와 사회적 유대감의 파탄이다. 노인 인구의 유례없이 높은 자살 사망률은 전체 노인 인구의 40% 이상이 빈곤층이라는 암담한 현실과 떼어 놓고 생각할 수 없다. 초고령층으로 갈수록 자살 사망이 증가하는 현상도 초고령층으로 갈수록 빈곤층이 더 많아지는 현실과 맞닿아 있다. 소득 보장과 안정된 고용, 실패해도 다시 딛고 일어설 수 있도록 돕는 복지 안전망 구축, 극심한 불평등 해소, 사회적 지지 체계 구축과 무한 경쟁 체제의 해소 없이는 자살 문제를 해결하기 어렵다. 그러나 이와 같은 원인 진단과 해법 제시는 정부 입장에서나 국민 입장에서 매우 부담스러운 일이 아닐 수 없다. 이렇게 원인 진단을 하면, 국민 입장에서는 자살은 나와 상관없는 남의 일이 아니라 나에게도 언제든 닥칠 수 있는 문제가 된다. 그러나 자살 원인을 우울증으로 진단하면 자살은 정신 질환을 가진 남의 일이 된다. 정부 입장에서도 자살 원인이 우리 사회의 근본적 결함에 있음을 인정하면, 사회의 구조와 체질을 근본적으로 개편해야 하는 과제에 직면한다. 그러나 자살 원인을 우울증으로 진단하면 한결 부담을 덜면서 문제 해결을 위한 시늉을 할 수 있게 된다. 이렇게 우리 사회가 집단적 야합을 통해 문제의 실체를 바라보는 것을 거부하면서 자살 문제의 심각성은 더욱 깊어지고 있다.

국민의 일상화된 건강 불안을 해결하는 보건 의료 정책

의료비는 가계 파탄의 주범 중 하나다. 새롭게 국민기초생활수급자로 편입된 저소득층을 대상으로 가계 파탄의 이유를 조사한 보건복지부 자료에 따르면, 실직과 수입 감소에 이어 의료비 지출이 세 번째 순위를 차지하고 있다. 전체 가구의 약 80%가 건강보험료의 두 배가 넘는 보험료를 부담하며 민간의료보험에 가입해 있는 현실은 의료비에 대한 국민 불안이 일상화되어 있다는 사실을 단적으로 설명해 준다.

의료비에 대한 국민의 일상화된 불안을 해결하기 위해서는 건강보험의 보장성 강화가 시급하다. 이를 반영하듯, 2012년 대선에서는 건강보험의 보장성 강화가 여야 후보의 대표 공약 중 하나로 제시되었다. 박근혜 후보의 '4대 중증 질환 완전 보장'과 문재인 후보의 '의료비 100만 원 상한제' 공약이 그것이다. 보건의료 분야 공약이 대선의 핵심 쟁점 중 하나로 다루어진 것은 우리나라 선거 역사상 전무후무한 사건이었고, 국민의 관심도 매우 컸다. 그러나 박근혜 정부가 공식 출범하기 전인 인수위 단계에서부터 건강보험의 보장성 강화 방안은 애초의 기대와는 다른 방향으로 흘러가기 시작했다. 온 국민이 지켜봤던 TV토론에서 박근혜 후보의 입으로 직접 언급한 '선택 진료비, 상급 병실료, 환자 간병을 포함한 4대 중증 질환 완전 보장'에 대해, "우리는 이런 것을 공약으로 제시한 적이 없다"고 발뺌했다. 정부 출범 이후 본격적으로 추진 중인 4대 중증 질환 보장성 강화 계획 수립 역시 애초의 공약과는 크게 동떨어진 방향으로 흘러가고 있다. 4대 중증 질환의 비급여 문제 해법으로 '선별 급여' 방식을 제안한 것은 전향적으로 평가할 만하다.[5] 그러나 정부 방안에서는 '선별 급여'를 본인 부담 상한제 적용 대상에서 제외하고 있다. 인수위에서 발뺌했다가 국민의 큰 반발을 사면서, 다시 정책 검토 대상으로 포함한 선택 진료비, 상급 병실료, 환자 간병 역시 본인 부담 상한제 적용 대상에서 제외하는 것으로 알려졌다.

박근혜 대통령이 대선 공약으로 제시한 '4대 중증 질환 완전 보장'은

---

5)   현행의 건강보험 급여 체계는 급여/비급여로 구분된다. 이 같은 이원 분류 체계가 우리 나라에서 광범위한 비급여를 양산한 중요 원인이었다. 명백하게 필수 급여로 분류할 만 한 서비스 항목 외에는 모두 비급여로 분류하는 결과를 낳았기 때문이다. 박근혜 정부는 이런 이원 분류 체계를 4대 중증 질환에 한해서, 필수 급여/선별 급여/비급여의 삼원 분류체계로 개편하는 방안을 제시했다. 필수 급여는 기존의 건강보험 급여와 동일한 성격을 가진다. 그러나 선별 급여는 건강보험이 정한 급여 기준과 수가를 가진다는 점에서 건강보험 급여에 해당하지만, 기존 건강보험 급여 항목과는 달리 본인 부담률을 서비스 항목에 따라 차등화할 수 있고 서비스 제공 기관도 제한할 수 있다는 차이점을 가진다. 시민사회 일각에서는 이런 점 때문에 선별 급여를 또 다른 비급여 유형으로 이해하는 입장을 가지고 있다. 그러나 '선별 급여'는 매우 이질적인 성격의 항목들로 구성된 비급여 문제를 해결하기 위한 사실상 유일한 방안이다. 현행의 비급여 항목에는 필수 서비스의 성격을 가지는 항목에서부터 의학적 필요성 없이 개인의 선호와 취향에 따라 선택적으로 이용하는 항목들까지 뒤죽박죽 뒤섞여 있다. 의학적 필요성이 있는 항목들도 비용 효과성이 천차만별이다. 이런 상황에서 모든 비급여에 대해 일률적인 본인부담률을 부과하는 것은 현실적이지도 않고 형평성의 원칙에도 위배된다. 정부가 제시한 방안은 미용, 성형 등과 같이 명백하게 비급여인 항목을 제외하고는 모두 필수 급여 혹은 선별 급여로 포함해서 공적 통제 영역 내로 끌어들이되, 의학적 필요성은 있지만 비용 효과성이 떨어지거나 대체 가능성이 있는 항목은 본인 부담률을 높이고, 그렇지 않은 항목은 탄력적으로 본인 부담률을 낮추는 것으로, 이는 선진국에서도 폭넓게 활용하고 있는 방안이다. 오히려 시민사회에서 문제 삼아야 할 점은 필수 급여/선별 급여/비급여 분류 과정의 투명성과 객관성 확보이다. '선별 급여' 도입의 긍정성에도 불구하고, 필수 급여로 분류해야 할 항목을 선별 급여로 분류하는 상황이 발생할 가능성이 충분히 있다. 물론, 그조차도 기존의 비급여로 방치되는 것보다는 더 낫다. 정부 방안의 더욱 심각한 문제는 '선별 급여'를 본인 부담 상한제 적용 대상에서 제외하려 한다는 점이다. '선별 급여'를 본인 부담 상한제 적용 대상에서 제외한다면, 의료비로 인한 가계 파탄 예방 효과는 매우 제한적일 수밖에 없다.

공약을 온전히 실현해도 전체 고액 의료비 환자의 15~20%만을 보호할 수 있는 제한적인 보장성 강화 방안이었다. 그러나 현재 정부의 방안대로라면, 그 15~20%의 고액 의료비 환자조차도 의료비 불안을 떨치기 힘들 것으로 예상된다.

생명에 직결된 필수 의료 서비스는 국민의 생명 안전망에 해당한다. 그러나 계층과 지역에 따라 이런 필수 의료 서비스에 대한 접근성이 크게 제한받고 있다. 취약 계층의 의료 접근성 문제를 해결하기 위해서는 전체 국민의 3% 수준에 남짓한 의료 급여 수급자 규모를 대폭 확대해야 한다. 우리나라 전체 인구 중 절대 빈곤층 규모가 10%대에 육박하고, 상대 빈곤층을 포함하면 전체 국민의 15% 이상이 빈곤층에 속한다. 현재의 의료 급여 수급자 규모는 절대 빈곤층조차 일부밖에 포괄하지 못한다. 장애인, 노숙인, 이주 노동자, 북한 이탈 주민 등 복합적 필요를 가진 취약 계층은 의료 보장 확대만으로는 적절한 의료 이용을 담보할 수 없다. 지리적, 물리 환경적, 문화적, 의사소통 상의 접근성 문제와 복지 연계 서비스를 통합적으로 제공해 주어야 이들의 건강권 보장이 가능하다.

박근혜 정부는 2014년 10월부터 통합 급여 방식의 국민기초생활보장 제도를 개별 급여 방식으로 전환한다는 방침을 발표했다. 이를 통해 현행 83만 가구인 수급 대상이 110만 가구로 늘어난다고 밝혔다. 통합 급여를 개별 급여 방식으로 전환하는 것은 지나치게 경직된 현행 방식으로 인해 수급자 확대가 어려웠던 문제를 해소하기 위한 해법으로 참여정부 시절부터 거론됐던 방안이다. 여기서 핵심은 기존 수급자를 개별 급여 방식으로 전환하는 것이 아니라, 수급 혜택을 받지 못하는 차상위 계층을 개별 급여 방식으로 신규 수급자로 포괄하는 것이었다. 그러나 박근혜 정부의 방안은 기존 수급자까지 개별 급여 전환 대상으로 포함하고 있다. 즉, 취약 계층의 생활·건강 보장을 위한 예산 증액을 최소화하고 기존 수급자의 혜택을 줄여 신규 수급자를 늘리는 것이 현재 정부가 추진하려는 방안의 골자이다. 수급자 규모는 일부 늘고 그동안 사각지대에 방치된 취약 계층이 일부 혜택을 받게 되겠지만, 그 대가는 기존 수급자가 치르게 되는 셈이다. 최극빈층에 속한 기존 수급자의 생활·건강 보장 여건이 더욱 악화될 가능성이 크다.

복합적 필요를 가진 취약 계층의 건강권은 통상적인 의료 서비스 제공 체계를 통해서는 보장될 수 없다. 이들 취약 계층의 거주 지역에 이들의 적절한 의료 이용을 위한 여건과 서비스 제공 기능을 갖춘 거점 기관이 있어야 해결할 수 있는 문제다. 그리고 바로 지역 거점 공공 병원이 이런 역할을 담당할 수 있는 최일선 기관이다. 그러나 진주의료원 폐업 사태로 공공 의료에 대한 사회적 관심과 논란이 한층 고조된 상황에서도 박근혜 정부는 공공 병원의 양적 확충과 기능 개선에 대한 의지를 거의 보이지 않고 있다. 이들 취약 계층에 대한 건강권 보장은 정부의 정책 대상에조차 포함되어 있지 않다.

의료의 지역 격차가 매우 심각하다. 특히, 생명에 직결된 필수 의료 서비스의 지역 격차는 지방 거주 국민의 삶을 불안하게 만드는 중요한 요인으로 작용하고 있다. 전체 253개 시군구 중 43개 지역에는 응급 의료 기관이 전혀 없다. 전국 463개 응급 의료 기관 중 24시간 전문의 진료가 가능한 병원은 20개소에 불과하고, 그조차도 서울과 지방 대도시에 집중되

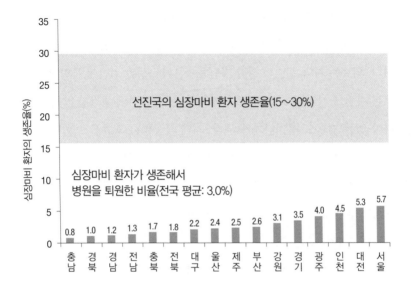

〈그림6〉 권역별 심장마비 환자 생존율: 2006∼2010년 (자료: 질병관리본부, 2011)

어 있다. 우리나라에서는 매년 2만 5천여 명의 심장마비 환자가 발생하지만, 생존율은 3%대에 불과하다. 그조차도 서울 지역은 생존율이 6%대에 이르지만, 충남, 경북, 경남 지역 등은 1% 수준이다. 서울에 거주했더라면 살 수도 있었을 환자가 지방에 거주한다는 이유로 사망에 이르게 되는 것이다.

전국적으로 분만 산부인과가 없는 시군구는 50여 곳에 이른다. 이들 지역의 신생아 1만 9천여 명은 인접 지역으로 원정 출산을 가서 낳는 '출산 난민' 신세다. 2010년 전체 산모의 12%(5만 4천여 명)가 임신중독증, 조산, 당뇨병 등 고위험 산모에 해당한다. 그리고 연간 2만 5천 명 이상의 미숙아와 저체중아가 출생하고 있다. 그러나 신생아 집중 치료 병상은 전국에 1,300여 개에 불과하며, 그조차도 60%가 수도권 지역에 집중되어 있다. 지방에서 태어난 미숙아는 태어나면서부터 신생아 집중 치료 병상을 찾아 생존경쟁을 벌여야 하고, 적지 않은 수는 그 와중에 목숨을 잃고 있다. 의료는 지역 주민의 생활 기반 중 하나다. 생활 기반이 불안한 곳으로는 사람도 가지 않고, 기업도 가지 않는다. 일자리도 생기지 않는다. 그나마 있는 것들도 빠져나가게 된다. 지역 불균형은 의료를 포함한 복지 불균형을 낳고, 복지 불균형은 지역 불균형을 더욱 악화시키는 악순환 관계를 가진다. 그러나 박근혜 정부의 국정 기조에서는 지역 균형 발전의 개념을 전혀 찾아볼 수 없다. 이전 정부에서 시행한 지방 지원 사업을 유지하는 수준에 머물 것으로 예상된다.

보건 의료 분야에서 빠뜨릴 수 없는 안전 이슈 중의 하나가 '환자 안전'이다. 건강 문제로 병·의원을 방문하는 환자가 기대하는 것은 '양질의 적정 진료'다. 양질의 적정 진료란, '불필요한 의료 서비스를 제공하는 과잉 진료 없이, 필요한 의료 서비스를 누락하는 과소 진료 없이, 질 높고 친절하고 안전한 진료'를 제공하는 것을 뜻한다. 그러나 우리나라 의료가 과연 환자가 안심하면서 이용할 만큼 안전한지에 대해서는 의문이 많다. 국내 연구 보고에 따르면, 우리나라에서 매년 의료 사고로 사망하는 환자가 약 3만 9천여 명에 이르고, 이 중 불가항력의 사고를 제외하고 예방 가능했던 사망은 약 1만 7천여 명에 이르는 것으로 알려졌다.[6] "한 번의 큰 사

---

6) 이상일, 〈환자 안전 개선을 위한 정책 제언〉, 서울대병원 병원의료정책 춘계 심포지엄, 2012.

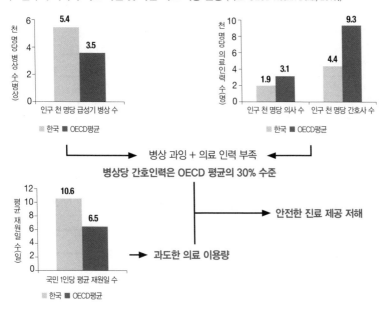

〈그림7〉 우리나라 의료 자원 및 국민 의료 이용 현황 (자료: OECD Health Data, 2010.)

고가 발생하기 전에는 29번의 가벼운 사고와 300번의 긴장이 존재한다"
는 하인리히Heinrich 법칙을 적용하면, 예방 가능한 사망이라는 대형 의료
사고 1만 7천 건이 발생하기 전에 경미한 의료사고가 약 50만 건, 잠재적
의료 오류가 510만 건 발생하는 셈이다. 최근 잇따른 환자 사망 사고로
환자 안전에 대한 사회적 관심이 높아지면서 각종 대책이 논의되고 있다.
환자안전법 제정을 통해 환자 안전사고 보고 체계를 마련하고, 의료 기관
의 환자 안전 활동을 지원하는 것이 주요 골자다. 물론, 이런 절차와 체계
를 확립하는 것은 환자 안전 향상을 위한 중요한 기반이 된다. 그러나 우
리나라 환자 안전 문제는 우리나라 의료 체계의 고질적 한계에서 비롯된
바가 크다. 우리나라 의료 기관의 병상 총량은 경제협력개발기구 평균의

1.5배에 이를 정도로 과잉 공급되어 있다. 이에 반해 의료 인력은 경제협력개발기구 평균의 50~60% 수준에 불과하다. 여기에 국민의 의료 이용량은 경제협력개발기구 평균의 2배에 이른다. 결론적으로, 우리나라 의료 인력은 경제협력개발기구 평균보다 3~4배 이상의 노동 강도하에서 환자를 진료하고 있다. 이런 상황에서 의료인 개인의 주의와 각성을 촉구하는 것으로 해결되는 환자 안전 문제는 일부에 불과하다. 환자안전법 제정에 대해서는 사회적 공감대가 크고 여야의 이견도 거의 없어 멀지 않은 시기에 법 제정이 이루어질 것으로 예상된다. 그러나 환자 안전 문제 해결을 위한 근본적인 여건 마련은 박근혜 정부하에서도 추진되지 않을 것으로 보인다.

마치며

안전은 인간이 삶을 영위하는 데 필요한 가장 기본적인 욕구에 속한다. 그러나 우리나라 국민은 건강과 관련한 전통적 안전 영역에 해당하는 각종 안전사고로부터 충분히 보호받지 못한 채, 각종 안전사고의 위험에 일상적으로 노출되어 있다. 가장 효과적인 안전사고 예방과 관리 방법은 '개인의 의지와는 무관하게 안전할 수밖에 없는 환경을 만드는 것'으로 알려져 있다.[7] 그러나 정부는 행정자치부를 행정안전부로, 다시 안전행

---

7) Robertson L.S., <Injuries: causes, control strategies and public policy>, Lexington: Lexington Books, 1983, pp.219.

정부로 명칭을 바꾸는 보여주기 식의 전시 행정과 1970년대 방식의 대국민 의식 계몽운동에 치중할 뿐, 안전사고로부터 국민을 보호하기 위한 근본적이고 효과적인 해법에는 눈을 감고 있다. 박근혜 정부 들어 이런 접근 방식은 더욱 심화하는 경향을 보이고 있다. 국민의 의료 불안, 의료비 걱정 해소 역시 대선 당시 요란했던 것에서 한참 후퇴한 용두사미 식의 행보를 보인다. 생명에 직결된 필수 의료 서비스에 대한 접근성과 계층·지역 격차 해소는 기껏해야 현상 유지 수준이다. 지금껏 그래 왔던 것처럼 박근혜 정부 역시 국민이 건강한 삶을 영위하는 데 필요한 가장 기본적인 욕구를 제대로 충족시켜 주지 못하거나, 심지어 악화시킬 가능성이 큰 것으로 예상된다.

박근혜 정부의 복지 정책,
무엇을 기대해야 하나

허선(순천향대 · 사회복지학)

서론

우리 사회는 점점 더 생존의 위기에 내몰리고 있다. 많은 국민이 미래를 불안해하고, 점점 더 복지에 기댈 수밖에 없는 환경이 조성되고 있다. 지난 대통령 선거에서도 여야 할 것 없이 복지 관련 공약이 많이 제시되었다. 전통적으로 진보 정당에서 더 높은 수준의 복지 공약을 제시하는 경향이 있지만, 지난 대선에서는 여야 후보 간의 복지 공약 차이를 크게 확인할 수 없을 정도로 박근혜 후보의 복지 공약이 이전의 보수 정당 후보에 비해 파격적이었다. 보수주의자들은 일반적으로 선별적 복지를 선호하는데, 박근혜 후보의 경우 일부 보편적 복지를 선택한 점이 특히 놀랄만한 일이었다. 많은 사람이 박 대통령의 공약이 구체적으로 어떻게 진행될 것인 매우 궁금해 했다. 하지만 기초연금 시행과 관련하여 박근혜 대통령이 대국민 사과를 한 것처럼 이 공약은 처음부터 폐기 혹은 후퇴의 조짐을 보였다. 따라서 박근혜표 복지 공약의 미래를 예상해 볼 필요가 있다.

박근혜 대통령의 복지 공약은 많지만, 그중에서 예산 소요가 가장 많은 4개 사업, 즉 ①4대 중증 질환 급여 확대와 같은 건강보험 개선, ②기초 노령 연금 개편, ③맞춤형 개별 급여 체계를 표방한 공공 부조 제도 개편, ④무상 보육에 대해 집중적으로 살펴보고자 한다. 이 글에서는 박근혜 대통령이 복지 공약 실천 의지가 있는지, 만약 공약 후퇴 경향을 보인다면 그 배경은 무엇인지에 대한 답을 찾고자 한다. 제도의 도입 취지에 역행할 정도로 후퇴시키는 일이 벌어져서는 안 될 것이다.

박근혜 대통령의 주요 복지 공약

박근혜 대통령의 복지 관련 주요 공약은 〈표1〉과 같다. 건강보험, 장기 요양 보험, 기초 노령 연금, 국민기초생활보장제도, 근로 장려세, 장애인 복지, 영유아 보육과 관련된 공약이 주요 공약으로 포함되어 있다.

〈표1〉 박근혜 대통령의 복지 관련 주요 공약 내용

구분	공약 내용
건강보험	• 4대 중증 질환 진료비 전액 국가 부담 – 암, 심장, 뇌혈관, 희귀 난치성 질환에 대해 비급여 포함 건강보험 급여화 : 현행 75% 수준인 4대 중증 질환 보장률을 2013년에는 85%까지 확대하고, 매년 5%씩 증가해 2016년에 100%로 확대 • 어르신 임플란트 진료비 경감(임플란트 급여 시행: 2013년 건강보험정책심의위원회 심의, 2014년 이후 시행)

	● 저소득층, 중산층의 환자 본인 부담 의료비 경감
	- 소득 수준에 따라 10등급 구분: 소득 기준을 전체 10등급으로 구분. 최하위 계층 50만 원부터 등급별 50만 원. 최상위 계층은 500만 원(현행 3단계: 최하 소득층 200만 원부터 300만 원, 400만 원) *법 개정 사항
	● 실직자의 건강보험료 부담 완화
	- 임의 계속 가입 기간을 2년으로 연장(현행 1년/2013년 시행) *시행령 개정 사항
	● 어르신 간병 비용 지원: 사회 공헌 활동 기부은행 설립
	● 난임 부부 체외수정, 인공수정 지원 대상 및 지원비 확대
노인장기 요양보험	● 노인 장기 요양 서비스 확대 : 2013년 장기요양위원회 심의 *시행령 개정 사항
	- 신체장애, 치매 환자의 노인 장기 요양 서비스 제공(4~5등급 신설)
	- 장애가 있는 차상위 계층 및 독거노인: 등급 체계 개편 및 판정 체계 마련
기초 노령 연금	● 기초 연금 도입
	- 기초 노령 연금과 장애인 연금→ 기초연금화(2013년). 국민연금과 통합 *법 개정 사항
	- 급여 수준 인상 : A값의 10%로 인상(현행 5%) *예산 반영 사항
	- 대상은 65세 이상 노인 모두에게 지급(현행 70%) *예산 반영 사항
기초생활 보장제도	● 사각지대(부양 의무자 기준) 완화(2014년 예산 반영 시행) *기초보장법 및 시행령, 각종 지침 개정 사항
	- 소득 인정액 기준 상향 조정, 부양 의무자 범위 및 소득, 재산, 부양비 부과 기준 검토
	- 주거용 재산에 대한 공제 확대 등
	● 차상위 계층 확대(2014년 시행): 최저생계비 120% → 상대 빈곤 기준(중위소득 50%) *중앙생활보장위원회 심의 사항(2013년)
	● 통합 급여 체계를 '맞춤형 급여 체계(개별 급여 체계)'로 전환(급여 종류별 선정 기준이나 급여 수준 별도 추진): 2013년 최우선 과제로 추진
근로장려세 (EITC)	● 무자녀 중고령층 및 청년층에게도 근로장려세제 적용
	● 차상위 계층과 연계하여 총소득 기준 상향. 점증 구간(연간 1천만 원 이상) 및 점증률(30%) 상향 : 2013년 세법 개정을 통해 근로장려세제 확대 개편
장애 관련	● 장애인권리보장법 제정 및 장애인 등급제 개선
	● 중증 장애인 활동 지원 24시간 보장: 적용 대상 및 급여 확대
	● 발달장애인법 제정(19대 새누리당 법안)
	● 장애인 연금과 기초 연금 → 국민연금과 통합 운영(급여는 기초 연금과 동일 10%)

	● 장애인 이동권 보장 및 정보 격차 해소
	– 콜택시, 저상 버스 법정 수준까지 단계적 확충, 정보 격차 해소 위해 지원 및 제도 개선
	● 장애인 고용 의무 : 공공 부문부터 의무 고용 비율(3%) 달성 위해 고용 인센티브 부여
영유아 보육	● 맞춤형 보육 시스템
	– 수요자 맞춤형 보육 서비스(기본형, 기본+가사 서비스형, 보육 교사 파견형 등)
	– 영아 종일제 돌봄 서비스 확대 및 온종일 돌봄 학교(17시까지), 돌봄 교실(22시까지) 설치
	– 방과후 학교 프로그램 무상 지원
	● 0~5세 보육 및 교육 국가 완전 책임
	– 0~2세 영아 보육료 국가 전액 지원 및 양육 수당 증액
	– 국공립 어린이집 50개소 신축, 기준 시설 100개소 국공립 전환, 공공형 어린이집 확대

* 자료: 〈제18대 대통령선거 새누리당 정책공약집〉, 한국노총 정책보고서(2013) 참조 부분 수정

주요 복지 공약 시행 방안에 대한 검토

● 기초 노령 연금

박근혜 정부는 2013년 9월 '소득 하위 70% 노인에게 국민연금 가입 기간에 따라 10~20만 원을 지급'하는 기초연금안을 발표했다. 이는 지난 대선 공약 중 노인들의 관심을 끌었고, 선거에 커다란 영향을 미친 '모든 노인 대상 기초 노령 연금을 2배 인상하겠다'는 공언을 바꾼 것이다.

　박근혜 대통령의 공약은 법에 명시된 급여 인상 규정의 이행 시기를 더욱 앞당기는 한편, 대상도 전체 노인으로 늘린다는 비교적 획기적인 내

용을 담고 있었다. 즉, 공약으로만 볼 때 '기초연금'은 심각한 노인 빈곤 문제에 대한 가장 적극적 정책 수단이 될 수 있고, 국민연금의 광범위한 사각지대 문제를 완화하며 불안해진 노후 소득을 보완할 수 있다는 점에서 큰 의미가 있다고 할 수 있다.

〈표2〉 박근혜 정부의 기초 연금 공약 시행 방안

구분	현행	대선 공약	기초 연금 방안(2013.9)
대상	65세 이상 (소득 하위 70%)/선별	65세 이상 (100%)/보편	65세 이상 (소득 하위 70%)/선별
급여 수준	국민연금 A값의 5%(약 10만 원) – 2028년까지 A값의 10%(약20만 원)까지 인상, 차등 급여	국민연금 A값의 10%(약 20만 원), 정액 급여	(20만 원-2/3A)+10만 원
비고	2028년도, 소득 하위 70%에게 A값의 10%(약20만 원)지급	질환 진료비	국민연금 가입 유인 저하 (청장년층, 현행 제도보다 후퇴)

하지만 〈표2〉와 같이 발표된 시행 방안을 보면 노인의 빈곤 해소보다는 재정적 부담을 강조하면서 지급 대상을 축소했고, 국민연금에 장기 가입할수록 기초 연금이 삭감되는 내용을 포함하고 있다. 이는 노인 빈곤을 줄이는 데 효과적인 해법이 아니라 국민연금 성실 가입자를 오히려 역차별함과 동시에 청장년층의 불만을 가중시키는 결과를 초래할 것으로 우려된다.[1]

---

1) 기초 연금의 문제점으로 논의되는 내용은 다음과 같다(이재훈, 〈기초 연금 공약 파기 긴급진단〉 정의당 긴급토론회 토론문, 2013.). ①국민연금 성실 가입자 차별 ②50세 미만 중장년층 이하 후세대 연금 삭감 ③소득 수준에 따른 기초 연금의 형평성 문제 ④기초

첫째, 약속했던 보편적 복지가 시행되지 않는 점이 큰 문제다. 70%의 노인만을 대상으로 기초 연금을 지급하겠다는 것은 빈곤으로 고통받는 노인 가구 전반의 문제를 해결하지 못하고 예산에 맞춘 제도로 전락할 가능성이 높다. 현재 70%의 노인을 대상으로 기초 연금을 지급함으로써 다양한 문제가 발생하고 있다. 자산 조사를 위한 인건비를 비롯해 과도한 행정 비용을 유발하고 재산을 숨기려는 도덕적 해이 현상이 나타난다. 공평하지 못한 기준 때문에 사각지대가 발생하고 계층 간의 역진성도 나타난다. 그럼에도 불구하고 시행 방안에서 기초 연금액 결정 방식과 선정 기준의 대부분을 정부 재량에 맡기도록 결정한 것은 문제를 유지하겠다는 것과 다르지 않다. 기준 연금액을 현행법과 같이 구체적으로 명시하지 않고 대통령령으로 정하도록 한 것은 연금액 결정 권한을 정부 재량에 넘겨 현재와 미래 기초 연금 수급권자들의 수급권과 노인 최저 소득 보장에 대한 기본 권리를 침해하는 것이다.

둘째, 기초 노령 연금은 국민연금법을 개정하는 과정에서 악화된 공적 연금의 기능을 보완하고 국민연금의 사각지대를 줄이기 위해 도입한 제도다. 그럼에도 불구하고 정부는 국민연금 수급자의 노후 소득이 무연금자에 비해 본인이 기여한 것보다 '훨씬 많은' 혜택을 받고 있으며, 기초 연금보다는 국민연금 장기 가입이 유리하다는 이유를 들어 국민연금 가입

연금 산정 방식 중 기준 연금액(20만 원) 문제 ⑤5년마다 연금액 조정(급여액 삭감을 위한 법적 근거로 작용할 가능성(?)) ⑥공약대로 다 받는 노인 비중 점차 감소 ⑦'소득 하위 70%' 기준의 한계 ⑧기존 자산 조사에서 연금 조사까지 더욱 복잡해진 관리 행정 ⑨열악한 지자체의 재정 부담 문제 여전히 지속 ⑩재정의 지속 가능성 문제

기간에 반비례해 차등 지급하는 방안을 마련했다. 하지만 연금 가입자들은 그렇게 생각하지 않는다. 국민연금은 보험 방식으로 이루어지고 있지만, 기초 연금 재원은 조세로 충당되기 때문에 정부의 주장은 설득력이 없다. 국민연금 임의 가입자들의 탈퇴 분위기와 강제 가입에 대한 불만은 정부가 책임져야 할 심각한 과오다.

● 건강보험

위의 〈표1〉에서도 알 수 있듯이, 박근혜 대통령의 보건 의료 공약 중 가장 대표적인 것은 '4대 중증 질환 진료비 전액 국가 부담'이다. 이 공약이 어떻게 진행되어 가는지는 정부의 2014년도 예산안을 통해 확인할 수 있다.

〈표3〉 박근혜 정부의 건강보험 공약 시행 방안

	현황	공약	시행방안
건강보험 (4대 중증 질환)	4대 중증 질환 보장률 75%	4대 중증 질환 전액 국가 부담 – 비급여 부문 포함(2016년 100% 달성)	3대 비급여 건강보험 제외 – 선택 진료비, 상급 병실료, 간병비

4대 중증 질환 진료비는 상급 병실료, 선택 진료비, 간병비 등 건강보험 비급여의 급여 포함 여부가 핵심이다. 공약집에 따르면, '4대 중증 질환(암, 심장, 뇌혈관, 희귀 난치성 질환)에 대해 총 진료비(건강보험이 적용되는 진료비와 건강보험이 적용되지 않는 비급여 진료비를 모두 포함)를 건강

보험으로 급여 추진'을 약속했고, 이를 위해 '현재 75% 수준인 4대 중증 질환 보장률(비급여 부문 포함)을 단계적으로 확대할 계획(2013년 85%, 2014년 90%, 2015년 95%, 2016년 100%)을 밝힌 바 있다.

하지만 이와 같은 공약은 대부분 지켜질 가능성이 없어 보인다. 2013년 6월 보건복지부는 '4대 중증 질환 보장 강화 계획'을 발표했는데, 여기에는 사실상 4대 중증 질환 환자의 본인부담분 중 20%만 보장하는 계획이 잡혀 있을 뿐이었다. 정부는 선택 진료비 및 차액 병실료를 제외하고 3대 비급여에 대한 대책은 제시하지 않았다. 이 발표에 따르면 4대 중증 질환 보장률은 75%에서 크게 변동하지 않을 전망이다.

또한, 2014년 정부 예산안을 통해 박근혜 정부의 의지를 확인할 수 있다. 2014년 예산안에는 건강보험 가입자 지원 예산이 6조3,221억 원으로 2013년(5조8,283억 원)보다 4,938억 원이 증가했다. 이는 6월 복지부가 발표한 4대 중증 질환 보장 강화 계획보다도 더 후퇴한 계획이다. 당시 정부는 2014년도에 신규로 필요한 예산이 5,900억 원이라고 밝혔는데, 이번 예산안은 그에 못 미친다. 본인 부담액을 줄여주겠다는 약속도 기대에 크게 못 미칠 것으로 예상된다. 본인 부담금 상한을 저소득층의 경우 최대 50만 원까지 낮추겠다고 공약했으나 최하 소득 계층인 1분위 소득 구간의 경우 50만 원이 아닌 120만 원 수준이다. 2014년 정부 예산안에 따르면, 건강보험 보장성 강화와 관련해서 정부가 추가로 부담하는 재원은 5천억 원도 되지 않는다. 이러한 규모의 예산 증액은 보건 의료 관련 공약을 이행하기에는 턱없이 부족할 뿐만 아니라 자체 추세린 1억 5천억 원에도 못 미치는 수준이다.

● 무상 보육

〈표4〉 박근혜 정부의 무상 보육 공약 시행 방안

	현황	공약	시행 방안
무상 보육	지방 보육 보조율 20% 인상하는 법안 국회 표류 중	0~5세 보육 국가 완전 책임제	지방 보육 보조율 10% 인상안 제출

박근혜 대통령과 새누리당의 보육 관련 공약은 '0~5세 보육 및 유아교육 국가 완전 책임제 실현'이다. 이를 위해 마련한 실천 방안이 '0~2세 영아 보육료 국가 전액 지원 및 양육 수당 증액, 양육 유형 선택권 보장'과 '3~5세 누리 과정 지원 비용 증액 및 중·저소득 계층 방과후 비용 소득 기반 차등 지원'이었다.

하지만 이러한 무상 보육 공약을 이행하는데 지방정부와 갈등을 빚고 있다. 전 계층 무상 보육은 보편적 복지의 대표적인 사업으로 일부 국민으로부터 열렬한 지지를 받을 요소를 갖추었으나, 그 시행 방안이 지방정부에 부담을 떠넘기는 식으로 결정됨으로써 논란의 대상이 되고 있다. 서울시의 경우 2천억 원의 지방채를 발행해야 했고 무리하게 다른 예산을 끌어오는 조치를 해야만 했다. 하지만 중앙정부의 부담을 늘리는 내용을 담은 '영유아보육법'의 개정은 국회에서 여전히 표류 중이다. 이와 관련해 지방정부와 중앙정부 간 책임 공방이 벌어지고 있고, 부모들은 무상 보육이 중단되거나 축소될까 불안해하고 있다. 불안 해소를 위해서는 조속히 중앙과 지방 간에 합리적 재정 분담 방안을 마련해야 하는데 현실은 그렇지 못하다. 무상 보육이 지역적 차이를 보이지 않는 보편적인 정책임을 감안할 때 중앙정부의 부담이 당연히 더 커야 한다. 현행법상 지방정부가 자체적으로 세원을 늘리는 방안을 갖지 못한 상황에서 일방적으로 지방정부에 큰 부담을 지우는 것은 중앙정부의 책임을 떠넘기는 행위라고 비판받아 마땅하다.

공공 부조 개편 방안에 대한 평가[2]

● 공공 부조 공약 및 개편 내용

2000년에 도입된 우리나라의 '국민기초생활보장제도'는 2014년 10월 개편되었다. 박근혜 정부의 핵심 공약 중 하나가 '맞춤형 개별 급여로의 개편'이다. 최저생계비를 기준으로 일괄 선정·지원하던 방식을 개별 급여별로 선정 기준을 달리하고, 그동안 문제되어 왔던 부양의무자 기준을 완화한다는 것이 개편 내용의 핵심이다. 이렇게 하면 수혜자가 지금보다 80만 명 정도 늘어난다는 게 정부 예상이다. 사각지대가 큰 상황에서 수급자가 늘어나는 것은 바람직한 변화라고 할 수 있지만, 이번 개편에는 우려되는 측면도 많다. 어떠한 개편 방안을 선택하느냐에 따라 현재 수급자 중 일부의 현금 지급이 줄어들 수도 있고, 총체적·장기적으로 보았을 때 권리성 급여기 훼손될 우려도 있다.

---

2) 이 부분은 〈복지동향〉(참여연대 사회복지위원회, 2013년 8월호)에 실린 필자의 글을 수정 보완한 것이다.

박근혜 정부는 정부 합동으로 대략적인 계획을 두 차례 발표한 바 있다(〈그림1〉 참조). 현재까지 정부가 발표한 계획의 주요 내용은 다음과 같다. 상대적 빈곤을 고려하여 차상위 계층을 확대하고, 빈곤 계층의 보호율을 51%(222만 명)에서 80%(340만 명)로 높인다. 이와 함께 빈곤층의 생활 실태, 복지 욕구 등을 파악하기 위한 실태 조사를 정례화하고, 긴급 지원 선정 기준을 유연화하며, 장애인·한부모 등 잠재 빈곤층 법정 지원 사

〈그림1〉 **기초 생활 보장 급여 체계 개편 계획** (자료: OECD Health Data, 2010.)

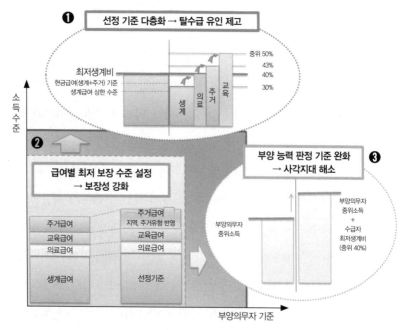

❶ All or Nothing의 선정 기준 다층화, 탈수급 유인 제고
❷ 급여별 특성 및 상대적 빈곤 관점(중위 소득)을 반영하여 보장 수준 현실화
❸ 부양의무자 기준을 완화하여 기초 생활 보장 사각지대 해소

(*자료: 기초생활보장제도의 맞춤형 급여체계 개편 방안, 관계 부처 합동, 2013.9.)

업 및 기타 저소득층 사업 확대 등으로 지원을 강화하겠다는 계획이다. 박근혜 정부는 이번 개혁을 '맞춤형 개별 급여로의 개편'이라 명명하는데, 개편 목적은 탈빈곤 유인 강화, 사각지대 해소, 관련 제도 간 연계 강화 등이다. 생계 급여의 소득 기준은 중위 소득의 30%로 하고, 주거 급여의 소득 기준은 중위 소득의 40~50%, 교육 급여의 소득 기준은 중위 소득의 50% 선에서 정한다(〈그림1〉 참조). 한편, 근로 능력자의 경우 일할수록 유리하도록 근로장려세제^{EITC}를 적용하고, 사회보험료 지원을 확대하며, 자산 형성 지원^{IDA} 확대 등 근로 인센티브를 강화한다. 부양의무자 기준 완화를 통한 사각지대 해소 방안도 포함되어 있다. 생계 급여와 의료 급여 수급자의 경우, 부양의무자 기준을 계속 적용하되 부양 능력 판정을 위한 소득 기준을 현실화할 예정이다. 현재는 부양의무자가 중위 소득 수준의 소득을 가지면 부양 능력이 있는 것으로 간주하지만, 앞으로는 '중위 소득+수급자 가구 최저생계비' 이상의 소득이 있어야 부양 능력이 있는 부양의무자로 간주하겠다는 것이다.

● 공공 부조 개편안에 대한 평가

이와 같은 박근혜 정부의 계획은 그동안 제기된 학계와 실무자의 비판과 주장을 일부 반영하고 있기 때문에 일각에서는 이번 개편에 기대를 걸고 있다. 앞으로 예정된 제도 개편에 따른 예산 책정과 국민기초생활보장법 개정과 같은 후속 조치를 살펴봐야 하겠지만, 현재까지 제시한 개편안에는 일부 긍정적인 변화가 포함되어 있다. 첫째, 부양의무자 기준 때문에 수급자에서 제외되었던 빈곤 가구가 보호받을 수 있어 그동안 가장 큰 문제로 지적된 사각지대가 축소될 수 있다. 둘째, 급여별로 소득 기준이 다층화되면서 탈수급의 유인책이 마련될 수 있다는 점에서 긍정적인 평가를 받을 수 있다. 하지만 세부안이 마련되고 구체적인 법 개정 작업을 거치면서 계획이 어떻게 구체화될지 우려되는 상황이기도 하다. 몇 가지 우려되는 점은 다음과 같다.

첫째, '맞춤형 개별 급여 체계'로의 개편은 국민기초생활보장법에서 정하고 있는 최저생계비와 권리성 급여를 훼손시킬 가능성이 있다. 현행 법상 수급자의 생활 수준은 가구의 소득 인정액과 각종 급여액을 합하여 최저생계비 이상이 되도록 보장받고 있다. 최저 생활 보장이 국민의 권리이자 국가의 의무로 규정되어 있고 최저 생활은 최저생계비로 분명히 규정한다. 현행 최저생계비는 수급자 선정 기준이자 동시에 급여 기준으로도 사용되는 것이다. '개편 방안'에 따르면, 생계 급여는 중위 소득의 일정 비율(30%)을 고려한 상대적 방식에 의해 급여를 결정하겠다고 되어 있지만, 개정법에 중위 소득의 일정 비율을 구체적으로 정해 놓지 않거나 행정부에서 일방적으로 정할 수 있도록 한다면 개편 이후 급여 수준과 선정 기준이 임의로 낮아질 수 있다. 그러면 지금까지 유지되어 온 권리성 급여라는 현행법 체계를 폐기하게 되는 결과를 빚을 수 있다. 최저생계비와 각종 급여의 소득 기준선 관계를 상대적 수준으로 분명하게 규정하고, 최저생계비에 대한 규정을 그대로 유지하지 않으면 이러한 우려가 현실이 될 가능성이 높아진다.

둘째, 수급자를 선정하고 급여의 종류와 수준을 결정하는 과정에서 근로 능력 가구와 근로 무능력 가구를 분리해 차등 처우할 가능성이 있다. 그동안 개별 급여를 주장하던 학자 중 일부가 근로 능력자를 기초보장제도에서 배제하자는 주장을 해 왔을 뿐만 아니라, 정부의 공식 문서인 〈개편 방안〉(정부 부처 합동, 2013.5.)에 따르면 의료 급여의 경우 근로 능력자를 차별할 우려가 있다. 또한, 의료 급여 선정 기준을 '소득 인정액이 일정 수준 이하인 근로 무능력 가구'와 '가구별 지원 기준 이상이나 의료 욕구가 있는 희귀·난치·만성질환자 등 저소득층 개인'으로 한정하는 것으로 보아 근로 능력 가구의 경우 의료 급여 수급자에서 제외된다. 이렇게 되면 희귀·난치·만성질환자가 아닌 근로 능력 가구원의 경우 의료 급여 혜택을 못 받을 수 있다. 의료 급여 2종 수급자의 혜택이 건강보험 가입자의 혜택보다 훨씬 더 크다는 점을 감안하면 매우 우려되는 사항이다. 또한, 근로 능력자가 일할수록 유리하게 급여 체계를 개선하겠다는 것은 일부 근로 능력자 가구의 경우 기존의 생계 급여 혜택보다 줄어든 급여를 받게 될 가능성도 있다는 것이다. 다행히 현재까지의 정부 계획안은 근로 능력자 가구를 생계 급여 대상에서 제외할 구상을 하지 않지만, 그동안의 다른 복지 정책 결정 과정을 볼 때 입법 과정에서 정부가 어떤 선택을 하게 될지는 아직 모르는 상황이다. 수급자인 근로 능력자 가구 내에 아동과 노인 같은 근로 무능력 가구원이 있다는 점을 감안할 때 근로 능력자 가구라고 하여 생계 급여를 배제하는 최악의 안이 선택되어서는 안 될 것이다.

셋째, 공약과 정부 계획안대로 제도가 개편되더라노 어진히 사가지대가 존재할 가능성이 높다. 또한, 극빈 가구는 수급자에서 제외되고 오히려 차상위에 속하는 가구가 수급자로 포함되는 기이한 결과가 만들어질 수도 있다. 이러한 결과를 예상하는 이유는 부양의무자 기준과 관련된다. 정부의 계획상 부양의무자 기준을 개선한다고 하지만, 현재 발표된 개선 안으로는 매우 소규모의 대상만 수급자로 포함될 뿐 상당수의 비수급 빈곤층은 여전히 정책 대상에서 제외될 가능성이 높다. 현재 연구진이 마련한 개편안에서는 교육 급여의 경우에만 부양의무자 기준이 제외된다. 나머지 개별급여의 경우 현행 방식의 부양의무자 기준을 유지하면 여전히 대규모의 사각지대가 존재할 것이다. 현재 소득 인정액이 최저생계비 이하지만 부양의무자 기준 등으로 기초 생활 보장 혜택을 받지 못하는 비수급 빈곤층이 정부 추계로만 약 117만 명(빈곤 실태 조사, 2010)이나 되는 현실임을 감안할 때, 이와 같은 비수급 빈곤층에 대한 지원을 뒤로 한 채 차상위 계층으로 지원을 확대하는 것이 최선의 정책 방향인지에 대한 논란이 있을 수 있다. 대상을 위로 늘릴 것이 아니라 수급자보다 못한 삶을 살아가는 가구를 수급자로 편입하는, 즉 아래나 옆으로 대상을 늘리는 정책을 더 우선하여 고려할 필요가 있다.

넷째, 개별 급여 시행이 체계적으로 연계된 종합 급여가 되지 않고 분절될 우려가 있다. 급여를 받는 수급자 입장에서는 개별 급여인지 통합 급여인지가 중요하지 않다. 생계 급여와 의료 급여는 보건복지부에서, 교육 급여는 교육부에서, 주거 급여는 국토교통부에서 담당하면 각 급여의 연계가 매우 중요해짐에도 불구하고 현재 준비 상황을 볼 때 그 실현이 우려스럽다. 각 부처에서 시행하는 개별 급여는 수급자에게는 큰 혼란을 주게 되고 행정적·재정적으로 중복·낭비되는 일이 발생할 가능성이 있다. 이를 방지하기 위해서는 국민기초생활보장법을 모법으로 하여 대상자 선정과 급여 원칙을 정하고 현재의 의료급여법과 같은 하위 법으로 각 개별급여법이 제정되게 하며, 현재의 중앙생활보장위원회와 같은 조직에서 주요 사항을 결정하는 시스템을 마련할 필요가 있다.

● 바람직한 기초 보장 개편을 위한 제언

'탈빈곤의 유인 강화', '사각지대 해소', 그리고 '관련 제도 간 연계 강화 기반 마련'과 같이 정부의 공공 부조 제도 개편에는 타당한 측면이 있다. 하지만 이와 같은 개편은 현 시스템에서는 할 수 없던 것이 아니라 의지가 부족했던 사항이다. 현재의 기초 보장 시스템과 정부에서 마련 중인 새로운 시스템의 가장 큰 차이는 급여별로 선정 기준을 달리하는 다층 구조라는 점이다. 다층형 급여 체계의 필요성은 이미 기초보장법 설계 당시부터 시민단체가 요구해 왔고, 현행법과 현행 시스템으로 가능할 뿐만 아니라 더 효율적일 수 있다. 오히려 개편안의 새로운 선정 기준과 급여 방식이 기존 방식을 보완, 대체하지 못하고 더 복잡하고 어렵게 만드는 측면이 있으며, 그 과정에서 권리성 급여가 훼손될 가능성이 높아진다.

또한, 급여별 선정 기준의 다층화가 바람직해 보이긴 하지만, 현재 마련된 개편안은 실상 소득수준의 다층화일 뿐이다. 재산 기준과 부양의무자 기준을 다층화하지 않으면, 제도 개편의 실익이 별로 없음을 감안해야 한다. 의료 급여, 주거 급여, 교육 급여와 같은 현물 급여의 경우 부양의무자 기준을 폐지하고 재산 기준액을 대폭 인상하지 않는 한 수평적 수급자의 확대는 여전히 어려워진다. 급여별로 선정 기준을 다층 구조로 가져가야 하는 이유는 탈수급의 유인뿐만 아니라 빈곤층으로의 전락을 예방하는 기능 때문이다. 하지만 현재 마련된 개편안으로는 이러한 목적을 달성하기 어려우며, 오히려 또 다른 함정 유인이 될 수도 있다. 기초 보장 수급자의 경우 수급자에서 벗어나는 것이 더 유리하지 않으면 벗어나지 않으려 할 것은 자명하다. 탈수급과 탈빈곤이라는 목적을 달성하기 위해서는 현재 마련된 개편안만으로는 부족하며 근로장려세EITC의 대상을 전체 빈곤 계층으로 확대하는 등 획기적인 또 다른 조치가 수반되어야 한다. 또한, 수급자의 경우 가구 소득이 인상되어 수급자에서 탈락하는 상황이 되더라도 가족 내 중증 질환자가 치료받을 때까지, 그리고 대학생 자녀가 대학을 졸업할 때까지는 그대로 해당 급여를 받을 수 있는 정도의 혜택이 유지되어야만 진정한 탈수급·탈빈곤의 목표가 달성될 것이다. 또한, 전세 자금 융자 제도 지원, 영구 임대 아파트 입주 권한 등이 계속 유지될 필요도 있다. 정부의 개편 이유를 감안하고 권리성 급여와 현행 시스템을 유지한다는 전제하의 대안은 다음과 같다.

첫째, 유기적으로 연계된 급여 체계 개편 방안이 필요하다. 분절된 개별 급여가 시행되지 않으려면 공공 부조의 기본 원리에 충실하고 국민 누구에게나 공평한 제도가 마련되어야 한다. 그런 측면에서 현행 시스템에서 현재의 의료 급여와 마찬가지로 급여별로 개별법을 만들어 선정 기준과 급여 내용을 달리하는 것이 바람직하다.

둘째, 급여별로 선정 기준을 달리하는 다층 구조 마련이 필요하다. 정부의 개편안대로라면 현재의 최저생계비 의미가 줄어들거나 불필요하게 되는데, 이는 바람직하지 않다. 국민기초생활보장법상 최저생계비는 권리성 급여를 유지하는 핵심 개념으로 사용된다는 점을 감안하여 선정 기준과 급여 기준으로서의 최저생계비를 유지하는 것이 중요하다. 정부에서 개별 급여의 소득 기준으로 중위 소득의 일정 비율(상대 빈곤 방식)을 사용하겠다는 계획은 나름 타당한 측면이 있고 그와 같은 취지를 살릴 필요가 있다. 기존 시스템에 이와 같은 취지를 살리려면 국민기초생활보장법상에 최저생계비를 유지하되 그 결정 방식을 변경하면 된다. 예를 들어, 최저생계비는 중위 소득의 40%로 정하고 각 개별 급여에서의 소득 기준은 최저생계비의 120%, 130%, 150% 중에서 정하면 된다. 또한, 재산 기준의 기본 재산액은 급여별로 달리해야 하고 재산의 소득환산율도 차등화할 필요가 있다. 생계 급여를 제외한 나머지 현물 급여의 경우 일정 규모의 주거용 재산은 재산에서 제외하는 방안도 검토할 필요가 있다. 현재 정부에서 마련한 안과 같은 수직적 확충은 수급자와 비수급자 간의 역차별 문제를 일으킬 것이라는 점을 유념하여 수평적 확충에 더 노력해야 한다.

셋째, 사각지대 축소와 수급자의 수평적 확충을 위해 부양의무자 기준을 대폭 완화할 필요가 있다. 현재 마련된 부양의무자 기준의 개선안(부양 능력 판정 소득 기준 = 부양의무자 중위 소득 + 최저생계비)을 적용하더라도 비수급 빈곤층의 13%만이 신규 수급자로 편입될 뿐이다(〈복지동향〉, 2013년 5월호). 최소한 노인의 경우 성인 자녀에 대한 부양의무는 면제해주어야 하고, 특히 부양 능력 판정 재산 기준을 내폭 완회해야 하며, 부양의무자 범위에 사위·며느리·장인 장모·시부모 등은 제외하는 등의 추가 조치가 필요하다.

박근혜 정부의 개편안을 자신들이 명명한 '욕구별 맞춤형'이라고 부르기에는 많이 부족하다. 빈곤 계층의 많은 욕구가 필요한 만큼 반영되지 못한 개편이기 때문이다. 정부는 맞춤형 급여 체계를 '빈곤층의 욕구에 맞는 다층의 개별 급여 체계'로 정의하는데, 그렇다면 부양의무자 기준과 재산 기준 때문에 해결되지 못할 비수급 빈곤층의 욕구는 어떻게 처리되는가? 수급자가 되지 못하는 근로 능력 빈곤 가구 결식아동의 욕구는 어떻게 처리할 것인가? 정부의 개편안은 기존에 제기된 여러 문제를 모두 해결해 주는 만능 열쇠가 아닐 뿐만 아니라 오히려 더 큰 우려를 갖게 한다. 따라서 '사각지대 축소 및 다층 급여 체계로의 개편' 방향을 정부에 제안한다. 또한, 최저생계비의 상징적 의미와 권리성 급여를 유지하지 못할 수 있다는 점이 가장 큰 문제이므로 이러한 우려를 없앤다는 측면에서 현행법의 골격은 유지한 채 최저생계비 개념을 유지하고 그 측정 방식에만 상대적 빈곤 방식을 가미하는 방법을 제안한다.

이번 개편이 진정한 욕구 맞춤형, 근로 유인형, 급여별 연계형 개편이 되기 위해서는 필요한 만큼의 예산이 뒷받침되어야 한다. 새로운 제도를 위해 준비된 2014년 예산은 제도 개편을 따라가기에 턱없이 부족할 뿐만 아니라 연평균 인상률에도 못 미치는 수준으로 정해졌다. 필요하면 추경을 편성하겠다는 것이 정부 계획이지만, 거꾸로 예산에 맞춰 수급자 수를 맞추게 될 수도 있다.

빈곤 문제는 종합적으로 접근해야 한다. 아동 빈곤, 에너지 빈곤, 노인 빈곤, 주거 빈곤, 의료 빈곤, 교육 빈곤이 따로 존재하지 않는다. 대부분한 가족 내에서 동시에 나타나는 현상이다. 그중 한 가지를 해결해 준다고 해서 빈곤이 해결되지는 않는다. 또한, 개별적·독립적 지원은 비효율 혹은 중복 현상을 야기하고 행정적 부담이 더욱 커질 수도 있다는 점을 유념해야 한다.

결론

박근혜 정부의 복지 공약 대부분은 계획보다 훨씬 못 미치는 수준에서 진행되고 있다. 복지는 결국 의지와 재원의 문제이므로 박근혜 정부의 의지 자체가 부족하다고도 할 수 있다. 필요하면 재정 확충 방안을 마련해야 함에도 그러한 노력은 쉽게 접은 듯하다. 박근혜 대통령이 내세웠던 재원 방안은 '복지 행정 개혁'이나 '예산 절감 및 세출 조정', '지하경제 양성화' 등이다. 그러나 복지 공약을 제대로 이행하기 위해서는 그것만으로 부족하다.[3] 필요하다면 다양한 증세 방안에 대해 논의해야 한다.

2014년도 정부 예산안은 '어려운 세입 여건하에서 단기적으로는 경기 대응 역할과 중장기적으로 재정 건전성까지 실현하겠다'는 내용을 담고 있고, 예견된 세수 부족을 이유로 경제민주화와 복지 관련 각종 공약의 축소 움직임도 보인다. 우리나라가 경제협력개발기구OECD 회원국 중

---

3) 박근혜 대통령의 주요 공약 이행을 위해 연간 26.4조 원이 필요하며, 이를 위해 ①예산 절감 및 비과세 정비 등 기존 조세제도 내에서 14.2조 원외 재원 마련, ②사회보장세 신설을 통한 증세로 12.2조 원 소요된다는 추계가 있다(최병호, 신정부 복지정책 추진방향 토론회, 2013.1.16.).

GDP 대비 복지 예산이 가장 낮은 국가 중 하나라는 사실은 이미 널리 알려졌다. 그럼에도 불구하고 약속한 복지사업과 그에 필요한 예산을 증액시키지 않은 것은 애초부터 의지가 부족했음을 보여주는 것이다. 박근혜정부가 최우선적으로 실시하겠다고 했고, 보수주의자들의 이데올로기에도 부합하는 기초 생활 보장 예산의 경우 자연 증가분에도 미치지 못하는 약 3% 증가(0.26조 원 증가)에 그치고 있을 뿐이다. 2014년 10월 실시 예정이고 정부 예상으로 80만 명의 대상자가 증가할 것이며 급여도 더 늘릴 것이라고 하는데, 어떻게 자연 증가분에도 못 미치는 예산으로 새로운 사업을 시행하려는지 매우 궁금하다.

예산을 볼 때 기초 노령 연금은 다른 분야에 비해 비교적 큰 폭의 증가율을 보이지만, 보편적인 기초 연금 공약에서 대폭 후퇴한 수준일 뿐이다. 보육 역시 보육료 지원과 양육 수당은 확대되었으나 국공립 어린이집 확충 예산은 여전히 제대로 반영되지 못해 공보육 비중의 증가는 요원해 보인다. 이렇듯 공공 부조 예산의 사실상 축소, 대폭 후퇴한 기초 노령 연금 등을 감안할 때 박근혜 정부의 복지국가 실현 구상에 많은 것을 기대하기 어렵다고 평가할 수 있다.

참고 문헌

- 관계부처 합동, 기초생활보장제도의 맞춤형 급여체계 개편방안, 2013.9.
- 김원섭, "박근혜 정부의 기초연금 대안과 개선방향", 〈월간 복지동향〉 통권 제180호, 참여연대사회복지위원회, 2013.10.
- 민주노총, 〈기초노령연금의 주요쟁점과 과제〉, 2013.2.
- 민주노총, 〈박근혜 정부의 복지정책 전망과 과제〉, 2013.1.
- 박원석, 〈보육대란 해결을 위한 합리적 재정 마련 방안〉, 정의당 무상보육 긴급진단, 중앙정부와 지방정부 갈등 해법 모색: 전 국민 무상보육 토론회, 2013.10.
- 우석균, 〈박근혜 신정부의 의료정책 분석과 전망〉, 건강과 대안 이슈페이퍼, 2013.3.
- 이재훈, 정의당 기초연금 공약파기 긴급진단 토론회 토론문, 2013.10.
- 정의당, 〈무상보육 긴급진단 토론회 자료집: 중앙정부와 지방정부 갈등 해법 모색〉, 2013.
- 주은선, "2013기초연금 개혁: 조삼모사(朝三暮四)의 정치", 〈월간 복지동향〉 통권 제180호, 참여연대사회복지위원회, 2013.10.
- 주은선, 〈정부 기초노령 연금안(기초연금의 국민연금 연계 삭감안)의 문제점〉, 정의당 기초연금 공약파기 긴급진단 토론회, 2013.
- 한국노총, 〈제18대 대통령선거 새누리당 정책공약집〉, 2013.1.
- 허선, "박근혜 정부 공공부조 개편의 기대와 우려", 〈월간 복지동향〉, 참여연대 사회복지위원회, 2013.8.